CINEMA SECRETO
Temas Gnósticos, Alquímicos e Quânticos no Cinema, Audiovisual e Cultura Pop

v

Wilson Roberto Vieira Ferreira

CINEMA SECRETO
Temas Gnósticos, Alquímicos e Quânticos
no Cinema, Audiovisual e Cultura Pop

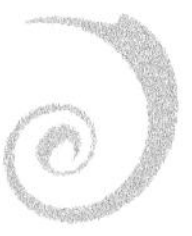

Cinegnose Publicações

2020

Título original em português: Cinema Secreto – Temas Gnósticos, Alquímicos e Quânticos no Cinema, Audiovisual e Cultura Pop

© 2020 de Wilson Roberto Vieira Ferreira
ISBN: 978-65-00-10330-4

Cinegnose Publicações

Blog: Cinema Secreto: Cinegnose
http:// cinegnose.blogspot.com.br
Email: ferreirawrv@gmail.com
São Paulo/SP/Brasil

Dados Internacionais de Catalogação na Publicação (CIP)
(Câmara Brasileira do Livro, SP, Brasil)

```
Ferreira, Wilson Roberto Vieira
   Cinema secreto : temas gnósticos, alquímicos e
quânticos no cinema, audiovisual e cultura pop /
Wilson Roberto Vieira Ferreira. -- 1. ed. --
São Paulo : Wilson Roberto Vieira Ferreira :
Publicações Cinegnose, 2020.

   Bibliografia
   ISBN 978-65-00-10330-4 (Wilson Roberto Vieira
Ferreira)

   1. Cinema - Aspectos religiosos 2. Cinema -
Semiótica 3. Ciências ocultas no cinema 4. Filmes
cinematográficos I. Título.

20-46313                              CDD-302.234
```

Índices para catálogo sistemático:

1. Multiculturalismo no cinema : Comunicação 302.234

Maria Alice Ferreira - Bibliotecária - CRB-8/7964

"O pensamento aguarda que, um dia, a lembrança do que foi perdido venha despertá-lo e o transforme em ensinamento"

(Theodor Adorno)

Sumário

INTRODUÇÃO:
O GNÓSTICO, O ALQUÍMICO E O QUÂNTICO

Nossa história começa em dezembro de 2017, com a descoberta por estudiosos da mais antiga cópia de um texto cristão apócrifo em meio ao acervo da Universidade de Oxford, uma das mais antigas do mundo.

O manuscrito é uma edição em grego do "Primeiro Apocalipse de Tiago" que reúne os chamados "ensinamentos secretos de Jesus" para o seu "irmão" Tiago – para muitos historiadores, um "irmão espiritual".

Esse texto já era conhecido em copta (linguagem egípcia que evoluiu dos hieróglifos) dentro de uma coleção descoberta em 1945 no Alto Egito, e que acabaram conhecidos como "Biblioteca de Nag Hammadi".

O documento de 1.600 anos atrás, descreve como Jesus passa o conhecimento da "prisão terrena" para Tiago, além de revelar que o mundo é protegido por figuras demoníacas (os "Arcontes") que bloqueiam o caminho da elevação espiritual após a morte através dos diversos céus, mantendo-nos prisioneiros do mundo material.

Corta! Vamos retroceder para 1945, para Nag Hammadi, Alto Egito. Dois irmãos procuravam material fertilizante em cavernas de rocha calcária. Mas acabaram encontrando diversos papiros numa jarra grande de argila - 52 manuscritos gnósticos organizados em 13 códices de papel velino encadernados em couro.

Eles não contaram para ninguém e tentaram fazer algum dinheiro com a descoberta, vendendo os manuscritos separadamente. Esses documentos ficaram conhecidos como "Biblioteca de Nag Hammadi, uma acumulação de documentos achados depois de uma longa recuperação com o passar dos anos. Com o tempo os códices foram repassados para um antiquário cipriota no Cairo. Até serem retidos pelo Departamento de Antiguidades do governo e ser declarado tesouro nacional egípcio.

A tradução de James M. Robinson foi finalmente publicada em 1977, com a edição revisada completa em 1988, um marco para a divulgação dos textos gnósticos para o público em geral - aqui no Brasil reunidos em uma edição em português da editora Madras – veja na sessão "Bibliografia" no final.

A descoberta dos textos gnósticos do século IV em Nag Hammadi trouxe uma maior clarificação sobre a natureza do gnosticismo na Antiguidade, embora muitos concordem que o tema continue com muitos pontos dúbios.

Em primeiro lugar temos que definir o termo "Gnosticismo". É um termo usado para designar todo um conjunto de seitas sincréticas de religiões iniciatórias e escolas de conhecimento nos primeiros séculos da era cristã. É também aplicado a renascimentos atuais desses grupos e, por analogia, a todos os movimentos que se baseiam no conhecimento secreto da "gnose".

O Gnosticismo e seus derivados esotéricos nunca fizeram parte da cultura sancionada pelas instituições. Desde o triunfo do cristianismo ortodoxo após Constantino, a tradição gnóstica entrou para o subterrâneo dos movimentos sociais.

Os gnósticos cristãos do século II acreditavam que, mais do que a fé, somente uma forma especial de revelação pelo conhecimento poderia trazer a salvação. Os conteúdos dessa revelação não poderiam ser recebidos empiricamente ou derivado de algum a priori. Consideravam essa especial *gnosis* tão valiosa que achavam necessário mantê-la em segredo.

Na sua origem os mitos gnósticos são incrivelmente variados, devido à natureza da tradição, ao seu ecletismo histórico e ao conjunto variado de seitas iniciáticas. Mas existem doze pontos-chaves que são comuns e, como veremos ao longo desse livro, estão presentes na filmografia gnóstica:

1. *O criador desse mundo é louco;*

2. *O mundo não é o que parece ser, pois encobre o mal contido nele através de um véu de ilusão que obscurece a existência da divindade enlouquecida;*

3. *Existe outro reino, com um Deus melhor, e todos os esforços devem ser direcionados para ou retornar para lá ou trazê-lo para aqui;*

4. *Devemos nos esforçar para relembrarmos das nossas origens nas estrelas que remonta há milhares de anos. Vivemos no sono do esquecimento;*

5.   *Cada um de nós possui uma contraparte divina (partículas de luz adormecidas) que pode ser encontrada para nos fazer despertar. Essa outra personalidade é o nosso autêntico self desperto; o outro, aquele que nós possuímos, está adormecido. Estamos de fato dormindo e nas mãos de um perigoso mágico disfarçado como um Deus bondoso, mas na verdade uma divindade criadora demente. A desolação, o mal e a dor nesse mundo, o fato de vivermos em uma prisão controlada por um criador demente, produzem em nós, desde o início, um princípio de realidade dividido que nos faz adormecer de bom grado na ilusão;*

6.   *As partículas de luz adormecidas não foram abandonadas pela unidade original, mas há um esforço a partir dessa unidade para que ocorra o despertar e a libertação. Para que consigamos ver a realidade através dos seus olhos;*

7.   *Ao invés de receber, Cristo deu revelação; ensinou seus seguidores a entrar, ainda vivos, no Seu reino, enquanto as outras religiões trazem apenas o esquecimento sobre o conhecimento de um "outro tempo" em um "outro reino" que não é daqui. Ele nos faz retornar a viver como o Deus Único (isto é, o Logos);*

8.   *O despertar da essência divina imersa nos seres humanos vem através do conhecimento salvífico, chamado de "gnose".*

9.   *A Gnose não é provocada pela crença ou pelo desempenho de ações virtuosas ou por obediência aos mandamentos. Esta, na melhor das hipóteses, serve para o preparo das condições que propiciem um conhecimento libertador.*

10. *Pertencem aqueles que auxiliam as partículas de luz adormecidas, a uma determinada posição de honra e importância vinculada a uma emanação feminina da unidade original, Sophia (Sabedoria). Ela estava envolvida na criação do mundo e, desde então, manteve-se como o guia de suas órfãs crianças humanas.*

11. *Desde os primeiros tempos da história, mensageiros da Luz foram enviados da unidade originária com o propósito de fazer avançar a gnose na alma dos seres humanos.*

12. *A maior destes mensageiros em nossa matriz histórica e geográfica foi o Logos que desceu de Deus manifestado em Jesus Cristo.*

Bem-sucedido em seus canais subterrâneos, eventualmente ofereceu a pensadores revolucionários subsídios importantes para críticas aos sistemas opressivos políticos, sociais ou culturais. Esse amalgama de pensamento esotérico com o trabalho contra cultural trouxe a tradição gnóstica para a política.

O Iluminismo, por exemplo, foi um desses momentos em que componentes da tradição gnóstica se encontraram. Filósofos cosmopolitas por volta do século XVIII como Voltaire (de forma implícita seus contos mencionam em tom favorável conhecimentos gnósticos) e Goethe (explícito praticante de disciplinas esotéricas como a alquimia) passam a contestar a hegemonia do Cristianismo e da Igreja Católica. A predisposição ideológica contra cultural desses pensadores encontra nas ideias gnósticas subterrâneas a fagulha que faltava para incendiar críticas e insatisfações em relação à antiga ordem.

Mas o primeiro florescimento pleno dessa conexão entre a especulação esotérica gnóstica e o pragmatismo esotérico foi durante o Romantismo nos séculos XVIII e XIX. Figuras como William Blake e Percy Shelley beberam em fontes gnósticas, cabalistas e alquímicas, desafiando o status quo. Blake, por exemplo, não via utilidade no cosmos de Newton, bem organizado e parecido com um relógio. A certa altura Blake disse que "a Natureza é obra do demônio".

Esse político impulso esotérico atravessa o Atlântico e encontra na América as figuras de Emerson e Melville que também vão invocar a rebelião gnóstica nos seus apelos pela revolução democrática contra o enervante conformismo. Emerson, poeta e escritor, funda a filosofia transcendentalista: um esforço de introspecção metódica para se chegar além do "eu" superficial ao "eu" profundo, o espírito universal comum a toda espécie humana; Melville (novelista e poeta, autor de Moby Dick) profetizava a era dos "homens ocos" conformados com o esquecimento de Deus em um mundo onde vilões e heróis são igualmente punidos e não há restituição das perdas.

Do descontentamento divino com a vida prosaica e a busca deliberada de estados incomuns de consciência cultivados pelo romantismo até o ocultismo foi um passo. Em meados do século XIX Eliphas Levy traz todo o espectro de assuntos do gnosticismo à luz do dia por meio da discussão da cabala judaica. Do pioneirismo de Levy, surge em cena a maior figura do renascimento do oculto: Helena Blavatsky que se tornou a figura embrionária do movimento espiritual alternativo não somente do século XIX, mas de grande parte do século XX. A fundação da Sociedade Teosófica em 1875 por Blavatsky e o trabalho de seu devotado aluno G.R.S. Mead (tradutor especializado em textos gnósticos e herméticos), tornou o gnosticismo acessível ao público fora da academia, o que preparou o caminho para o gnosticismo para as massas no século seguinte.

As teses paradoxais no campo da física como o Princípio da Incerteza de Heisenberg e a Física Quântica de Bohr vão impulsionar o gnosticismo no século XX, desta feita no campo científico. Suas teses vão sugerir uma visão de realidade similar a visão de mundo dos gnósticos. Sendo o cosmos um projeto do Demiurgo é suspeito pela falsidade dos seus princípios. Os paradoxos, incertezas e estado caótico que definem o universo pelas teses da física moderna vão confirmar a suspeita gnóstica.

Do Hermeticismo à Realidade Quântica

Para muitos autores, o Gnosticismo e o Hermetismo (o sincretismo helenístico-egípcio cujo centro irradiado na Antiguidade foi Alexandria) podem ser tomados como afins. Tanto o Gnosticismo cristão como o conjunto de textos escrito entre 100 e 300 D.C. conhecido como "Corpus Hermeticum" (a base do Hermeticismo, da Alquimia e Astrologia) identificam a salvação com o conhecimento.

Em "Memórias, Sonhos e Reflexões", Karl G. Jung sustenta que a história do pensamento esotérico descende diretamente do Gnosticismo clássico neoplatônico. Assim como no Gnosticismo, a Alquimia medieval e renascentista alquimia partilha do desejo de transcender o cosmos – descreve como o psiquismo e a alma decaíram num abismo de divisões e desilusões a partir do momento em que esqueceram suas origens, e busca a redenção através da re-identificação com suas origens fora desse cosmos.

Todo Gnosticismo nutria o ódio pela matéria, ao vê-la como uma prisão criada pelo Demiurgo para aprisionar a Luz. Porém, na Alquimia a transcendência somente é possível após redimir a própria matéria, isto é, através da transmutação.

O gnosticismo alquímico procura o espírito por trás da matéria, a vida que emerge da morte, a ordem que surge do caos, a alma que cresce a partir do corpo. Em síntese, Alquimia busca a transmutação, a metamorfose e a redenção do espírito através da própria existência material.

Não significa a busca de um caminho mais rápido para o espírito abandonar a matéria: o viés alquímico procura a Grande Negação, o *tertium quid*, a terceira alternativa entre a ilusão e a realidade: dar vida e forma ao material inferior reencenando o próprio processo de Criação original cuja habilidade era apenas reservada aos deuses - *imitatio dei por generatio animae*, imitar Deus criando vida.

Um processo de transmutação (o sagrado "casamento" entre os opostos, espírito e matéria) que passaria pelos três estados alquímicos: o primeiro passo, Nigredo – o caos original, a matéria-prima; o segundo, o Albedo – o "congelamento", a estabilização do caos, o embranquecimento da matéria à espera de Rubedo: o "Rei Vermelho" mercurial capaz de combinar todos os opostos criando a "Pedra Filosofal".

São processos arquetípicos de transformação íntima que o cinema alquímico narrará através das jornadas espirituais de seus protagonistas, como em *Beleza Americana* (1999) ou *Sinédoque, Nova York* (2004).

Mas também a tradição esotérica fundamentada no Gnosticismo clássico fará uma incursão numa área aparentemente distante de qualquer insight místico ou esotérico: a Ciência. Quanto mais a Ciência se distancia no século XX do antigo modelo mecanicista de Universo, curiosamente mais se aproxima da antiga Cosmogênese do Gnosticismo.

Desde a descoberta dos assombrosos comportamentos das partículas subatômicas na mecânica quântica, a Física vem estabelecendo um diálogo com a mitologia gnóstica. Enquanto pesquisadores gnósticos como Stephan A. Holler veem no princípio da Incerteza de Heinsenberg a confirmação da secreta suspeita de que o Universo é uma obra imperfeita criada por um Demiurgo, físicos e matemáticos como Nick Bostrom (Oxford University) e Silas Beane (Universidade de Bonn) procuram uma "assinatura cósmica" de que o Universo é uma simulação como um gigantesco game de computador cósmico.

Enquanto Bostron e Beane aproximam-se do Gnosticismo pelo argumento da simulação, outros físicos como Howard Wiseman, Michael Hall e Dirk-André Deckert exploram a possibilidade de universos paralelos estarem continuamente interagindo entre si (Winseman, Hall, Deckert, 2014).

Todas as características fantasmagóricas do mundo das partículas subatômicas descritos pela mecânica quântica (teletransporte, bilocações, sobreposição, entrelaçamento etc.) nada mais seriam do que manifestações das interações e repulsões desses mundos paralelos. É a hipótese dos "Mundos em Choque" (MC) ou a "Interpretação dos Muitos Mundos" – Many Worlds Interpretation, MWI.

Por isso a MC ou MWI se aproximam da cosmologia gnóstica de filósofos como Basilides de Alexandria (entre 117 e 138 DC) que descrevia um universo estruturado em 365 "céus". Para o pensador gnóstico, cada céu gerou o próximo. Os anjos do último céu criaram o mundo no qual vivemos. Um deles tornou-se o

Demiurgo (o "Deus" ou "Jeová" dos hebreus), totalmente ignorante da existência dos outros mundos, passado a considerar-se o criador único de todo o Universo.

O que apenas produziu caos, o que obrigou o Divino Pai a enviar seu "filho", Jesus, para nos alertar sobre a pluralidade de mundos ("Na casa do meu Pai há muitas moradas", João 14:2) e o resto da história todos conhecemos...

A hipótese da MC parece nos tirar do resultado fantasmagórico da experiência do Gato de Schrödinger (um mundo diferente criado como resultante de cada observação) para nos levar a um Universo estruturado em um número finito de mundos independentes e com leis e causalidades próprias – o que se aproxima da cosmologia gnóstica.

Os fenômenos quânticos seriam as fronteiras das colisões entre esses mundos.

Esses temas quânticos combinados com o pensamento esotérico derivado do Gnosticismo clássico também irá inspirar o cinema em filmes como *Coherence* (2013) ou *Out of Blue* (2018): protagonistas como se vivessem na própria caixa da experiência do gato de Schrödinger no qual complexos conceitos da mecânica quântica como "sobreposição", "entrelaçamento" e "decoerência" são transferidos do mundo subatômico para as tensões das relações humanas.

PRIMEIRA PARTE:
CINEMA GNÓSTICO PARA INICIANTES

O Filme Gnóstico
Basilides, Valentim e Mani em filmes
Suspensão, Paranoia e Melancolia
Viajantes, Detetives e Estrangeiros
Mitologias e Categorias do Filme Gnóstico
Por que o Filme Gnóstico é uma tendência norte-americana

Capítulo 1
O Filme Gnóstico: do Cult ao Pop

D epois desses diversos renascimentos ao longo da História, a mitologia gnóstica chega ao cinema no século XX. E os temas gnósticos no cinema não são recentes. Desde antigos filmes como *The Revenge of the Homunculus* (Otto Rippert's, 1916) sobre as trágicas consequências de um experimento alquímico mal-sucedido; The Golem (de Paul Wegener's, 1920) mostrando os trágicos resultados da magia cabalística; *Frankenstein* (de James Whales, 1931) onde o tema é o fracasso gnóstico em transcender a matéria mortal.

Os temas gnósticos retornam mais tarde, desta vez através de filmes não-comerciais ou rotulados como cults que endossam valores heterodoxos.

Blow Up (Antonioni, 1966) é uma exploração gnóstica de como a cultura consumida pelas aparências suplanta a realidade.

Confundindo forma e conteúdo através de uma narrativa altamente ambígua e alucinante que incomoda tanto os personagens do filme quanto o público, *8½* (Fellini, 1963) explora a cabalística crença de que um ideal humano pode ser alcançado através do artifício, a criação de um Adão cinemático;

Zardoz (John Boorman, 1974) uma verdadeira fábula gnóstica onde, em um futuro pós-apocalipse, o protagonista alcança a iluminação ao descobrir que o deus em que acreditava (Zardoz) era, na verdade, uma criação artificial de uma elite imperfeita e decadente.

The Man Who Fell to Earth (Nicholas Roeg, 1976) apresenta um extraterrestre que vem para a Terra em busca de água para o seu planeta que está morrendo. Incapaz de cumprir sua missão acaba prisioneiro de uma rede de corrupção em uma América corporativa. Diferentes dos antigos filmes, estes filmes gnósticos cults criticam o status quo, sugerindo que a cultura pós-moderna é um desolado mundo de ilusões que produz conformismo.

O que distingue os filmes de temática gnóstica dos últimos anos é que, diferente do passado cult ou de vanguarda, agora estão presentes no cinema *mainstream* hollywoodiano. A temática gnóstica abandona o campo do cinema alternativo de público elitizado para atingir as massas através do cinema comercial. Ao contrário do passado, os temas gnósticos estão presentes em filmes com produções de bom orçamento, atores celebrizados pelas mídias de massa e enquadrados dentro de gêneros fixos tradicionais.

"Novos-clássicos" como *Vanilla Sky, eXistenZ, Matrix, Dark City, Truman Show, A Vida em Preto e Branco* entre outros, a princípio podem ser rotulados dentro da rígida grade comercial dos gêneros cinematográficos. Porém, em todos eles, há narrativas, simbologias e iconografias inspiradas em correntes filosóficas e culturais derivadas do Gnosticismo.

Desde *Dead Man* (Jim Jarmuch, 1995), elementos gnósticos alcançaram a mesa de produtores e roteiristas do *mainstream* hollywoodiano. Filmes que apresentam uma ideia geral de que o mundo que percebemos é uma ilusão criada por alguém que não nos ama e que a chave para revelar a ilusão e descobrir a realidade reside numa forma de autoconhecimento ou iluminação.

Suspensão, Paranoia e Melancolia no Filme Gnóstico

Para compreendermos esse paradoxo que envolve a existência do gênero de filme gnóstico dentro da indústria hollywoodiana devemos acompanhar como os visionários gnósticos também encararam os próprios paradoxos que envolvem a condição gnóstica nesse mundo: como um iniciado pode escapar do ilusório mundo da matéria se toda a sua experiência provém do mundo material? Se, em toda a sua vida, apenas habitou a aparente solidez das aparências como poderá distinguir algo que não seja mera aparência? Basilides, Valentim e Mani, os três principais visionários gnósticos do início da Era Cristã, vão oferecer, cada um a sua maneira, soluções para estes enigmas. Veremos mais adiante como os filmes gnósticos comerciais da atualidade também abordam esses mesmos enigmas e soluções.

Mas antes, vamos fazer uma pausa no clássico "Apócrifo de João", um dos textos da Biblioteca de Nag Hammadi. Este texto desenvolve todos os temas míticos sobre os quais os visionários gnósticos irão propor suas respostas. Escrito em torno de 150 DC, nele pode ser encontrado o mito da queda, criação e salvação.

Para o texto apócrifo, a origem da vida não está no Deus bíblico, mas em um radical e transcendente poder, uma divindade mais elevada e definida em termos tão abstratos que exclui todo antropomorfismo e envolvimento com o mundo. Para além desse mistério encontram-se diversas emanações andrógenas, aeons, cada qual sendo uma manifestação única de suas origens. Juntos, as origens e suas manifestações compõem o Pleroma, a harmoniosa e espiritual plenitude. Um desses aeons, Sophia, rompeu o equilíbrio ao criar um novo ser sem a aprovação do grande Espírito ou de sua consorte. Esta turbulência produziu um ser ignorante, Ialdabaoth.

Este imediatamente foi exilado no reino material fora do Pleroma. Sozinho no reino da matéria, estupidamente passou a acreditar ser o deus único e produziu um cosmos imperfeitamente baseado no Pleroma. Imediatamente cria anjos (archons) para governar o mundo e ajudar na criação do homem dando origem a um universo onde a matéria dividida está no lugar do espírito unificado e a desilusão substitui a verdade original. O próprio homem é moldado através da imagem perfeita do Pai e aprisionado neste universo imperfeito.

A esperança está em que a Eternidade secretamente sempre alcança os homens e planta a partícula divina (pneuma) nas almas doentes e sofredoras. Temos o início de uma luta contínua entre os poderes da luz e da escuridão pela possessão dessas partículas. Elas somente serão ativadas no homem no momento de iluminação (gnose) onde tomamos consciência de sermos exilados das nossas origens, o Pleroma. A partir daí, rejeitamos as formas e convenções do plano físico como fantasmas de um pesadelo, como ilusões perpetradas por um deus que conspira contra nós.

Os poderes de Ialdabaoth aprisionam o homem em um corpo material que bebe da água do esquecimento. Finalmente Cristo, outro aeon, é enviado para "salvar" ("curar" seria a palavra certa) a humanidade ao fazer as pessoas lembrarem das suas origens celestiais. Somente aqueles que tiverem o conhecimento (iluminação ou gnose) retornarão ao pleroma; os outros serão reencarnados até alcançarem o conhecimento.

Após essa narrativa mítica, professores gnósticos atentaram para a uma questão negligenciada pelo autor de Apócrifo de João: como poderá o iniciado escapar das ciladas da realidade material, das suas condições materiais e limitações culturais? Os pensadores gnósticos ofereceram três soluções para esses quebra-cabeças: suspensão, paranoia e melancolia.

A teoria de Basilides sobre o verdadeiro Deus, tal qual descrita por Hipólito, pode ser resumida na ideia da Grande Negação: se a verdade sobre Deus está além do conhecimento humano, a negação do conhecimento é o sagrado caminho. O homem acolhe os objetos do saber e as palavras como fossem veículos do conhecimento na esperança de que possam revelar a verdade das coisas. Em um mundo de ilusões o conhecimento dele só poderá ser também ilusão.

Por isso Basilides recomenda ao iniciado aos mistérios o silêncio. Ou seja, incapaz de discernir a diferença entre aparência e realidade Basilides sugere a suspensão, um estado de silêncio melancólico. A linguagem induz ao erro porque Deus é o Nada, está além daquilo que é possível ser nomeado. As coisas devem ser apreendidas sem a linguagem (*arretos*). Mais adiante, veremos como esta mitologia gnóstica marcará um conjunto de ícones e símbolos do cinema gnóstico. Chamaremos o personagem fílmico que vive neste estado de suspensão basilidiana como o viajante.

Ao contrário dessa espécie de passividade ativa de Basilides, Valentim sugere uma passividade ativa, um agressivo questionamento do status quo a partir da radical suspeita sobre a realidade reinante: a paranoia. Para ele, as qualidades falhas do mundo material (ignorância, erro e mal) conduzem o homem a um erro mental. Como um ser que habita o tempo e o espaço, o homem é incapaz de, através do conhecimento, contemplar o plano atemporal e sem limites de Deus. Tal erro teria iniciado ainda no Pleroma quando as emanações, após surgirem do vazio e lançadas para a existência, passaram a buscar, em vão, as suas origens. Isso acabou criando um erro cósmico. Tal busca acabou sendo malsucedida, pois estas emanações não se atentaram ao fato de que o Pai é incognoscível. Estava fundada a noção de Conhecimento, a crença de que todo conhecimento pode ter um objeto. Mas o objeto é inacessível ao conhecimento. Conhecimento do fenômeno é ignorância por reduzir a mente à rigidez. Este erro eterno causa o crescimento do desejo e do medo – desejo de querer controlar um objeto que lhe é externo e medo de não conseguir conhecer e controlar esse objeto – criando uma armadilha no interior de um miasma de objetos externos à mente. Porém, a matéria não é constituída por uma substância permanente, mas é um estado mental. Todos os seres nascidos nesse universo reencenam este erro ao confundir ignorância com conhecimento.

Se o iniciado começa a suspeitar de que os objetos ao redor são ilusórios, como, então, poderá discernir entre a sanidade das suas percepções e a insanidade que o mundo pretende rotulá-lo? Como separar o desejo do medo? Através da paranoia. Diferente da estrita concepção narcísica de paranoia – a ideia de que o sujeito tem de que o mundo está focado em uma perseguição contra si próprio – a concepção valentiniana está no limite entre a sanidade e a loucura, através de uma desconfiança radical em relação ao mundo ao redor que está dado.

Vivendo nesta espécie de limbo, corre o risco de cair para um lado ou para o outro: tornar-se irremediavelmente insano ou preparar-se para ocultar-se em uma lúcida loucura habitando um espaço entre a claridade e a instabilidade emocional. Veremos que esse é um tema predileto nos filmes gnósticos. Permeia argumentos, construções de personagens e o próprio ambiente iconográfico talvez da maioria dos filmes desse gênero. Se, por definição, o gnosticismo nega a realidade material como uma ilusão fabricada por propósitos desconhecidos, a paranoia é o caminho através do qual as personagens buscarão a iluminação. Chamaremos o protagonista que surge nesses filmes como o detetive.

Finalmente, temos a melancolia como solução da escola gnóstica maniqueísta. Mani, que viveu no Irã no século III DC, sustenta que o cosmos é dividido em dois poderes opostos: Bem e Mal, Luzes e Trevas, Espírito e Matéria. Influenciado pelo dualismo de Zoroastro, Mani cria uma visão de alta intensidade dramática. No início o universo foi dividido entre deidades das Trevas (habitando os círculos materiais) e da Luz. A certa altura o mundo material atacou as regiões espirituais. Para contra-atacar, Deus criou um ser humano primordial (anthropos, uma figura cósmica não ligada a Adão ou a outros seres humanos, a não ser de forma indireta) para descer ao mundo material e combater as forças das Trevas armado com cinco elementos (fogo, vento, água, luz e éter). Mas foi ostensivamente derrotado e aprisionado.

O Rei da Luz enviou, então, um espírito para trazer esse anthropos de volta para casa. Porém, apenas a sua forma conseguiu retornar, deixando para trás os cinco elementos que compunham a sua alma. Para libertar essas partículas, Deus criou o cosmos com Adão e seus filhos. A cada momento, a criatura humana, um anthropos decadente, ouve o chamado da luz para que, ao cultivar o espírito, emancipe partes da alma até que todas as almas sejam libertadas e a matéria seja aniquilada. É claro que as forças das Trevas procuram impedir esse intento por meio de uma dramática luta cósmica.

A chave para libertar-se da conspiração das forças do mal é a melancolia. A partir dessa "falha da racionalidade", o homem recusa os códigos de uma sociedade inautêntica por meio do desdém, depressão e tristeza:

"Mas o mundo conspira contra essa depressão ao oferecer breves consolos para a matéria (*hylé*) ou alívios para a mente (*psyche*). Hedonismo seduz no primeiro caso; ortodoxia religiosa no segundo. O gnóstico deve evitar esses caminhos e manter aberta a ferida do seu espírito (*pneuma*). Insatisfeito com o mundo externo, volta-se para a partícula íntima, sua conexão com o macrocósmico anthropos que ainda o espera no pleroma" (WILSON, Eric G., 2006, p. 40).

Diferente da paranoia valentiniana, onde o homem não conhece plenamente a natureza da atmosfera que conspira e tenta juntar os pedaços de um quebra-cabeças em busca de algum sentido, na melancolia maniqueísta o homem já sabe que foi abandonado no mundo do Mal. A única esperança para escapar do destino é cultivando um desdém em relação a tudo ao redor e fugir das tentações consoladoras do Cristianismo e do Hedonismo.

A suspensão de Basilides parece ser muito próxima da melancolia de Mani. A diferença é que aqui experimentamos uma melancolia agressiva. Enquanto a suspensão melancólica de Basilides induz ao silêncio e a renúncia a qualquer instrumento da linguagem como fonte de erro (os alunos que decidiam seguir a escola de Basilides eram obrigados a observar um silêncio de cinco anos com o propósito de criar condições para o cultivo da gnose sem dissipar suas intenções em conversas), a melancolia agressiva de Mani sugere a exposição da ferida aberta do espírito ao negar os consolos do mundo material até alcançar a insanidade febril.

Veremos mais adiante que filmes dentro do gênero gnóstico como *Show de Truman* desenvolvem essa dramática narrativa dualista. À personagem que vai incorporar esta filosofia maniqueísta daremos o nome de o estrangeiro.

Vamos encontrar os elementos comuns que definirão esse grupo de filmes como gênero a partir de um método baseado nas chaves propostas por Basilides, Valentim e Mani para alcançar a gnose: respectivamente suspensão, paranoia e melancolia. Segundo Eric G. Wilson, acompanhar como esses visionários da antiguidade ofereceram tais soluções para os enigmas espirituais ajuda a "clarificar as bases para uma análise de como os filmes gnósticos, da mesma maneira, confrontam as crises epistemológicas e espirituais." Esses filmes podem ser agrupados em torno de cada uma dessas chaves que darão o eixo através do qual cada grupo dará sentido específico a sua narrativa, personagens, temas básicos e iconografia. Nesta exploração inicial sobre o gênero fílmico gnóstico partimos de um conjunto de nove filmes, sugeridos por pesquisadores como Eric Wilson e Jeniffer Emick (2007) e encontramos neles elementos comuns que permitiram classificá-los dentro de três grupos ou "chaves", a saber:

Suspensão	Paranoia	Melancolia
O Jogo	Coração Satânico	Veludo Azul
(The Game)	(Angel Heart)	(Blue Velvet)
eXistenZ	Amnésia (Memento)	Show de Truman
(eXistenZ)		(The Truman
Vanilla Sky	Cidade das Sombras	Beleza Americana
(Vanilla Sky)	(Dark City)	(American Beauty)

Grupo Suspensão

O tema comum desse grupo é o JOGO. Narrativas de personagens que se encontram presos em um jogo da qual não sabem quando começou e quando irá acabar. As fronteiras entre aparência e essência, ficção e realidade estão suspensas. O Jogo mistura-se com a própria percepção que os personagens têm sobre o que entendem como realidade. O Jogo sempre parece dar errado, o controle da situação parece estar irremediavelmente perdido criando uma suspensão radical das fronteiras e diferenças. Neste estado psicológico de suspensão cria-se uma passagem através da qual o protagonista irá saltar (morte, salto para o abismo, queda etc.). É a Grande Negação de Basilides, a indução ao silêncio interior pela fuga da linguagem, do discurso, da cadeia racional dos eventos.

Em *O Jogo* o rico banqueiro Nicholas Van Orton (Michel Douglas) vive uma vida rotineira e solitária. Até que no seu 48º aniversário (o ano em que seu pai cometeu suicídio) ganha um estranho presente do seu irmão Conrad (Sean Pen): um cartão de entrada para um jogo oferecido pela empresa Consumer Recreation Service (CRS). A princípio a natureza do jogo não está clara, mas aos poucos demonstra ser uma espécie de *role-playing game* que se integra totalmente na vida real das pessoas. O Jogo toma o controle da sua vida e Nicholas torna-se vítima de uma fraude financeira que rapidamente desintegra seu império. Nicholas é sequestrado, largado só e sem dinheiro no México enquanto suas contas bancárias são drenadas. O clímax chega ao momento em que Nicholas, na cobertura do prédio da empresa CRS dispara sua arma contra as supostas pessoas que lhe aplicaram o golpe. Inadvertidamente atinge mortalmente seu irmão Conrad que estava com o grupo de amigos e funcionários da CRS que iriam revelar-lhe que tudo fazia parte do Jogo. Desesperado, Nicholas joga-se da cobertura, estraçalha um telhado envidraçado e cai em segurança em um imenso *airbag*. Lá embaixo estão Conrad e amigos revelando a falsidade de tudo que aconteceu. O Jogo, na verdade, foi um arranjo para chacoalhar o irmão e traze-lo de volta para a realidade, para entender a lição de que a vida deve ser mais bem aproveitada.

Em *eXistenZ* o foco está na reunião de um grupo de programadores que vão testar o novo jogo de realidade virtual da Atenna Corporation: eXistenZ. Ao iniciar o jogo Allegra Geller (Jenifer Jason Leigh), mundialmente famosa programadora de jogos, é atacada por um fanático assassino do Realist Underground (grupo terrorista de oposição à realidade virtual) danificando totalmente o console do jogo onde estava a única cópia do programa. A partir desse ponto fica difícil para espectadores e personagens do filme determinar de que ponto de vista as ações estão ocorrendo: da realidade ou do jogo? As fronteiras são suspensas até que, no final, agentes do Realist Underground matam os programadores da reunião, apontam a arma para o último deles (que, dentro do jogo virtual, performava um garçom chinês em uma espécie de empório de jogos). Antes de levar o tiro pergunta: "Nós ainda estamos no jogo?"

O tema Jogo aparece de forma indireta em *Vanilla Sky*. No filme encontramos David Aames (Tom Cruise) um rico e bem-sucedido editor que tem tudo o que quer. Charmoso e sedutor, David sente que sua vida está incompleta. Em uma festa encontra a mulher de seus sonhos, Sofia (Penélope Cruz). Desesperado por ter mais informações dessa mulher misteriosa não percebe que está sendo observado pela ciumenta namorada Julie (Cameron Diaz). A narrativa salta para frente. Encontramos David preso em uma penitenciária e usando uma máscara prostética. Um psicólogo conversa com ele à procura da verdade por trás de um assassinato. Ao retornar ao presente vemos David sobreviver a um acidente de carro provocado por uma discussão com a ciumenta Julie. Seu rosto fica irremediavelmente deformado, obrigando-o a usar esta máscara. Já se passaram meses e nenhum cirurgião conseguiu restaurar a fisionomia de David. Sofía não quer nem mesmo olhar para ele.

Num momento de desespero, ele toma um porre e acaba dormindo na sarjeta. Ao acordar, tudo parece sofrer uma transformação. Sofía o ama, os cirurgiões reconstroem seu rosto, mas algo há algo estranho no ar. De uma hora para outra Sofía desaparece e, em seu lugar, aparece o rosto de Julie, que afirma ser Sofía, com um documento de identidade em seu nome. É nesse momento que David cai num abismo de seu pior pesadelo, não entendendo nada do que se passa, não conseguindo compreender se perdeu o juízo ou se há uma trama para enganá-lo. Ao final descobrimos que David é um homem em estado criogênico que sonha imagens que lhe foram artificialmente implantadas por uma empresa. A única forma de escapar desta realidade virtual criada é saltando do alto do arranha-céu para retornar à própria realidade: a vida em estado de suspensão.

Aqui em *Vanilla Sky* temos o Jogo como um sonho lúcido (e lúdico) criado por uma empresa (a LE – Life Extension), dentro do qual o controle é perdido tornando-se tudo um pesadelo. O Jogo é uma obra do Demiurgo/companhia (em O Jogo a CRS e em *eXistenZ* a Antenna Corporation). Como obra de um Demiurgo, é uma cópia imperfeita da realidade. O Jogo reduz os personagens à ignorância e ao silêncio. São incapazes de discernir as fronteiras entre mentira e verdade. Tal como proposto por Basilides, esta situação cria o estado de suspensão, o *tertium quid*, a terceira alternativa entre a ilusão e a realidade.

A suspensão encontra o clímax numa situação altamente simbólica nesse grupo de filmes: o salto/morte. Em *O Jogo* e *Vanilla Sky* os protagonistas saltam num abismo, o simbolismo da suspensão, o salto para o vazio, o silêncio, o grau zero de sentido. Igualmente em *eXistenz* a cena final da morte eminente do programador que empurra o filme ao niilismo absoluto: "Estamos ainda no jogo?" Ausência de sentido final, regressão infinita, jogos virtuais dentro de realidades virtuais. Curiosamente, tal regressão lembra a própria cosmologia imaginada por Basilides: 365 céus, um dentro do outro, camadas sucessivas preenchidas com seres completamente sem conhecimento de todos os que estão acima deles. Poderíamos citar ainda o filme 13º Andar (que poderia ser enquadrado nesse grupo de filmes) que explicitamente apresenta este paralelo cosmológico: mundos simulados dentro de mundos simulados.

Podemos nomear as personagens protagonistas desse grupo como o VIAJANTE. Todos eles são bem estabelecidos, bem-sucedidos, ricos ou famosos ou no gozo da plena capacidade criativa. Porém falta algo. É necessário empreenderem uma jornada para que todo o sentido seja suspenso, o *tertium quid* se apresente e o salto para a gnose seja dado.

Os simbolismos gnósticos são também marcantes. Sofia, a misteriosa personagem feminina de *Vanilla Sky*, é a referência explícita ao aeon Sophia (sua mensagem persistente para David é "acorde!"). Em *eXistenz* o encontro de programadores para testar o novo game virtual é realizado dentro de uma igreja campestre e, todos eles, têm uma relação religiosa cega com os gadgets tecnológicos dos jogos (consoles, softwares etc.) e com a própria empresa Antenna Corporation. É a ortodoxia religiosa denunciada por Mani, uma das estratégias do Demiurgo para consolar as pessoas dentro do mundo material imperfeito.

Todos os escritores dos filmes desse grupo têm uma tradição de textos com inspiração gnóstica, seja explícita ou implícita. *O Jogo*, escrito pela dupla John Brancato e Michael Ferris são também autores de histórias como *Aeon Flux, The Demiurge* e a série de TV *The Others*, todos com explícitos temas gnósticos. Alejandro Amenabar, escritor de *Vanilla Sky*, também dirigiu filmes como *Os Outros* (*The Others*, 2001) e *Mar Adentro* (*Mar Adentro*, 2004). E *eXistenz* escrito por David Cronemberg diretor e escritor com uma tradição de crítica espiritual às novas tecnologias.

Grupo Paranoia

O tema comum deste grupo é explicitamente a MEMÓRIA. A memória do protagonista foi perdida. Mas não por uma simples amnésia momentânea. Este esquecimento é a própria constituição do seu ser e da própria realidade que o envolve de forma conspiradora. Ele tem que resolver um enigma proposto, sem saber que a solução final desse enigma levará à própria identidade perdida ou esquecida. Esta perda cria o estado de paranoia: em quem confiar? Como distinguir a verdade da mentira, a ilusão da realidade? Por que os fatos se sucedem sem causalidade? Como saber se o que ele sente é sanidade ou loucura? É através desse estado psicológico que, segundo Valentim, o iniciado encontrará a iluminação.

Em *Coração Satânico* o detetive particular Harry Angel (Mickey Rourke) recebe um novo caso: encontrar um homem desaparecido chamado Johnny Favorite. Uma figura misteriosa chamada Louis Cyphere (Robert De Niro) entrega esse caso para ele. A investigação passa a tomar aspectos inesperados e sombrios. Testemunhas que poderiam dar pistas sobre o paradeiro de Johnny são sistematicamente assassinadas no caminho de Harry e a polícia passa a querer incriminá-lo. Harry passa a desconfiar da sua própria sanidade já que as evidências parecem apontar para ele. Seu cliente começa a impacientar-se: Johnny tem um contrato firmado com ele, portanto, precisa ser rapidamente encontrado. A natureza desse contrato Louis não quer revelar, mas suspeita-se de algo sinistro. Ao final, Harry, aturdido, descobre que o tempo todo esteve atrás dele mesmo. Johnny Favorite era ele mesmo em uma outra vida. Após firmar um contrato com o próprio Diabo para conseguir vantagens materiais na sua carreira de cantor, através de um ritual de magia negra tentou burlar o acordo. Transfere-se para outro corpo, assumindo uma nova identidade (a de Harry Angel), esquecendo-se da sua vida passada. "Eu sei quem eu sou!", grita desesperado Harry, não aceitando o destino.

Na ficção científica noir *Cidade das Sombras* temos uma nova dimensão da paranoia. John Murdock (Rufus Sewell) acorda num estranho quarto de hotel e descobre-se sem memória e caçado por brutais e bizarros assassinos. Enquanto tenta juntar os pedaços do passado, descobre que está numa cidade controlada por seres conhecidos por "Os Estranhos". A cidade na verdade é um imenso laboratório que reproduz os aspectos de uma grande metrópole.

Os Estranhos têm o poder de colocar cada habitante em estado de sonolência enquanto suas identidades são trocadas e todo o ambiente ao redor é alterado. Chamam isso de "sintonizar". Na verdade, os Estranhos são alienígenas em extinção que precisam migrar para o corpo de uma nova raça. Por isso, pretendem estudar os seres humanos descobrindo neles o que torna o espírito durável e vital apesar das sucessivas trocas diárias de identidades. John Murdock é mais uma dessas identidades "sintonizadas" pelos Estranhos, com memórias pré-fabricadas implantadas através de uma injeção aplicada entre os olhos (simbolismo esotérico do "terceiro olho").

A cena inicial revela o simbolismo gnóstico que o filme vai abordar: John acorda ("nasce") em uma banheira cheia d'água e completamente nu. Por algum motivo passa a ter uma sensação de estranhamento e suspeita com os objetos pessoais das memórias pré-fabricadas (chaves, as iniciais numa maleta, um cartão postal de um lugar chamado Shell Beach). É a paranoia que criará o estado incomum de consciência que resultará no renascimento para a verdade sobre a ilusão criada por um Demiurgo. Seu poder de "sintonizar" que ele acidentalmente descobre tem forte simbolismo: ele possui a mesma habilidade de mentalmente alterar a realidade que o Demiurgo. O homem tem faculdades semelhantes ao Deus imperfeito que o criou.

Em *Amnésia* Leonard (Guy Pearce) é um investigador de uma companhia de seguros que sofre de perda da memória de curto prazo. Ele procura os assassinos de sua esposa e, para compensar sua deficiência, cria um metódico sistema de notas, tatuagens e fotos para lembrar-se dos eventos anteriores. Sua relação com a realidade é de total estranhamento e paranoia: em quem pode confiar? E, o que é pior, poderá ele confiar nas suas próprias anotações feitas a partir de situações das quais ele não se lembra? Leonard enfrenta profundas crises existenciais e epistemológicas sobre a própria natureza ontológica da realidade. A fala inicial de Leonard na primeira sequência apresenta o dilema e paranoia da personagem:

> *"Onde está você? Em algum quarto de motel. Você apenas acordou num quarto de motel. Essas são as chaves. Você sente como estivesse pela primeira vez nesse quarto, mas talvez você esteja aqui há uma semana, três meses. É difícil de dizer. Eu não sei. É apenas um quarto qualquer."*

A dúvida de Leonard é a desconfiança gnóstica da concreticidade do real. No fundo, a questão do real é um problema de crença, o que torna instável a percepção do mundo:

> *"Eu tenho que crer num mundo fora da minha mente. Tenho que crer que minhas ações permanecem tendo um sentido embora não consiga lembrar qual seja. Tenho que acreditar que quando meus olhos fecham o mundo permanece lá. O mundo ainda está lá? Está lá fora? Sim. Todos nós precisamos de espelhos para relembrar a nós mesmos quem somos. Eu não sou diferente."*

Buscar os assassinos da sua esposa implica em buscar sua própria identidade. A paranoia o faz crer em fatos e não em memórias, certeza epistemológica na qual baseia o sistema de anotações que fará Leonard encontrar a verdade: "memórias podem mudar a forma de um quarto, a cor de um carro. Podem distorcer. São apenas interpretações, não uma gravação. Memórias tornam-se irrelevantes se tenho os fatos".

A personagem deste grupo de filmes, portanto é o DETETIVE. É aquele que busca o que se perdeu. Tudo está mergulhado na obscuridade. As investigações o levam para um mundo fragmentado e incompreensível povoado por gente cujos compromissos e motivações não são claros. Defronta-se sem cessar com o mundo da simulação. O mundo com suas conexões e eventos são falsos, fabulações conspiratórias de um Demiurgo/Diabo/Alienígena.

A fragmentação do mundo falso em que o Detetive se movimenta é representada pela própria narrativa não-linear dos filmes desse grupo: *Flash-backs, Flash-forwards*, narrativas paralelas etc. Amnésia, por exemplo, adota uma complexa narrativa onde as sequências em cores estão cronologicamente invertidas enquanto as cenas em preto e branco estão em ordem cronológica.

A experiência da perda é o evento central para o detetive. Vive em estado constante de deslocamento e desorientação. Frequentemente é atingido na cabeça ou drogado, delira, perde os sentidos. Ao acordar, não sabe onde está, quanto tempo se passou, o que aconteceu. Estas características não são exclusivas dos filmes gnósticos. São tomadas do típico protagonista dos filmes do gênero noir dos anos '30 e '40. Porém, enquanto o gênero clássico noir gira em torno do tema do "humano, demasiado humano", o "detetive" gnóstico procura solucionar não o enigma das relações pessoais, mas o enigma da ilusão da realidade que aprisiona o espírito.

Grupo Melancolia

O tema comum desse grupo é o CONFRONTO. Tudo começa com a relação de estranhamento dos protagonistas com o lugar onde moram, vivem e se relacionam. São estrangeiros dentro do seu próprio país, vivem um autoexílio. Sentem não pertencer àquele mundo, estão em constante mal-estar e à deriva. O que está errado? Tudo parece estar no lugar, seguindo os padrões e expectativas do status quo. O ESTRANGEIRO pressente a inautenticidade do mundo em que ele está. Demonstra desdém aos papéis sociais, padrões, modelos de felicidade. É um melancólico. Pretende se reconhecer no submundo, nas ruínas, em todos os lugares que estão acabando, no erro, no suicídio, na morte. Este fascínio pelo universo looser levará o protagonista a um confronto final contra o Demiurgo que criou este mundo inautêntico que o rodeia.

Em *Veludo Azul* o jovem estudante Jeffrey Beaumont (Kyle MacLahlan) volta caminhando do hospital depois de visitar seu pai que sofrera um ataque cardíaco. Ao passar por um terreno baldio encontra na grama uma orelha decepada. Jeffrey leva ao local o detetive da polícia John Williams (George Dickerson). Logo, Jeffrey se envolverá romanticamente com a filha de John, Sandy (Laura Dern). Por conta própria, ambos começam a investigar o que há por trás daquela orelha decepada. A investigação os levará a descoberta de uma até então desconhecida dimensão da cidade de Lumberton. Por trás da superfície idealista e casta de uma típica cidade interiorana esconde-se um submundo depravado e sinistro habitado por bandidos, psicopatas e pervertidos. Ao longo das investigações Jeffrey conhece a cantora Dorothy Vallens (Isabela Rossellini) cujo filho foi sequestrado pelo pervertido bandido Frank (Denis Hopper) que a obriga a obedecer a todos os seus desejos.

Jeffrey e Sandy têm uma perfeita vida de classe média. Aparentemente são felizes dentro de uma vida pacata e previsível. Mas falta algo! Estão melancólicos. Jeffrey nas suas roupas escuras e ar enfadonho. Sandy sempre com um olhar tenso e errante. Quanto mais investigam sobre o paradeiro daquela orelha, mais são seduzidos pelo mundo de onde ela veio: um mundo em ruínas, estranho, surpreendente. Reconhecem-se nele pela condição de estrangeiros nas suas vidas familiares. A melancolia que possibilitou a abertura para um mundo estranho leva ao confronto mortal com Frank. Ele é o Demiurgo. Do submundo ele se alia com a polícia corrupta da superfície de Lumberton, criando uma ordem inautêntica onde a verdade é recalcada.

Tal qual na mitologia gnóstica o Demiurgo/Frank aprisiona a Sophia/Doroty Vallens. Ela retirará secretamente para Jeffrey os véus que escondem a verdade por trás dos cenários cartões-postais de Lumberton. Frank tentará impedir, aterrorizando-o, para dissuadi-lo da sua busca.

Show de Truman dramaticamente nos apresenta a cosmologia de Mani: a luta entre Trevas e Luz e a sedução da realidade pela simulação. Christoff (Ed Harris), o produtor de TV, é o Demiurgo. Ele cria um imenso estúdio em forma de domo onde as condições meteorológicas são controladas por computadores, tudo sob um céu falso, um pequeno mar simulando oceano, e uma cidade ficcional chamada Seaheaven habitada por atores que representam scripts pré-determinados. Ele necessita criar um simulacro da realidade para realizar seu sonho: tomar uma criança (Truman Burbank) desde o nascimento, colocá-la em um ambiente simulado e acompanhar com as câmeras o seu crescimento em cada ação, até tornar-se homem. É claramente o simbolismo do aprisionamento de Adão no

Paraíso engendrado pelo deus-demiurgo. Como tal, surge Eva para "tentar" Adão: a atriz Sylvia (Natascha McElhone) rompe com o seu papel no programa e tenta alertar Truman sobre a ilusão na qual está aprisionado.

Na mitologia gnóstica Eva não era a personagem estúpida persuadida pela serpente do mal a tentar Adão, mas sim uma mulher sábia, uma verdadeira filha de Sophia, a Sabedoria Celestial. Foi ela que despertou o Adão adormecido em sua prisão, segundo o Apócrifo de João. "Eu tenho o conhecimento anterior da pura Luz; dou o pensamento do espírito imaculado ... Levanta-te e lembre-se ... e siga a origem que sou eu ... e cuidado com o sono profundo" ("O Apócrifo de João" IN: ROBINSON, James M. 2007. p. 109-110).

O que Christoff pretende com o seu gigantesco reality show? Tal qual o Demiurgo de Mani, quer aprisionar o anthropos (criar um ser humano puro, original e espontâneo, "uma estrela que inspira milhões") para roubar dele a partícula de Luz, tal como é descrita na gnóstica mitologia maniqueísta da batalha contra as Trevas.

Truman é um homem comum vivendo uma vida comum. Tem uma esposa normal, vizinhos normais e um amigo normal. Mas não está feliz. Há um vazio. Melancólico, tem fantasias escapistas com as Ilhas Fiji. Quer conhecer o mundo. Romper com o habitual, com o papel pré-determinado de um agente de companhia de seguros. Até que um acidente misterioso acontece: do céu azul cai, na sua frente, um spot de estúdio. Tal qual a orelha decepada de Veludo Azul, esse spot trará a suspeita de que há um mistério por trás da rotina. Sua melancolia torna-se febril. Decide então pular para o abismo, desafiar a morte para fugir daquela vida. À noite rouba um barco e decide rumar para o horizonte do mar de Seaheaven. Começa o confronto final com o Demiurgo. Assim como o Deus vingativo do Velho Testamento, Christoff tenta matar Truman pela desobediência criando violentas tormentas no mar cenográfico. "Isso é o melhor que pode fazer?", desafia Truman.

Para o Gnosticismo a descrição feita de Deus pelo Velho Testamento na Bíblia Sagrada corresponderia a todas as características de Yaldabaoth, o Deus-Demiurgo imperfeito.

Já a narrativa de *Beleza Americana* é feita em off por Lester Burnham (Kevin Spacey), um chefe de família melancólico e depressivo em plena crise da meia-idade com uma esposa estressada e amargurada e uma filha que o odeia. Os papéis sociais não servem mais para ele, sente-se à deriva como um fantasma em vida. Sua esposa Carolyn (Annete Bening) busca consolo através de um guru de autoajuda (os consolos ilusórios da vida material criticados por Mani). Lester e sua filha Jane (Thora Birch) estão na condição de estrangeiros. Mal situados no mundo (ele em um emprego frustrante e pouco rentável e ela uma mera coadjuvante da sua amiga, a estudante popular-girl Angela - Mena Suvari) vão aos poucos se sentir seduzidos pelo contrário da normalidade dos papéis sociais: o errático, o misterioso, o acaso. Impulsivamente, Lester abandona o emprego para buscar um trabalho "que não exija responsabilidade". Enquanto isso, Jane apaixona-se pelo calado e introvertido vizinho (Ricky – Wes Bentley) que ganha dinheiro vendendo drogas e tem como hobby produzir enigmáticos vídeos de eventos aleatórios (como um saco plástico sendo levado ao acaso pelo vento) com intenções místicas: "há uma vida inteira por trás das coisas, esta incrível força benevolente. O vídeo me ajuda a lembrar que há tanta beleza no mundo que às vezes sinto que não vou aguentar, como se meu coração fosse explodir."

O estrangeiro aspira ao sagrado, à transcendência, ao autêntico, aquilo que denuncie a falsidade que constitui a vida nesse mundo.

Capítulo 2

Mitologias e Categorias
no Filme Gnóstico

No cinema gnóstico, os doze pontos-chave do Gnosticismo, descritos acima, são reunidos em torno de quatro principais mitos gnósticos: o do "Demiurgo", o da "Alma Decaída", o do "Salvador" e do "Feminino Divino".

1. O Mito do Demiurgo

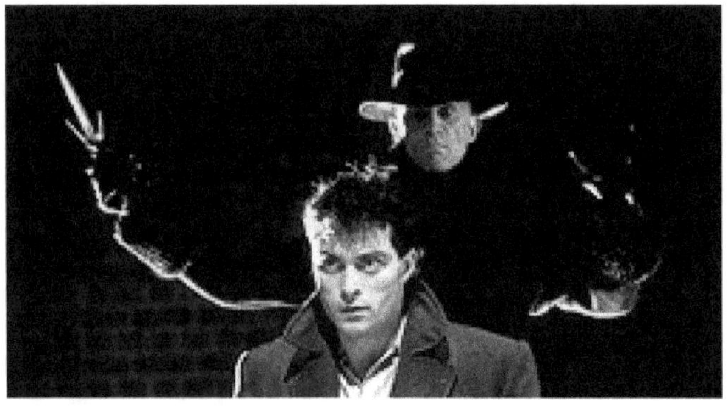

Dark City, 1998

A Criação, o Mundo ou a própria realidade é controlada por uma divindade inferior e os seus agentes. Esses anjos (ou arcontes) lançaram um véu de ilusão, ignorância ou desespero existencial sobre aqueles que procuram dominar (e às vezes se alimentam). No gnosticismo clássico, o caráter do Deus do Antigo Testamento era um modelo preferido para o vilão extramundano. Ele é muitas vezes referido como o Demiurgo.

No cinema, o Demiurgo não tem necessariamente de ser um antagonista do divino, mas pode assumir a forma de qualquer entidade opressora incluindo ETs , tecnologias opressoras e até mesmo as instituições humanas. Tudo se resume a questão do controle humano versus a liberdade humana. Esse mito inflama a questão sobre o que é real e o que é falso em intrincados níveis ontológicos (ou dimensões).

Alguns exemplos:

Êxodo: Deuses e Reis (2014) e *Noé* (2014) – Deus do Velho Testamento como um Demiurgo

Prometheus (2012) ou *Dark City* (1998) – Demiurgos como raças avançadas de seres alienígenas que transformaram os humanos em experimentos científicos.

Mais Estranho Que a Ficção (2006) – o Demiurgo é um escritor que manipula de diversas formas uma narrativa literária tentando matar o protagonista.

Show de Truman (1998), *EDtv* (1999) ou *Mad City* (1997) – o Demiurgo pode ser um produtor de um reality show, um repórter manipulador ou a própria grande mídia que explora a espontaneidade e simplicidade do protagonista.

Uma Aventura Lego (2014) – o Demiurgo é o pai de um menino que disputa o filho o controle do destino de uma cidade construída em blocos de Lego

2. O mito da alma decaída.

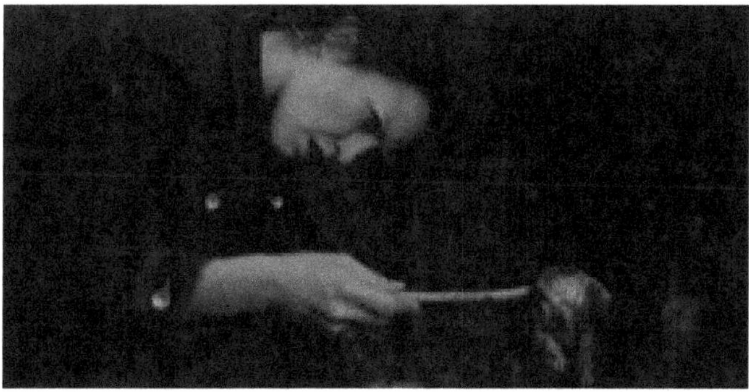

Earthling (2010)

A ideia de que a semente divina, proveniente de um lugar chamado Pleroma (ou Plenitude) tenha caído em um mundo estranho. Este esperma-luz, a matéria prima da auto-realização, reside dentro de cada mortal, também conhecida como "centelha-divina". É exatamente pela qual que as criaturas espirituais do

Demiurgo anseiam ou querem corromper. Descansando no sono ou estupor, a jornada épica começa verdadeiramente quando um mortal descobre ou é escolhido para realizar o seu potencial transcendental. Uma guerra de libertação tende a entrar em erupção.

Normalmente envolve uma agitação do protagonista durante a vigília por algum poder latente ou um presente que o obrigue a cumprir um destino heroico. Este mito provoca a pergunta do que é ser consciente e os níveis de consciência que o ser humano pode chegar.

Abaixo, alguns exemplos:

Earthling (2010) ou *ET* (1982) – Aliens caem na Terra e vivem uma situação de ameaça e estranhamento. Filmes que são uma metáfora da gnóstica condição humana.

Sense8 (2015) – Humanos com sensibilidade especial (os *sensates*) despertam de suas vidas ordinárias para o chamado de luta contra um Demiurgo – uma agência quase governamental especializada em manipulações genéticas.

O Destino de Júpiter (2015) – uma humilde empregada recebe o chamado da Plenitude. Os mitos gnósticos da Criação, Queda e Ascensão representados de forma explícita em uma space opera.

O Homem Que Caiu na Terra (1976) - Thomas Jerome Newton é um alien humanóide que vem para a Terra em busca de água para seu planeta que está morrendo. Sua inteligência e revolucionárias invenções atrai corporações que tentam corrompê-lo.

Upside Down (2012) – Mescla de ficção científica com drama romântico que dá uma nova roupagem ao mito da Queda humana.

3. O Mito do Salvador

Pode assumir duas formas. O primeiro é que após o despertar para a sua constituição sobrenatural, o protagonista não deve apenas salvar aqueles ao redor dele dos poderes que criaram o regime ilusório, ele deve também divulgar o conhecimento (gnose) para os outros, para que possam compartilhar as mesmas liberdades ou descubram habilidades semelhantes.

A segunda forma é que uma figura salvadora precisa de outra figura salvadora, pois a relação de um hierofante para um neófito é central no Gnosticismo (a ocidental caricatura do professor sábio oriental ajudando o herói). Este mito acende a questão do significado do ser humano, e todos os seres humanos são verdadeiramente iguais, mesmo que alguns possuam maiores habilidades do que outros (um tema predominante nas HQs, óperas de ficção científica e até mesmo em séries de televisão, tais como a série *Heroes*).

Abaixo, alguns exemplos:

Matrix (1999) – Neo e Morpheus criam a clássica relação do mestre e do iniciado que será o Salvador.

Clube da Luta (1999) – A iniciação de um neófito a um Clube que mudará sua visão de mundo. Mais do que isso, o protagonista se torna o líder de um grupo que buscará algo politicamente muito maior.

Branded (2012) – Outro neófito, dessa vez no mundo da Publicidade, será iniciado no mundo da luta entre as marcas, descobrindo as forças ocultas que controlam o mundo.

4. O Mito do Feminino Divino

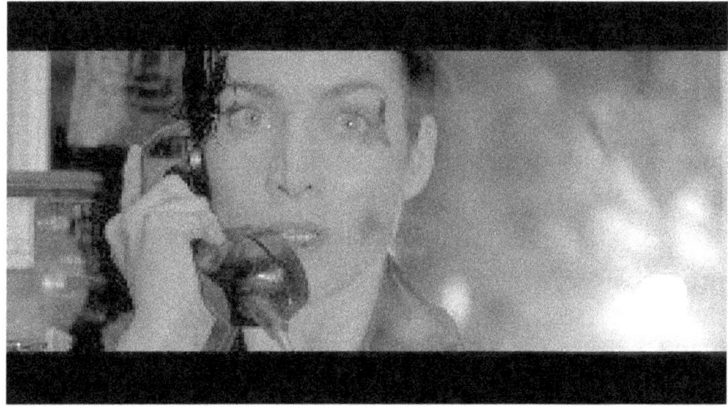

Matrix, 1999

No gnosticismo clássico, Sophia ocupa o centro do palco, simultaneamente, como ser caído e uma redentora da humanidade. Sua encarnação já assumiu várias formas, incluindo a Shekinah de Deus na Cabala, Maria Madalena no Cristianismo esotérico, e Gaia no neo-paganismo. Sylvia em O Show de Truman e Trinity em Matrix são duas das mais famosas nos domínios da Ficção Científica e da Fantasia.

A encarnação pode ser o protagonista, o professor do protagonista, e toda uma gama de variações. Ela resgata ou é resgatada, ou ambos, nas batalhas contra os agentes da opressão e da quebra da realidade falsa. É difícil negar a obsessão das Anime com a confusão com o feminino e sexualidade em geral (que se afasta ou, talvez, complementa a atitude gnóstica da desconfiança em relação ao sexo). Isso agrava a questão dos diferentes níveis de amor, amizade e individualidade no que poderia parecer um universo frio e indiferente.

Veja alguns exemplos:

WALL-E (1999) – Sophia é encarnada em um robô chamado EVA com design high tech que vêm à Terra devastada buscar sinais de vida e encontra um nostálgico robozinho que empilha lixo e tenta resgatar fragmentos de uma civilização que desapareceu.

Dead Man (1995) – A personagem Theo, a prostituta, tem um papel decisivo no início da jornada espiritual do protagonista. Ela é Sophia, prisioneira do Demiurgo que domina a cidade.

L'Imortelle (1963) – Filme francês precursor do mito de Sophia no cinema que eleva a mulher a um patamar metafísico revelando as formas ilusórias do mundo ao protagonista.

Vanilla Sky (2001) – Aqui Sophia está explícita. Penélope Cruz faz a própria personagem exorta o protagonista David Aymes a despertar do interior de um "sonho lúcido", na verdade uma simulação tecnológica da realidade.

Categorias dos filmes gnósticos

Fazendo um breve resumo do que vimos até aqui, o conceito de "filme gnóstico" é relativo a Gnosticismo, do grego *gnosis*, "conhecimento" e *gnostikos*, "aquele que tem o conhecimento". Conjunto de filmes de variados gêneros cuja característica unificadora é a recorrência de "elementos gnósticos" correspondentes tanto às narrativas míticas cosmogônicas e morais dos principais pensadores do Gnosticismo histórico (Basilides, Valentim e Mani) como a diversos simbolismos místicos ou esotéricos associados ao sincretismo do chamado Gnosticismo Hermético.

A produção cinematográfica recente, principalmente norte-americana, conta com diversos filmes que giram em torno desta mitologia. Os temas incluem, frequentemente, conspirações cósmicas, universos paralelos, amnésia e paranoia. Demonstra um interesse por uma ambivalente relação entre o sujeito e a realidade, consciência (especialmente alterada por estados de consciência iluminados) e revolta contra sistemas autoritários de controle.

São filmes que apresentam a ideia geral de que o mundo que percebemos é uma ilusão criada por alguém que não nos ama e que a chave para revelar a ilusão e descobrir a realidade reside numa forma de autoconhecimento ou iluminação.

Desde os primeiros filmes como *Matrix* e *Show de Truman* percebeu-se que esses filmes diversificaram a abordagem das mitologias centrais do Gnosticismo criando, por assim dizer, subgênero que podemos dividir dentro das seguintes categorias:

(1) CosmoGnóstico: Filmes que parecem inspirar-se na Cosmologia basilidiana (Basilides -117-138 DC - Filósofo gnóstico de Alexandria, possivelmente originário de Antioquia. Admitiu um princípio "incriado", o Pai, cinco hipóteses emanadas dele e trezentos e sessenta e cinco céus, um dos quais é o nosso mundo comandado pelo Demiurgo - Yahweh, Jeová ou Javé). Filmes como *O Décimo Terceiro Andar* (1999) sobre pluralidade de universos simulados, multiversos. *Matrix* e *Show de Truman* também entrariam nessa categoria, onde o protagonista encontra-se prisioneiro em realidades artificialmente produzidas. Ou em variações temáticas como *Cosmodrama* ou *Órbita 9*, nos quais astronautas despertam numa nave, sem saberem o propósito da missão, porque estão ali e de onde vieram.

(2) TecnoGnóstico: Baseia-se naquilo que chamamos de Gnosticismo cabalístico que é a motivação da atual agenda tecnognóstica de fazer uma cartografia e topografia da mente humana: a convergência das neurociências, Cibernética, Ciências Computacionais e Teoria da Informação para tentar simular digitalmente não só o funcionamento da mente, mas tentar emular a própria consciência. Filmes como *Eva* ou *Transcendence* são exemplos nessa categoria.

(3) PsicoGnóstico: Novamente vemos o protagonista como prisioneiro, mas dessa vez é uma prisão interior, psíquica ou onírica. Filmes como *Brilho Eterno de Uma Mente Sem Lembranças*, *A Passagem* e *Vanilla Sky* mostram personagens que sem saberem estão presos respectivamente, nas próprias memórias da mente, em um limbo entre a vida e a morte e em "sonhos lúcidos" artificialmente produzidos por uma corporação.

(4) AstroGnóstico: Os seres humanos teriam sido o resultado de um enxerto na biologia dos primatas avançados feita por uma consciência alienígena espiritualmente superior. Ou simplesmente a condição humana seria de alienação e estranhamento nesse planeta sofrendo o atrito com essa existência cria estados emocionais que levam à depressão, assassinato em massa, loucura e destruição. Vivemos uma nostalgia indefinida e olhamos para as estrelas, numa sensação imprecisa de que aqui não é o nosso lugar. Filmes como *O Homem Que caiu na Terra* (1974, onde um alien vem à Terra em busca de ajuda e é corrompido pela sociedade humana) com o gnóstico pop David Bowie ou ainda o surpreendente filme etíope *Crumbs* (2015) – um protagonista que anseia entrar em uma nave alienígena que paira há anos no céu, e fugir desse planeta.

(5) CronoGnóstico: filmes que apresentam um multifacetamento da realidade ou universos alternativos por meio da concepção quântica ou caótica do tempo: paradoxos, efeitos exponenciais ou o tempo como um hipertexto criam uma pluralidade de mundos, algo semelhante aos filmes CosmoGnósticos. Porém, nessa categoria coloca-se ênfase à artificialidade do Tempo. Filmes como *Sr. Ninguém* ou *Cronocrimenes* são bons exemplos.

Capítulo 3
Por que o filme gnóstico é uma tendência norte-americana?

O fato de o filme gnóstico ser uma tendência eminentemente norte-americana pode ser explicado pelo fato de ser o resultado de um peculiar mix de religião e misticismo com origens nas formas literárias populares naquele país desde o puritanismo do século XVIII passando pelos periódicos renascimentos de religiosidade e misticismo como Mórmons e Pentecostais na virada do século XIX até o tecnomisticismo originado nos anos 60.

Em qualquer discussão sobre cinema, quando exponho a existência do filme gnóstico (a existência de uma tendência de filmes cuja característica é a recorrência de temas inspirados nas narrativas míticas do gnosticismo clássico e suas variantes e ecletismos – alquimia, esoterismo etc.) surge uma questão: por que a esmagadora maioria dos filmes gnósticos tem origem na produção cinematográfica norte-americana e hollywoodiana? Na verdade, nesta pergunta estão contidas duas interrogações: primeiro, por que Estados Unidos e, segundo, como essas narrativas gnósticas, que possuem mensagens de rebelião e desconfiança em relação ao status quo, podem chegar ao *mainstream* hollywoodiano? Sintetizando: por que só nos Estados Unidos encontramos esse fenômeno de "gnosticismo para massas"?

Responder a essas perguntas requer compreender a história do amplo gênero da literatura fantástica e os divergentes destinos na Europa e Estados Unidos e toda uma complexa série de migrações entre um continente e outro.

Podemos compreender que o primeiro florescimento do gnosticismo na modernidade (dentro da literatura fantástica que incorpora elementos do sobrenatural, grotesco e do inominável) foi na era romântica entre os séculos XVII e XVIII na Europa. Este renascimento surge numa combinação entre a especulação esotérica gnóstica e o pragmatismo esotérico no Romantismo. Figuras como William Blake e Percy Shelley beberam em fontes gnósticas, cabalistas e alquímicas, desafiando o status quo. Podemos compreender o modo narrativo do Romantismo como uma revolta contra a ascensão do racionalismo no século XVIII.

Nesse período encontramos na Europa a segunda variante da literatura fantástica: o Gótico. Suas vitorianas estórias de fantasmas talvez tenham sido a primeira forma de literatura ficcional a penetrar na cultura popular.

Na Europa, esta literatura romântica e Fantástica, especialmente na França e Alemanha, vai servir de veículo para o avanço das vanguardas artísticas tais como o Surrealismo e o Expressionismo. Em termos cinematográficos corresponderia ao período Cult e europeu dos filmes gnósticos, tal como descrita por Erik Wilson (2006). Para ele, o gnosticismo cinematográfico europeu passou por dois períodos bem distintos: no primeiro período temos os filmes que constituem "reacionários avisos" contra o gnóstico desejo de transcender a matéria (*The Revenge of the Homunculus* - Otto Rippert's, 1916 - sobre as trágicas consequências de um experimento alquímico mal sucedido; *The Golem* - de Paul Wegener's, 1920 - mostrando os trágicos resultados da magia cabalística).

Os temas gnósticos retornam mais tarde, desta vez através de filmes não-comerciais ou rotulados como cults que endossam valores heterodoxos que os antigos filmes condenavam. *Blow Up* (Antonioni, 1966) é uma exploração gnóstica de como a cultura consumida pelas aparências suplanta a realidade. Confundindo forma e conteúdo através de uma narrativa altamente ambígua e alucinante que incomoda tanto os personagens do filme quanto o público, 8½ (Fellini, 1963) explora a cabalística crença de que um ideal humano pode ser alcançado através do artifício, a criação de um Adão cinemático; *Zardoz* (John Boorman, 1974) uma verdadeira fábula gnóstica onde, em um futuro pós-apocalipse, o protagonista alcança a iluminação ao descobrir que o deus em que acreditava (Zardoz) era, na verdade, uma criação artificial de uma elite imperfeita e decadente; e *The Man Who Fell to Earth* (Nicholas Roeg, 1976) apresenta um extraterrestre que vem para a Terra em busca de água para o seu planeta que está morrendo. Incapaz de cumprir sua missão acaba prisioneiro de uma rede de corrupção em uma América corporativa. Diferentes dos antigos filmes, estes filmes gnósticos cults criticam o status quo, sugerindo que a cultura pós-moderna é um desolado mundo de ilusões que produz conformismo.

A Religião Americana

Enquanto isso, nos Estados Unidos, o fantástico e o sobrenatural podem ser encontrados quase que inteiramente nas formas culturais populares. Tem suas origens nas chamadas "Providências" (formas narrativas anedóticas puritanas que descreviam milagres que ilustravam como a vontade divina se manifesta na vida cotidiana), estórias sobre magias africanas e fatos bizarros e escândalos presentes em jornais sensacionalistas, magazines e livros de bolso. Em um breve momento na alta literatura norte-americana (no período literário chamado de "Renascimento Americano" no início do século XIX) esse amálgama do fantástico e grotesco da cultura popular vai fornecer inspiração para grandes autores como Poe, Dickson, Emerson e Hawthorne.

Victoria Nelson, ao descrever a "estranha história do Fantástico norte-americano", observa que o fervor religioso e místico sofre constantes renascimentos:

> *"O Grande Despertar em meados do século XVIII tem sido acompanhado por no mínimo três outros renascimentos de acordo com Robert Fogel: o segundo, na virada do século XIX, com as repercussões religiosas e filosóficas do Transcendentalismo na alta literatura como também nas inúmeras manifestações da literatura popular, incluindo o movimento Espiritualista, Teosofia e novas religiões e cultos como os Mórmons e os gnósticos "Christian Scientists" e "Shakers". O terceiro Grande Despertar, diz Fogel, ocorreu entre 1890 e 1930 e nós ainda estamos no meio do quarto que se iniciou nos anos 1960" (NELSON, Victoria. 2001, PP. 76-7).*

Todo esse amálgama religioso e místico resultou naquilo que Harold Bloom chamou de "Religião Americana": uma gnóstica tensão originada na combinação entre sulismo Batista, Pentencostalismo e Mormismo que preconiza uma espécie de "auto-divinização" através de um encontro pessoal com o Sagrado.

> *"Joseph Smith descreve essas aventuras sagradas novelisticamente no Livro dos Mormons, para produzir, como John Brooke já observou, uma particular americanização da teologia Renascentista ao juntar aspectos do Hermeticismo, Gnosticismo, Alquimia e magia popular para produzir uma 'totalmente plena' alternativa para o Cristianismo" (NELSON, Victoria. IDEM).*

Como bem observou Robert Fogel, estamos em meio ao quarto despertar místico e religioso norte-americano originado nas utopias primitivas e tribais do acid rock e psicodelismo dos anos 60. Uma peculiar leitura Zen-Taoísta de um misticismo da natureza, um renascimento dos mitos da Terra e do elogio dos seus ciclos naturais, combinados com um socialismo cristão, mitos comunais e, paradoxalmente, combinado com o impulso transcendentalista das viagens alucinógenas e estados alterados de consciência.

Associado ao discreto movimento do Gnosticismo no meio científico a partir das universidades de Pinceton e Pasadena durante a II Guerra Mundial, a princípio entre físicos, cosmólogos e biólogos para, em seguida, alastrar-se por outras áreas, principalmente através da Cibernética e Teoria da Informação, temos o surgimento de um típico fenômeno norte-americano: o Tecnognosticismo. Isto é, a convicção mística e tecnófila da possibilidade da experiência transcendência e da experiência do Sagrado por meio do desenvolvimento das tecnologias da comunicação e da informação. Como afirmou ironicamente Theodore Roszak, é a tecnologia como o "atalho para Satori" a tecnologia como quintessência da superação da condição humana (finitude, contingência, mortalidade, corporalidade e limitação existencial) sem a necessidade de disciplina, meditação ou ascese.

Neste quarto Grande Despertar temos, finalmente, o encontro de toda a tradição da "Religião Americana", no sentido dado por Harold Bloom, com a pujança tecnocientífica do complexo industrial-militar norte-americano.

Gnosticismo para as Massas

A partir da popularização das tecnologias tecnognósticas e da alteração radical de todo o ambiente sensorial e perceptivo cotidiano com dispositivos como Internet, interfaces gráficas, realidade virtual etc. temos uma nova sensibilidade em relação ao religioso e místico. Por um lado, temos a autodivinização da busca pessoal pelo sagrado substituída pelas tecnologias espirituais da autoajuda (representada por diversas produções fílmicas e audiovisuais) e, por outro, a popularização dos mitos do gnosticismo clássico não só para fazer uma reflexão crítica sobre o destino do homem diante da tecnognose (Show de Truman e Matrix como exemplos) como abordar formas particulares de gnose que se distinguem da autoajuda (A passagem, A Fonte da Vida etc.).

Este quarto Grande Despertar produziu uma cisão no ressurgimento do Gnosticismo no século XX: de um lado o Gnosticismo Cabalístico (representado pela busca fáustica da tecnologia como forma mais rápida de busca do pós-humano e da transcendência absoluta e rápida do espírito em relação à prisão do corpo) e, do outro, o Gnosticismo Alquímico (a crença que a matéria deve ser redimida e não simplesmente superada e a necessidade de denunciar esse imaginário tecnológico fáustico como sendo mais uma forma do Demiurgo aprisionar o ser humano nas ilusões do mundo material).

Surpreendentemente, o lócus dessa tematização vem sendo a produção recente cinematográfica hollywoodiana. Essa constatação nos leva a uma última questão: o que faz diretores e produtores da indústria cinematográfica ter esse súbito interesse no universo temático gnóstico, particularmente o alquímico? Por que estas narrativas míticas da antiguidade foram parar nas sinopses, roteiros e nas mesas de produtores de filmes *mainstream* hollywoodianos? Por que Hollywood abraçaria esta particular visão gnóstica que questiona o gnosticismo tecnocientífico?

Uma pista para começar a responder a essa questão talvez esteja nas considerações de Boris Groys sobre uma "guinada metafísica" da produção hollywoodiana recente: deuses, demônios, alienígenas e máquinas pensantes defrontando-se com heróis movidos, sobretudo, pela questão do que possa estar oculto por trás da realidade sensível. Nesta temática metafísica se esconderia uma pretensão auto-referencial. Filmes como Show de Truman ou Matrix tematizam a própria produção midiática. Podemos considerar os heróis desses filmes como verdadeiros críticos da mídia.

> *"Hollywood, pois, reage à suspeita de manipulação estética que lhe é dirigida reativando uma suspeita metafísica ainda mais antiga e profunda - a suspeita de que todo o mundo perceptível poderia ser um filme rodado numa meta hollywood remota. Nesse caso, os filmes hollywoodianos seriam "mais verdadeiros" que a realidade, pois ela não nos mostra geralmente nem o caráter artificial que lhe é próprio nem o que lhe está além. O novo filme hollywoodiano, ao contrário, elabora, ao refletir sobre seus procedimentos próprios, uma nova metafísica que interpreta o ato de criação como uma produção de estúdio." (GROYS, Boris. 2001, p. 5.)*

Enquanto o filme europeu preocupa-se, como de hábito, com o "demasiado humano", Hollywood ingressa na atual fase metafísica ou auto-referencial. Com a proximidade de a tecnologia digital intervir no tradicional ramo cinematográfico extinguindo o seu próprio suporte (a película), ou seja, eliminando sua própria especificidade que a distingue diante dos outros veículos de comunicação, talvez nesse momento Hollywood esteja dando uma resposta à tecnociência que a ataca. Talvez seja este o sentido da tendência metafísica do cinema comercial atual: ao trazer para as telas a antiga suspeita gnóstica de que o mundo perceptível possa ser uma ilusão e de que uma "meta Hollywood" high tech seja o novo Demiurgo, denunciar os escrúpulos da tecnociência cabalística – o secreto projeto de aliar a indústria cinematográfica com as novas tecnologias.

Considerações Finais

1 – Enquanto na Europa o Fantástico sempre esteve associado às grandes manifestações artísticas e literárias de vanguarda (Romantismo, o Gótico,

Expressionismo, Surrealismo, o Expressionismo alemão no cinema etc.), nos EUA, ao contrário, o Fantástico desde o início associou-se a formas culturais populares (narrativas puritanas sobre milagres na vida cotidiana no século XVIII, notícias bizarras ou sensacionais em magazines e livros de bolsos no século XIX – que vão munir autores como Poe e Emerson – renascimentos místicos/religiosos como Mórmons e "Shakers" na virada do século, novamente o Fantástico nas HQs e pulp fictions nos anos 40 e 50 e o novo renascimento místico religioso nos anos 60 com todo comunalismo e utopismo.

2 – Se na Europa a Grande Arte esteve identificada com elementos do Fantástico, diferente disso, nos EUA as grandes manifestações artísticas em geral identificaram-se com a narrativa realista com forte influência do jornalismo como em Ernst Hemingway, Mark Twain, Truman Capote etc. Aliás, todo o processo de racionalização da cultura americana acaba confinando o Fantástico basicamente em três distintos gêneros populares: ficção científica, horror e fantasia. Dessa forma, cria-se uma espécie de "sub-zeitgeist" popular, distinto da Alta Arte, que vai percorrer todo o subterrâneo da cultura daquele país até última explosão mística-religiosa dos anos 60. A partir daí, o Fantástico vai se proliferar em vídeo-games, role-playing games, jogo interativo na Web etc.

3 – Dentro desse processo cultural de racionalização, o Fantástico sempre foi representado como uma ilusão, sonho, sempre uma estratégia de um personagem enganar outro ao fazê-lo acreditar que perdeu o juízo. A partir dos anos 70 (como reflexo do quarto "Grande Despertar" místico psicodélico dos anos 60) a produção cinematográfica começa a explorar esses elementos do fantástico de forma séria e sofisticada:

> *"Os filmes americanos da era pós-Star Wars começam a demonstrar interessantes, sofisticadas e irônicas imagens. A década de 80 viu , por exemplo, um furioso deus babilônico preso em um apartamento refrigerado em Nova York, sem o benefício de um plot racionalizante, no filme GhostBusters (1984) de Ivan Reitman, escrito por Dan Ackroyd e Harold Ramis; viu também o pós-moderno manequim morto-vivo no filme Beetlejuice (Os Fantasmas se Divertem - 1988) de Tim Burton escrito por Burton e Caroline Thompson; viu a trágica estória do garoto de metal Edward Scisorhands (Edward Mão de Tesoura, 1990) do mesmo diretor e escrito por Michael McDowell. Em todos eles percebemos uma mudança de forma e trans- e de-formação, concebidos principalmente com a ênfase muito mais na tecnologia do que na dimensão metafísica do fenômeno"* (NELSON, Victoria, 2001, p.97).

4 – Para além da fase cult dos filmes gnósticos europeus (como *Zardoz* com Sean Connery e *O Homem Que Caiu na Terra* com David Bowie nos anos 70) nos EUA o mix gnóstico (religioso, místico, alquímico e esotérico) chega ao mainstream hollywoodiano na década de 90 em filmes populares que vão compor o modelo de gnosticismo pop cujos filmes como Matrix representarão o auge dessa tendência.

5 – O quarto "Grande Despertar" convergirá a religião e o misticismo com as novas tecnologias computacionais como bem demonstrou Theodore Roszak. Os filmes gnósticos da década de 90 vão representar este utópico encontro entre tecnologia, gnose e transcendência em filmes emblemáticos como O Décimo Terceiro Andar e Matrix. Poderíamos propor a hipótese de que a popularização desse "sub-zeitgeist" gnóstico-místico-esotérico é racionalizado por Hollywood. Ao contrário do passado, o Fantástico é retirado do confinamento dos gêneros tradicionais (ficção-científica, horror e fantasia) para surgir em filmes como num drama como *Vidas em Jogo* (*The Game*, 1997) ou num western como *Homem Morto* (*Dead Man*, 1995). Mas o preço a ser pago é a ênfase na gnose na tecnologia, colocando em segundo plano os aspectos metafísicos ou filosóficos.

6 – Com a crise das empresas ponto com no ano 2000 e o refluxo de todo um imaginário messiânico da Internet e das novas tecnologias, assim como a crise das tecnologias de autoajuda inspiradas em modelos computacionais (o autoconhecimento como um processo de reprogramação do software cerebral), temos um novo caminho aberto para os elementos do Fantástico dentro dos filmes gnósticos para as massas. Nesse século temos o questionamento recorrente das "tecnologias do espírito" (autoajuda e autoconhecimento) e uma nova abordagem da gnose não mais com ênfase na tecnologia, mas como uma jornada interior do protagonista confinado em alucinações, cisões esquizofrênicas e delírios induzidos por um Demiurgo. A lista de filmes gnósticos é extensa, mas podemos destacar os seguintes exemplos: a impotência dos psiquiatras em *A Passagem* (Stay, 2005), *Ilha do Medo* (*Shutter Island*, 2009) *Identidade* (*Identity*, 2003); a perplexidade da terapeuta e a pedofilia do autor de livros de autoajuda em *Donnie Darko* (*Donnie Darko*, 2001); a manipulativa forma terapêutica de apagamento digital de memórias em *Brilho Eterno de Uma Mente Sem Lembranças* (*Eternal Sunshine of the Spotless Mind*, 2004); o fracasso da tecnologia da empresa que vende "sonhos lúcidos" por não prever a irrupção do inconsciente em seu cliente no filme *Vanilla Sky* (2001). Em todos esses filmes o processo de reforma íntima não se confunde com autoajuda ou espiritualismo, abrindo margem para uma ênfase metafísica para a gnose.

SEGUNDA PARTE:
TEMAS GNÓSTICOS

'Sr Ninguém'
'O Terceiro Olho'
'Clube da Luta'
'13º Andar'
'Mais Estranho Que a Ficção"
'O Homem Que Caiu na Terra'
'Prometheus'
'Quero Ser John Malkovich'
'eXistenZ'
'Donnie Darko'
'O Advogado do Diabo'
'Noé'
'Brilho Eterno de Uma Mente Sem Lembranças'
'Uma Aventura Lego'
'Mr. Robot'
'Mãe'
'Philip K. Dick's Eletric Dreams'
'Enter The Void'
'Oblivion'

1

"Sr. Ninguém": o Tempo é a maior falha cósmica contra a qual o homem pode lutar

CronoGnóstico
Temas: Esquecimento, Tempo, Basilides, Gnose
Diretor: Jaco Van Dormel
Roteiro: Jaco Van Dormel
2009

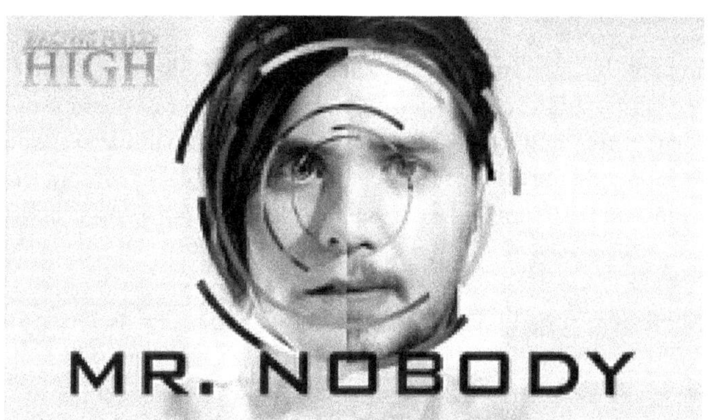

O que há em comum entre a Teoria das Cordas da Cosmologia, o Efeito Borboleta da Teoria do Caos, futuros distópicos, a possibilidade da quase imortalidade, Entropia e a flecha do tempo, a impermanência da memória, morte, amor, segunda chance, missões para Marte e mágoas de um divórcio? Para o diretor belga Jaco Van Dormael são partes de um mesmo contínuo: um protagonista prisioneiro na principal falha cósmica do universo físico (a flecha do tempo) vê sua existência como um gigantesco hipertexto com diversos futuros alternativos resultantes das decisões. Esse é o filme "Sr. Ninguém" (Mr. Nobody, 2009) - filme narra a luta de um homem contra o caos e o aleatório que interferem no livre-arbítrio das decisões.

Sr. Ninguém é um surpreendente filme onde o diretor belga Jaco Van Dormael bebe nas fontes mitológicas do Gnosticismo basilidiano: um protagonista (Nemo – Jared Leto) prisioneiro em um cosmos condenado pela flecha do tempo e pela entropia (todos os eventos são irreversíveis, tendem para o futuro e para um estado de dissipação de energia e desordem).

O Filme

Um psiquiatra tenta compreender o mistério da vida daquele homem e submete-o a uma "antiga técnica", a hipnose, para fazê-lo retroceder em suas memórias e estabelecer uma sequência linear até o momento atual. Porém, o que ele consegue e nós espectadores testemunhamos, é um imenso painel com linhas de tempo alternativas, como fossem hipertextos, onde cada escolha altera o futuro, pulando sucessivamente entre futuros alternativos assim como um trem pegando diferentes desvios entre linhas paralelas (imagem simbólica recorrente no filme).

Basicamente há três futuros alternativos constituídos a partir de três escolhas amorosas na adolescência que resultam em três casamentos diferentes. Tudo isso marcado pela mágoa da escolha impossível submetido no momento do divórcio entre seus pais: numa estação de trem teria que escolher com qual ficar. Ou com sua mãe que partiria no trem ou ficar com seu pai, na plataforma da estação.

Mas Nemo tem uma qualidade especial que torna a consciência de que a vida é feita por escolhas muito mais aguda e sofrida: ele foi esquecido pelos anjos antes de nascer e, por isso, não o concederam a "dádiva" do esquecimento.

Nemo narra em off que antes de nascermos sabemos tudo o que ocorrerá. Porém, antes, os anjos do céu colocam o dedo em nossos lábios, significando que esqueceremos tudo. Mas esqueceram de fazer isso com Nemo, que vem para a Terra com uma capacidade de prever o futuro resultante de cada simples escolha.

Por isso Nemo navega pela sua vida como um internauta em um hipertexto. As escolhas, desde as mais simples, como qual doce pegar numa festa de aniversário, até as mais complexas como, por exemplo, escolher com qual menina namorar, torna-se para ele impossível, já que todas as alternativas se equivalem, pois todas tendem para um único destino: a entropia, a dissipação, a crescente desordem e a morte.

Um tema difícil, abstrato e metafísico para ser trato em uma narrativa visual. Mas Van Dormel aborda o tema de forma surpreendente ao convergir linguagens de diversos gêneros como o Documentário, Ficção Científica, Realismo

Fantástico e Romance. Apesar da sucessão dos instantes dos futuros alternativos na vida de Nemo, Van Dormel preenche cada plano com uma riqueza de detalhes e recursos estilísticos (fotografia, cor, slow motion etc.), dando intensidade emocional a cada simples momento, marcando o brilho e a importância de cada instante, embora todas as escolhas, no final, se igualem.

Mitologias Gnósticas

Fica evidente nas duas horas e treze minutos de *Sr. Ningém* que o roteiro de Van Dormel bebeu em fontes gnósticas Basilidianas. Se não leu textos gnósticos, o que é mais provável, o diretor provavelmente se sintonizou na mitologia gnóstica persistente nos tempos atuais por meio do repertório arquetípico que define a sensibilidade contemporânea.

Em primeiro lugar, o filme é carregado de referências à física quântica, teoria do caos e termodinâmica. Todo esse mix científico para confirmar a suspeita gnóstica: sim, Deus joga com dados o jogo do Universo, o cosmos é caótico, tende para um progressivo estado de desordem devido a um problema básico: a flecha do tempo. Não somos senhores de nossos atos, tudo depende de fatores imprevistos (como a sequência da gota de chuva que cai no papel – alteração climática provocada por um simples gesto de um desempregado do outro lado do mundo - que borra o número do telefone que o impedirá de encontrar Anna, criando mais um futuro alternativo).

A consciência aguda de Nemo o faz tomar consciência dessa imperfeição cosmológica. Como obra de um Demiurgo e não de Deus, o cosmos físico sempre será uma cópia imperfeita dos níveis superiores da Plenitude. O tempo e o devir são as principais imperfeições que aprisionam o homem nesse cosmos.

Em segundo lugar, o tema do esquecimento. O filme apresenta Nemo com outras crianças, antes do nascimento, em um fundo infinito, branco. "Antes de nascermos sabemos tudo que vai acontecer", diz Nemo em off, no início do processo de regressão hipnótico ao qual é submetido no futuro de 2092. Pouco antes de nascermos "os anjos dos céus" nos impõem o esquecimento para, então, sermos enviados para a Terra. Na vida, passamos a acreditar naquilo que é descrito na epígrafe com que abre o filme: a "superstição da pomba".

Acreditamos que os nossos atos influenciam os acontecimentos, ideia desmentida pela consciência aguda de Nemo de que, na verdade, somos joguetes de fatores aleatórios. O esquecimento não nos permite ver essa inconsistência da realidade física.

E terceiro, e mais decisivo elemento gnóstico do filme *Sr. Ninguém*: o caráter artificial da realidade. Nemo é o clássico protagonista dos filmes gnósticos, prisioneiro é um *constrctu* artificial de uma realidade (há momentos "Show de Truman" no filme como sequências em que ele descobre que tudo ao seu redor - objetos, prédios - não passa de cenografia).

O esquecimento imposto pelos "anjos do céu" (na verdade os Arcontes da mitologia gnóstica) e a imperfeição temporal nos faz sermos apegados a uma realidade que acreditamos ter controle.

Por isso a clássica exortação gnóstica "Acorde!" (repetida em diversas formas, sempre de passagem, ao longo do filme) para a necessidade do homem despertar do sono do esquecimento.

Gnosticismo Basilidiano

A gnose de Nemo vem do estado de suspensão em que parece viver ao longo do filme (por isso, ele parece ser "Ninguém"). Basilides acreditava que a linguagem e o pensamento racional faziam o homem cair vítima de escolhas por pares opostos: belo/feio, Bem/Mal, Certo/Errado. O Uno e a Plenitude são cindidos em qualidades opostas. Confinados nessa lógica binária ou identitária não conseguimos apreender os paradoxos, simetrias caóticas, ironias e a imperfeição cósmica do tempo. Por isso acreditamos sempre fazer escolhas regidas pela nossa vontade, decisão ou livre-arbítrio. Por acreditarmos sermos senhores racionais de si mesmos ("Penso, Logo Existo"), somos condenados ao esquecimento e não percebemos a estrutura imperfeita que rege o cosmos físico.

A gnose de Nemo, no estado de suspensão, recusa fazer qualquer escolha: pretende vivenciar, simultaneamente, todas as alternativas. Procurar o Uno naquilo que foi cindido. Por isso, numa sequência próxima ao final, a resposta Basilidiana de Nemo à escolha impossível após a separação dos pais: com qual ficar? Nemo traça uma terceira alternativa, um *tertium quid*. Nega as alternativas dadas pelo jogo, transcende-as e cria sua própria alternativa.

O filme nos faz lembrar a solução da lógica circular do clássico paradoxo grego do cretense mentiroso: um cretense afirma que todo cretense é mentiroso. Como ter certeza da afirmação, se sabemos que todo cretense mente? Por outro lado, se mente, então está dizendo a verdade! Como solucionar esse paradoxo? Como Nemo resolve a escolha de alternativas que se anulam? A única solução está fora da jogada, em um nível lógico acima, onde Nemo compreende, de uma só vez, todos os caminhos possíveis do hipertexto da existência, a compreensão intuitiva do todo: a gnose.

O Filme Gnóstico europeu e norte-americano

Desde a década de 90, acompanhamos o fenômeno do filme gnóstico para massas, em produções norte-americanas hollywoodianas, do qual filmes como *Show de Truman* e *Matrix* tornaram-se um paradigma do gnosticismo pop. Na Europa o filme gnóstico se restringe ao gnosticismo Cult em filme "de arte" (como *Zardoz* ou *O Homem que Caiu na Terra* dos anos 70).

Exemplos de filmes gnósticos europeus atuais como *O Homem que Incomod*a e *Lunar* parecem apontar para uma produção cinematográfica que pretende também popularizar a mitologia gnóstica. O filme "Sr. Ninguém" (uma co-produção Canadá/Bélgica/França/Alemanha) nos faz lembrar de uma estética mais hollywoodiana ou comercial encontrada em filmes como *Show de Truman, Donnie Darko* e *O Fabuloso Destino de Amelie Poulin*.

Porém as semelhanças entre o filme gnóstico europeu e norte-americano param por aqui. Enquanto filmes norte-americano atuais como *A Origem* e *Alice in Wonderland* de Tim Burton (verdadeiras apologias ao gnosticismo cabalístico das neurociências e ciências cognitivas) parecem perder o componente crítico dos filmes gnósticos que marcaram os anos 90, ao contrário, no cenário europeu o filme gnóstico mantém a narrativa mitológica do Gnosticismo clássico: o homem, submetido ao esquecimento, prisioneiro em um cosmos físico imperfeito criado por um Demiurgo.

2

"O Terceiro Olho": A Gnose Pós-morte

PsicoGnóstico
Temas: Gnose, Daimon
Diretor: Roland Suso Ritcher
Roteiro: Michael Cooney

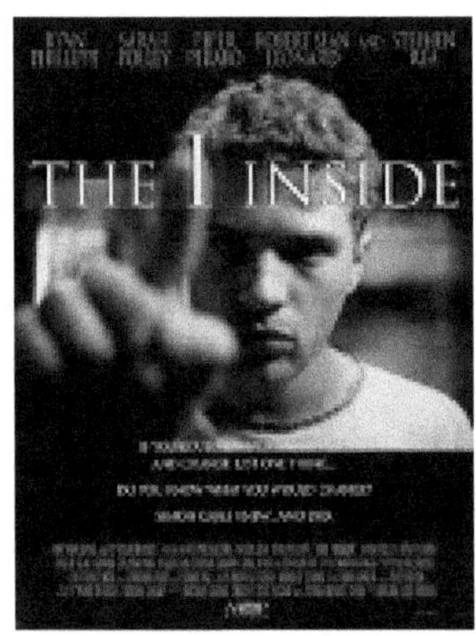

O Filme "O Terceiro Olho" ("The I Inside", 2004) talvez seja um dos primeiros filmes a representar a experiência pós-morte de uma forma gnóstica. Ao abandonar as representações demoníacas e grotescas do sobrenatural, a dimensão pós-morte é apresentada não somente como uma oportunidade da gnose, mas, também, como a continuidade da ilusão da realidade terrena: o esquecimento da dimensão espiritual, aqui simbolizada pela perda da memória do protagonista.

Perda da memória, paranoia, incerteza dos limites entre a realidade e a fantasia/ilusão/delírio e a procura do protagonista de alguma coisa perdida dentro dele mesmo (identidade, memória, certeza, verdade, iluminação etc.). Essas são algumas características do filme gnóstico. É claro que poderíamos encontrar tais características em muitos filmes de diversos gêneros como thriller, terror, drama e assim por diante.

Mas uma diferença fundamental é encontrada, o que torna o filme gnóstico uma abordagem distinta dos demais filmes: a diferença entre daimon e demon.

Daimon, palavra grega para designar o intermediário entre o divino e o humano, uma consciência não humana, mas cósmica e, ao mesmo tempo, uma "voz interior" que não se confunde com o cogito cartesiano.

É a parte espiritual que habita cada um de nós. Ao ser apropriada pelos romanos converte-se na palavra "demônio" que, mais tarde, será apropriada pelo Cristianismo para caracterizar o mundo sobrenatural como grotesco, maléfico e demoníaco.

Conhecer a si mesmo, encontrar seu daimon, é um processo de gnose como salientam os gnósticos cristãos. Contra essa visão neutra do daimon, o Cristianismo e, mais tarde, o racionalismo ocidental, vão investir toda uma carga de significados grotescos e maléficos: os mundos sobrenaturais são habitados por demônios, escuridão, seres bizarros, perdição. Não há luz, mas apenas desorientação e perda.

No cinema o sobrenatural vai manifestar-se em porões, cavernas, becos, metrôs, profundezas oceânicas como força maléfica.

No filme *O Terceiro Olho* temos uma interessante reversão ao apresentar o sobrenatural ou a experiência pós-morte como o encontro do daimon do protagonista, a gnose.

Simon Cable (Ryan Phillippe) acorda em uma cama de hospital é informado pelo médico (Stephen Rea) que ele apresenta um quadro de perda de memórias recentes. O fio condutor do filme é a luta de Simon em compreender e lembrar o que há nessa lacuna de dois anos de memória. Pela sua complexidade narrativa, lembra muito o filme *Amnésia* de Christopher Nolan pela sua narrativa cíclica (em loop), pois, apesar do fim, sabemos que a estória vai continuar a se repetir.

O filme possui três linhas narrativas: os acontecimentos do presente (ano 2002), os acontecimentos de dois anos atrás e as próprias lembranças fragmentadas de Cable. Progressivamente, essas linhas narrativas vão se juntando como peças de um quebra-cabeça na medida em que Cable descobre que ele não está apenas relembrando eventos, mas que, de fato, está se teletransportando no tempo, saltando entre os anos 2000 e 2002. Mais ainda, descobre que pode agir no ano 2000 e causar reflexos no presente (como um ferimento que impinge a um personagem no passado para as marcas aparecerem no presente).

Ao descobrir que ele teria matado seu irmão Peter Cable (Robert Sean Leonard) dentro do conflito de um triângulo amoroso, Simon tenta reverter isso ao tentar criar futuros alternativos. Aqui lembramos muito do filme *O Efeito Borboleta* (*The Butterfly Effect*, 2004), lançado naquele mesmo ano.

A atmosfera de um filme gnóstico vai aos poucos sendo construída: de uma realidade plana, aos poucos vai tornando-se multifacetada pela suposta capacidade do personagem viajar no tempo entre os anos 2000 e 2002. A perda da memória aparentemente vai se diluindo com a junção das peças do quebra-cabeça e a possibilidade de criar um futuro/presente alternativo e reverter a morte do irmão: ao invés de jogá-lo do penhasco ele pode levá-lo ao hospital e salvar-lhe a vida.

Mas, a sequência final reserva a descoberta da última peça do quebra-cabeça que vai, paradoxalmente, desmontar tudo que ele havia imaginariamente montado. Cable descobrirá que ele já está morto e que tudo que está vivendo (as supostas viagens pelo tempo) é um loop mental do qual ele está prisioneiro, sempre sedento por uma segunda chance para desfazer o mal que havia feito.

Radical visão gnóstica: o real é uma ilusão. No diálogo final com o irmão, Peter o exorta a despertar (simbolizada com a inserção de diversos takes, ao longo do filme, com a imagem de um olho que se abre), "deixar tudo para trás para continuar em frente".

Todos os personagens que habitam suas memórias e "viagens no tempo" são as pessoas reais que o socorreram após o acidente de carro (o paramédico, a enfermeira do pronto-socorro, o enfermeiro que lhe aplicou o desfibrilador etc.). Um ano depois, o filme *A Passagem* (*Stay*, 2005) iria usar esses mesmos elementos: um homem que recusa a aceitar a morte preso em uma realidade ilusória, construído pela consciência culpada pela morte da sua família.

A existência pós-morte não é aqui apresentada de forma demonizada ou grotesca. O Mal é o esquecimento e a busca interior pela reminiscência daquilo que nos unirá ao Divino para que possamos "seguir em frente". É a busca desse conhecimento, o daimon, por meio da gnose (no filme, o estado alterado de consciência produzido pela paranoia de Simon Cable que desconfia de uma conspiração dos médicos e enfermeiros do hospital).

Ao longo do filme, o espectador vai criando o perfil materialista do protagonista: de família rica, frequentador do colunismo social, presos a valores egocêntricos. Por isso, inconformado com o desfecho, tenta sempre "uma segunda chance" tornando prisioneiro de uma realidade em loop. A perda da memória do protagonista é simbólica: é o esquecimento da consciência espiritual (o daimon) tanto em vida quanto após a morte.

Comparando com os filmes gnósticos da década de 90 onde o protagonista é prisioneiro de realidades artificiais em vida (*Show de Truman, Matrix, Cidade das Sombras* etc.), em *O Terceiro Olho* temos a mutação do gnosticismo no cinema: agora o protagonista não só está prisioneiro em uma realidade interior (a mente) como isso está ocorrendo após a morte.

Morte não significa libertação da realidade física: ela pode ser uma continuação da ilusão. Se para as narrativas míticas gnósticas o cosmos físico é uma prisão garantida por formas de ilusão como o esquecimento e o apego ao materialismo (poder, sedução e conhecimento cartesiano), o esquecimento após a morte só pode ser a reencarnação: condenados ao esquecimento, recomeçamos sempre do zero, prisioneiros de um eterno loop cósmico.

3

"Clube da Luta": a Gnose entre o consumismo e a violência

PsicoGnóstico
Temas: Gnose, simbolismos cristãos e alquímicos
Diretor: David Fincher
Roteiro: Jim Uhls
1999

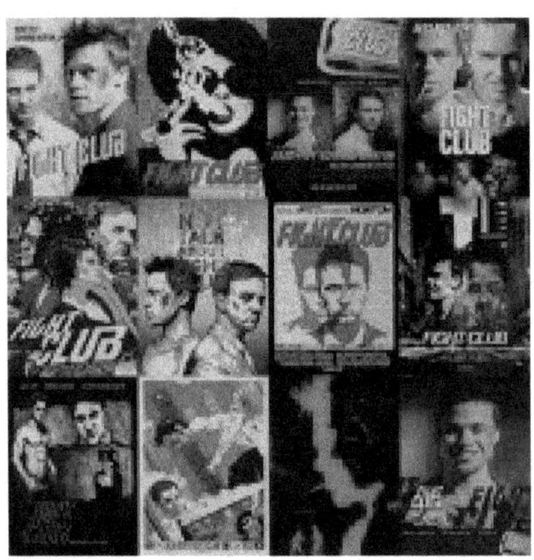

A atmosfera distópica e niilista do filme O Clube da Luta (Fight Club, 1999) do diretor David Fincher (A Rede Social) cria um cenário trágico, mas, principalmente, ambíguo. O filme parece ter sido composto dentro de uma "zona cinza", entre a vida obscura e anônima onde alimentamos sonhos de consumo e a busca de alguma saída messiânica, negativa e totalitária. A narrativa procura o meio termo: a busca da iluminação espiritual por meio da busca de si mesmo através do silenciamento do corpo e do pensamento, nem que seja através da violência. Buscar a iluminação através do desprezo pelo "mísero composto universal" do qual fazemos parte.

Incomunicabilidade, alienação e impossibilidade de transformação são temas recorrentes na filmografia do diretor David Fincher: entre o recente *A Rede Social* (onde um gênio em algoritmos de Havard com grande dificuldade em se relacionar desconta sua ansiedade difamando pessoas em um blog) e o mais antigo *Vidas em Jogo* de 1997 (um milionário frio e solitário é submetido a um tratamento de choque por meio de um "roller play game" contratado pelo irmão na esperança de conscientizá-lo), temos o cultuado e enigmático *Clube da Luta* com os mesmos temas, porém carregado de uma ambiguidade explosiva como veremos abaixo.

Baseado no livro homônimo de Chuck Palahniuk de 1996, para Fincher o grande tema de *Clube da Luta* era a emancipação assim como os filmes *A Primeira Noite de um Homem* (The Graduate, 1969) ou *Juventude Transviada* (Rebel Whithout a Cause, 1955), mas, dessa vez, para jovens adultos na faixa dos 30 que vivem na sociedade atual que impede o amadurecimento: "fomos projetados para sermos caçadores, mas vivemos em uma sociedade de shoppings. Não há mais pelo que caçar, pelo que lutar, superar ou explorar. No interior dessa sociedade da castração é que foi criado o protagonista do filme", afirma Fincher para completar: "para o protagonista encontrar a felicidade o único caminho possível será viajar através de uma iluminação no qual mate seus familiares, seu deus e seu professor" (VEJA Smith, Gavin, 1999, pp. 58–62, 65, 67–68.)

Jack (Edward Norton) é um executivo yuppie que trabalha como investigador de seguros de uma grande empresa. Tem uma vida consumista e valores superficiais. Vive em constantes crises de insônia e extravasa sua ansiedade em sessões de terapia grupal, ao lado de gente com câncer, tuberculose e outras doenças, pois é só no meio de moribundos que Jack se sente vivo e assim consegue dormir. Esse paliativo é interrompido pela chegada de Marla Singer (Helena Bonham Carter), uma viciada em heroína, café e cigarros com ideia fixa de suicídio.

Repentinamente entra na sua vida Tyler Durden (Brad Pitt). Eles se conhecem em um voo e mal se falam, mas quando o apartamento de Jack explode misteriosamente ele vai morar com Tyler, que vive em um casarão caindo aos pedaços. Tyler lhe oferece uma perigosa alternativa: por à prova seus instintos em combates corporais. Assim nasce o Clube da Luta, que ganha diversos adeptos onde aliviam suas tensões arrebentando a cara uns dos outros. Com o tempo, Tyler demonstra que seus planos vão além da criação do Clube, uma mania que ganha adeptos no país inteiro: Tyler sonha em concretizar o seu "Projeto Caos" – um projeto de terrorismo e sabotagem cujo objetivo final é zerar todos os débitos do sistema financeiro mediante a destruição dos prédios das empresas de cartão de crédito. Com o passar do tempo, estranhos déjà vus e lapsos temporais vão crescendo a suspeita de que, na verdade, Jack e Tyler são a mesma pessoa, os dois lados de uma personalidade dividida por uma clivagem esquizofrênica.

Iluminação espiritual através da luta

"Jack não tem diante dele um mundo de possibilidades, por isso não consegue imaginar uma forma de mudar sua vida", diz Fincher, a não ser criando o alterego esquizofrênico Tyler Durden na sua mente. Durden é um super-homem nietzschiano: para ele não devemos ter nenhum compromisso ético ou moral com esse mundo ("um mísero composto universal da qual fazemos parte") que apenas nos enfraquece e castra. Portanto, devemos alcançar a disciplina em sistematicamente perdermos todos os vínculos com o cosmos físico para alcançar a liberdade.

Tal é a proposta do Clube da Luta. "O quanto conhece a si mesmo se nunca entrou numa luta?". Esta questão formulada por Tyler no filme Clube da Luta dá a dimensão simbólica do jogo da Luta para a narrativa. O Clube da Luta é o tema central em torno do qual todos os caminhos de busca da gnose partem. O caminho para encontrar a verdade está dentro de si mesmo, na procura do silêncio interior pela negação da linguagem, do pensamento, pela procura do silêncio e do grau zero de sentido.

A Luta tem um aspecto de disciplina, ascese, tal qual um mantra onde os pensamentos e a racionalidade são subjugados à disciplina da repetição até que se convertam no oposto: o estado de suspensão de sentido para a libertação da consciência. Faz parte dessa emancipação o descarte de todo que é externo ao ser: "Você não é a sua conta bancária. Nem as roupas que usa. Você não é o conteúdo da sua carteira. (...)". A partir do momento em que o apartamento de Jack é misteriosamente destruído por um incêndio, acaba a sua vida consumista. Muda-se para o casarão de Tyler, caindo aos pedaços, e, em pouco tempo, estão se esmurrando na frente de um bar. Jack vai perdendo tudo, do apartamento ao seu próprio corpo. "Isso é liberdade. Quando perde todas as esperanças, então você está livre". A dor impingida a si mesmo no Clube da Luta é o último descarte para alcançar a gnose: o distanciamento da dor do próprio corpo, a disciplina e concentração necessária para alcançar o silêncio interior. Este parece ser o caráter marcial do Clube da Luta, um jogo onde nem a individualidade mais interessa porque "todos fazemos parte de um mísero composto universal", como anuncia Tyler.

Água, Sabão e Vinagre

Além das críticas à sociedade de consumo e à alienação, as linhas de diálogo do filme estão repletas de tiradas místicas e simbolismos religiosos e até alquímicos. A água (sempre associada ao simbolismo da limpeza e renovação) inunda o casarão de Tyler que cai em pedaços. "toda vez que chovia tínhamos que cortar a energia. No final do primeiro mês não sentia mais a falta da TV. Nem me importava com a geladeira quebrada", fala em off Jack com a imagem de Tyler cortando a energia dentro de um porão inundado. O simbolismo da renovação da água associado ao processo de progressivo desprendimento dos bens materiais.

O sabão fabricado e comercializado por Tyler tem um simbolismo especial e irônico associado, mais uma vez, ao banho e água. O sabonete (fabricado à base de gordura humana que ele rouba do lixo das clínicas de lipoaspiração), vendido nas lojas de grife norte-americanas, demonstra a ilusão da assepsia na sociedade de consumo: um sabonete feito a partir de sobras do corpo humano, isto é, a partir da obesidade provocada pelo próprio consumismo compulsivo.

Em outro momento a água é substituída por um pó químico, que provoca forte queimadura, jogado na mão de Jack por Tyler, num profundo significado simbólico de iniciação e de conscientização forçada pela dor. O antídoto não é água, mas vinagre:

> *Tyler: Dói mais do que qualquer queimadura e vai deixar uma cicatriz. Meditação funciona com câncer, talvez funcione agora.*
>
> *Jack: Ó Deus.*
>
> *Tyler: Sem dor ou sacrifício talvez não teríamos alcançado nada.*
>
> *Jack: Vou à minha caverna encontrar meu animal de força.*
>
> *Tyler: Não, não lide com isso da mesma forma com que aquela gente moribunda faz!*
>
> *Jack: Entendi!*
>
> *Tyler: Não, aquilo é só iluminação precoce! Cale a boca. Nossos pais foram inspiração para Deus. Se eles nos abandonaram, o que isso lhe diz sobre Deus? Escute, tem que considerar a possibilidade de que Deus não goste de você.*

Nunca lhe quis e provavelmente te odeia. Não é tão ruim assim. Não precisamos Dele!

Jack: Concordo!

Tyler: Prá puta que o pariu com a perdição. Somos os enjeitados de Deus, que assim seja!

Jack: Quero água!

Tyler: Água só vai piorar. Use vinagre para neutralizar a queimadura. Pare de lutar. Primeiro tem que perder o medo. Saber que um dia você vai morrer. Somente depois de perdermos tudo é que estaremos livres

O vinagre possui um simbolismo que se encaixa nesse diálogo que é um verdadeiro ritual de iniciação que Tyler impõe ao Narrador. Para o Cristianismo o vinagre é o símbolo da paixão de Cristo e para a Alquimia é a consciência.

Consciência que Tyler quer criar com a própria dor da queimadura. Tyler impede que Jack desloque sua consciência para tentar fugir da dor através das técnicas de meditação dos grupos de autoajuda. "Aquilo é iluminação precoce", critica Tyler. A iluminação deve vir da dor, do confronto do próprio corpo com um mundo abandonado por Deus. Aqui o vinagre é a consciência da dor de perder tudo para se sentir livre.

A Zona Cinza do Clube da Luta

A atmosfera distópica e niilista do filme cria um cenário trágico, mas, principalmente, ambíguo. O filme parece ter sido composto dentro de uma "zona cinza", entre a vida obscura e anônima onde alimentamos sonhos de consumo e a busca de alguma saída messiânica, negativa e totalitária.

O caminho de iluminação espiritual proposto pela narrativa pode, facilmente, cair em uma leitura totalitária, para não dizer fascistóide e fundamentalista. A mensagem pode significar que não somos os responsáveis por grande parte das coisas que acontecem. Tudo já está construído, só precisa funcionar. O Projeto Caos de Tyler pode parecer um grupo de milícia de direita onde o indivíduo nada conta por ser apenas parte do "mísero composto universal".

Tal leitura foi ainda mais reforçada pelo episódio do "maníaco do shopping" em São Paulo em uma das sessões do filme: o estudante Mateus da Rocha Meire, em novembro de 1999, munido de uma metralhadora semiautomática, entrou em uma das salas de projeção do Morumbi Shopping, em São Paulo, enquanto todos assistiam a uma sessão do filme do diretor David Fincher. Ao disparar aleatoriamente contra o público, o estudante matou três pessoas, iniciando mais uma incessante controvérsia a respeito das relações entre violência e imagens nos meios de comunicação.

4

"13° Andar": a religião tecnognóstica das máquinas

TecnoGóstico
Temas: Tecnognose, Cibermisticismo, Gnosticismo Hermético
Diretor: Josef Rusnak
Roteiro: Josef Rusnak
1999

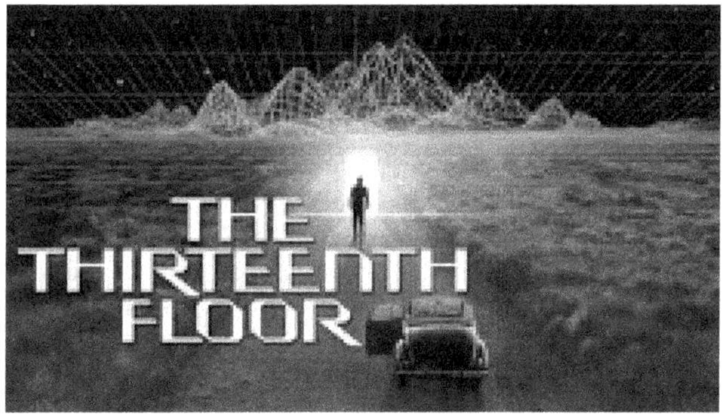

O sucesso de crítica e de público de "Matrix" (1999) acabou, à época, eclipsando o filme "13° Andar" (The Thirteenth Floor, 1999), considerado muito superior. Embora guardassem aspirações bastante similares (discutir a condição humana diante das tecnologias de simulação e virtualização), "13° Andar" substituiu a profusão de referências e diálogos filosóficos de "Matrix" (uma estratégia desesperada para justificar lutas marciais, ação e bullet-times) por uma narrativa que por si mesma instigava essas questões filosóficas. Porém, ambos os filmes se tornaram documentos do imaginário tecnocientífico dominante no final de século XX onde associava a tecnologia computacional com uma motivação mística por transcendência espiritual, uma verdadeira "religião das máquinas".

Se o historiador francês Marc Ferro estiver correto, todo filme é uma representação da sensibilidade ou do imaginário de determinada época, tornando, especialmente o cinema de ficção, um excelente caminho para a história psicossocial, nunca atingida pela análise de outros tipos de documentos (Veja FERRO, Mark, 1992).

No final da década de 1990, dois filmes marcaram o ápice de um ciber-imaginário marcado pelo crescimento especulativo da Internet, tecnologias computacionais e realidade virtual: *Matrix* e o *13° Andar*, ambos lançados em 1999.

A partir do lançamento bombástico do Windows 95 toda a imprensa especializada e produções acadêmicas foram tomadas por duas tendências distintas: primeiro, pelo espírito messiânico que via nas tecnologias virtuais o potencial para revolucionar a economia real e, ao mesmo tempo, o crescimento das técnicas motivacionais ou de autoajuda explicitamente baseados em modelos computacionais (o cérebro e o próprio Self como um software reprogramável). E, segundo, o espírito distópico que via na virtualização do real uma armadilha na qual a humanidade cairia ao esquecer as demandas da realidade.

Porém, essas duas visões distintas guardavam algo em comum: o ciber-misticismo. Os filmes "Matrix" e o "13° Andar" representaram essa síntese de final de século ao unir através do cibermisticismo esses dois enfoques opostos dos mundos tecno-empresarial e acadêmico. Ambos os filmes aproximam tecnociência e misticismo ao apresentarem a tecnologia computacional como mediação possível para a transcendência espiritual.

A metáfora das unidades autônomas e autodidatas que passam a ganhar consciência nos mundos simulados e a possibilidade dessa consciência transcender de um mundo simulado inferior para um superior são, explicitamente, tecnognósticas. Em ambos os filmes vemos criadores de simulações que se tornam Demiurgos inebriados pelo poder que, novamente, procuram extrair de seus prisioneiros a inocência ou energia de novos "Adãos".

Com a quebradeira das empresas "ponto com" e da Bolsa Nasdaq em 2000 temos um refluxo desse imaginário nas produções hollywoodiana. É o fim do "modelo Matrix" de tecnognosticismo. Da virtualização do real do final de século, hoje acompanhamos a virtualização das relações humanas através das tecnologias das redes sociais como Orkut e Facebook. Filmes como *Matrix* e *Show de Truman* são substituídos por produções como *Brilho Eterno de uma Mente Sem Lembranças* ou *A Origem* onde explicitamente é apresentada a possibilidade de uma cartografia da mente por meio de uma espécie de escaneamento das sinapses neuronais: do fluxograma das relações humanas nas redes sociais às cartografias neuronais, o princípio é o mesmo: mapeamento, controle e engenharia social.

O "13° Andar"

O estardalhaço à época em torno do filme *Matrix* fez a crítica e o público passar batida pelo filme *13° Andar*. Enquanto *Matrix* é dominado por efeitos especiais mirabolantes, "bullet-time" e cenas de ação recheados de citações filosóficas e místicas como se desesperadamente quisesse justificar a narrativa, ao contrário em *13° Andar* a própria narrativa se encarrega de fazer o espectador refletir sobre o destino e a condição humana.

Fuller (Armin Mueller-Stahl) e Hall (Craig Bierko) trabalham para a Intergraph Computer Systems, uma empresa de vanguarda em inteligência artificial que desenvolve um sistema computacional que simula de forma realista uma Los Angeles de 50 anos atrás. É uma realidade virtual onde os usuários acessam os seus avatares (unidades autônomas e autodidatas) podendo interagir com seus habitantes e imergir totalmente nas suas consciências que só existem em microchips. Hall decide investigar a misteriosa morte do seu mentor, mas todos os indícios começam a apontar para ele como o assassino que supostamente queria assumir a posição de liderança no Intergraph. Sua única esperança é encontrar a mensagem que Fuller deixou no sistema com um dos avatares na Los Angeles de 1937 para onde transfere sua consciência, mas acabará encontrando uma terrível verdade que colocará em xeque a própria realidade.

O filme é uma adaptação do livro clássico sci fi "Simulacron 3" (1964) de Daniel F. Galouye. Partindo do princípio apontado acima pelo historiado Marc Ferro é visível como o *13° Andar* estava sintonizado com o cibermisticismo da época pela forma como adapta o livro ao cinema. Em "Simulacron 3" uma empresa cria por meio de computadores uma cidade totalmente simulada com unidades sencientes e autônomas. O objetivo é o de diminuir a necessidade e os custos com pesquisas de mercado e de opinião. Porém, o projeto esconde um projeto de manipulação do financiador da experiência de simulação: tornar-se presidente com essa técnica infalível de pesquisa.

De forma diferente, *13° Andar* ignora o tema político do livro original e direciona a narrativa para o tecnomisticismo: a realidade como sucessivos níveis de simulação que se interpenetram (Los Angeles em diferentes épocas – 1937, 1998 e 2024) o que faz o protagonista conceber a inviabilidade da sua existência quanto mais se aproxima dessa verdade. Essa adaptação reflete a sensibilidade vigente à época: a importância (ou o temor) simbólica das novas tecnologias virtuais como potencialmente criadores de mundos (ou pesadelos) virtuais.

O hermético "Princípio da Correspondência"

Ao fazer uma adaptação que desloca a narrativa original do campo político para o metafísico, *13° Andar* faz uma simbólica referência a um dos princípios do Gnosticismo Hermético de Hermes Trimegisto: "O que está em cima é como está embaixo, e o que está em baixo é como está em cima" (TRÊS INICIADOS, 2006, p. 28.)

É o Princípio da Correspondência aplicado na Filosofia Hermética tanto na Astronomia na Antiguidade como na Alquimia. Na verdade, um princípio hermético influenciado pela metafísica platônica (para Platão, o mundo percebido pelos sentidos é uma reprodução distorcida das formas puras existentes no mundo das Ideias).

É curiosa a coincidência entre os três níveis de simulação do filme e os "Três Planos de Correspondência do universo descritos pela Filosofia Hermética: o Plano Físico, Mental e Espiritual.

> *"As três divisões não são senão graus ascendentes da grande escada da Vida, o ponto mais baixo da qual é a Matéria não diferenciada, e o ponto mais elevado o Espírito. E, aliás, os diversos Planos penetram uns nos outros, assim esta não sólida e exata divisão pode ser colocada entre os mais elevados fenômenos do Plano Físico e o mais inferior do Plano Mental; ou entre os mais elevados do mental e os mais baixos do Físico." (TRÊS INICIADOS, 2006, p. 29).*

A narrativa sugere que os níveis de simulação são planos em graus ascendentes, representado pelo aprimoramento das cores e texturas. Podemos associar cada um desses níveis aos seguintes planos de correspondência:

Nível 3 (Los Angeles de 1937) – Plano Físico. Aqui tudo é mais grosseiro. A tonalidade sépia, as texturas. É lá que Hannon Fuller vai para fazer sexo com mulheres mais jovens, dançarinas de um cabaret em um luxuoso hotel. Nesse nível ocorrem as sequências mais violentas do filme. É um mundo analógico e sensível.

Nível 2 (Los Angeles de 1998) – Plano Mental. Aqui as cores e texturas são mais aprimoradas, porém, com uma pesada ambientação noir. Para o ocultismo, o "o plano de pensamentos viventes". É o único mundo que conseguiu criar uma simulação dentro da simulação. É o mundo Digital. O pensamento científico é colocado em ação e transforma-se em "formas pensamento": todo o sistema de simulação que recria a Los Angeles do passado a partir das reminiscências da infância de Hannon Fuller. A tecnologia é sofisticada, mas ainda necessita de pesadas interfaces como monitores e scanners, ao contrário do Nível 1 onde a interface com o sistema de simulação resume-se a uma espécie de headphone.

Nível 1 (Los Angeles de 2024) – Plano Espiritual. Cores suaves e naturais e texturas muito mais aprimoradas. Parece ser o único Plano que tem consciência sobre os demais. Lá Douglas Hall encontra seu amor, o ar é de leveza.

Portanto *13° Andar* é um documento do imaginário tecnológico do final do século XX ao associar as tecnologias de simulação e virtualização com a ascensão espiritual: os sucessivos planos de simulação como o percurso para a ascese, isto é, a simulação computacional como metáfora da transcendência mística.

Hoje a agenda tecnológica mudou: da virtualização e simulação de mundos, busca-se hoje a criação de modelos do funcionamento da mente para descobrir o mistério da consciência. A convergência das neurociências, ciências cognitivas e Inteligência Artificial busca modelos simulados para elaborar verdadeiras cartografias da mente e uma nova engenharia social. É esse imaginário de início de século que hoje o cinema ficcional hollywoodiano reflete.

5

"Mais Estranho Que a Ficção": o Demiurgo é um mau escritor

CosmoGnóstico
Temas: Demiurgo, Criação, Tempo, Livre-arbítrio
Diretor: Marc Foster
Roteiro: Zach Helm
2006

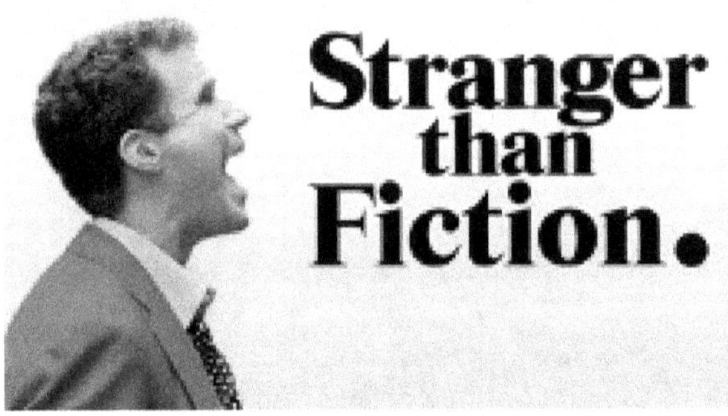

"Mais Estranho que a Ficção" ("Stranger Than Fiction", 2006) propõe uma interessante ironia: e se nossas vidas não passarem de plots de uma narrativa literária? Tramas da obra de um mal escritor, uma divindade, um "Deus Ex-Machina" (termo para designar soluções arbitrárias, sem nexo ou plausibilidade na narrativa, para solucionar becos sem saída encontrados em roteiros malconduzidos). É o velho tema da batalha do ser humano contra um Demiurgo que quer impor uma narrativa fatalista e luta pelo despertar do livre-arbítrio dentro do reino da fatalidade. Um irônico paralelo entre Teologia e Literatura: Deus é uma má escritora que tenta matar o protagonista da sua obra.

H arold Crick (Will Ferrell) é um auditor da Receita Federal que leva uma vida solitária e rígida, governada por números (ele sempre conta o número de vezes que escova os dentes verticalmente e horizontalmente), pelo seu relógio de pulso e pela rotina. Seu apartamento é impessoal como um quarto de hotel, sem objetos pessoais, fotografias, memórias ou desordem.

Mas, em uma manhã, Harold começa a ouvir uma voz narrando suas ações: "um modesto elemento da sua vida considerada normal poderá ser o catalisador para uma nova vida", diz a estranha voz vinda aparentemente do céu. Imerso num cotidiano de números e cálculos, pela primeira vez cria um nível meta (ou consciência de transcendência espiritual?) na sua vida: quem é esse narrador onisciente? De que plano provém? Harold passa a ser perseguido por essa voz em off, até descobrir seu propósito: narrar a iminente morte de Harold.

Após desistir de procurar apoio terapêutico, Harold busca uma solução menos ortodoxa: busca o auxílio de um eminente professor de Teoria Literária, o professor Jules Hebert (Dustin Hoffman). A partir daí o filme estabelece uma interessante ironia narrativa: mais do que a preocupação com seu estado mental, Harold percebe que a sua vida parece estar dentro de um propósito maior, como a narrativa de uma obra literária. Portanto, com o auxílio de Julius, deve descobrir em qual plot e gênero literário está envolvido, para, dessa maneira, descobrir como seria o desfecho mortal para evitá-lo.

A voz off é da escritora Karen Eiffel (performada por Emma Thompson - famosa por matar todos os seus protagonistas em seus livros). Suas imagens iniciais no filme são simbolicamente sugestivas (observa o protagonista do alto dos edifícios, como o Demiurgo gnóstico criando uma trama cósmica para confinar o protagonista anthropos).

De início, dois elementos dos filmes gnósticos estão presentes em *Mais Estranho que a Ficção*: a solidez e regularidade da realidade que se esfacela ao descobrir que tudo consiste numa narrativa literária e arbitrária de um Demiurgo e a desconstrução irônica da própria narrativa fílmica – na estória constantemente criam-se níveis meta como, por exemplo, a discussão dos próprios elementos do roteiro do filme (Ironia Dramática, Deus *ex-machina* etc.) e a busca de Harold e Julius em determinar em qual gênero o filme que o espectador assiste se insere (comédia? Drama? Tragicômico?).

A Escritora é um Demiurgo

Karen Eiffel é o Demiurgo que, de tão inebriado pelo poder de matar seus protagonistas, entra em crise e sofre um bloqueio criativo: não sabe agora como matar Harold de forma criativa. Tal como na mitologia gnóstica, todo o poder do Demiurgo não é capaz de solucionar a falha principal do seu universo material: o devir, o tempo. A editora envia uma assistente para ajudá-la a superar o bloqueio e pressioná-la quanto aos prazos para entrega dos originais.

Para a mitologia gnóstica, o Demiurgo aprisiona o homem em seu cosmos físico com um objetivo principal: roubar-lhe as partículas de luz, reminiscência do verdadeiro plano superior da Pleroma contido no ser humano, plano este que está além dos poderes do Demiurgo. Isso é representado na timidez e ingenuidade de Harold, que fará cada vez mais a escritora Karen fascinar-se pelo seu próprio protagonista ao ponto de relutar em matá-lo. Aos poucos vai libertando-se da rigidez do mundo burocrático e certinho (na medida em que descobre a artificialidade do mundo em que vivia).

Essa pureza da sensação do "olhar da primeira vez" é emblematicamente trabalhada com vários simbolismos bíblicos do Gênesis. A maçã na boca de Harold ao sair apressado para o ponto de ônibus toda manhã; o encontro com Anna Pascal (Maggie Gyllenhaal - confeiteira auditada pela Receita) que lhe oferece cookies cujo sabor fará ainda mais Harold abrir-se para um mundo de novas sensações (o pecado original do Paraíso bíblico); a atração por uma velha guitarra Fender da mesma cor da maçã que toda manhã está na boca de Harold etc.

Aliás, a personagem Anna Pascal ocupa importante papel para a gnose de Harold. Assim como na mitologia gnóstica o personagem feminino de Sophia ocupa importante papel ao trazer sabedoria para o cosmos físico, o personagem de Ana Pascal ao oferecer a "Maçã do pecado original" (os cookies) que abrirá a mente de Harold.

O "Oceano da Gnose"

O principal tema do filme é a gnose de Harold. Ele tem uma vida vazia, burocrática e repetitiva (típica caracterização do personagem "O Viajante" nos filmes gnósticos) cujo processo de gnose deve ser através de um Jogo (o processo metalinguístico da descoberta do plot narrativo da sua vida) onde os limites entre a ficção e a realidade se confundem, como uma viajem através do qual o protagonista despertará. Tal ambiguidade é o caminho aberto para a gnose.

Essa gnose de Harold se inicia na simbólica cena onde Harold folheia as fichas da gaveta de uma imensa sala de arquivos da Receita federal. A voz off de Karen Eiffel narra: "O som do papel contra o separador tinha o mesmo tom de uma onda a rebentar na areia. E quando Harold reparou nisso, percebeu que já tinha escutado ondas o suficiente para constituir o que ele imaginou como sendo um profundo e interminável oceano". Temos aqui o simbolismo do "Oceano da Gnosis", o cerne de inúmeros ensinamentos metafísicos Sufis (Sufismo, corrente mística e contemplativa do Islamismo que se ocidentaliza através do hinduísmo) como, por exemplo, do poeta e místico muçulmano Jalal AL-Din Rumi. Para ele, percebemos Deus não através de ensinamentos, mas pelo "coração", como se estivéssemos "imersos num oceano".

Harold sabe que vai morrer, luta contra esse destino narrativo imposto pela escritora/demiurgo. Tal como no filme *Blade Runner* (filme de 1982, baseado em livro do gnóstico escritor Philip K. Dick onde um robô replicante luta para encontrar seu criador para reivindicar por mais tempo de vida), Harold vai ao encontro do seu criador, a escritora Karen Eiffel. Chocada, ela se confronta com sua própria criação.

O professor Julius e Harold leem os originais da escritora e chegam à conclusão: Harold tem que aceitar a morte, afinal, o novo livro é a obra-prima de Karen Eiffel. Novamente, o recurso meta-narrativo da estória: como em qualquer roteiro, o protagonista deve se sacrificar por uma causa maior, no caso, a obra-prima de Eiffel. Julius Hebert, como professor de Teoria Literária, tenta convencer Harold da inevitabilidade da sua morte. Tem a ver com um "Plano Maior", o desfecho de uma excelente obra literária, o ponto alto da carreira da Escritora/Demiurgo.

Com tantas referências bíblicas e místicas que o filme faz, é inevitável a comparação com a Paixão de Cristo. Harold, assim como Cristo, sabe que vai morrer. Jesus Cristo deve morrer por uma causa maior (a salvação da humanidade) assim como Harold deve morrer por causa de um "Plano Maior": a necessidade imposta por uma engenhosa narrativa. Mas, estamos em um filme gnóstico: assim como no Gnosticismo onde Cristo não veio para nos salvar (sua morte nada teve a ver com isso), mas para nos "curar" (trazer a gnose, mostrar que estar no mundo não é ser dele), Harold não veio ao mundo para morrer por um "Plano Maior", mas para alcançar a gnose.

Ao descobrir a "sensação oceânica" na banalidade dos gestos cotidianos, Harold interpõe o elemento do acaso na causalidade narrativa: o fragmento do relógio estanca uma hemorragia que seria fatal ao protagonista em um acidente ironicamente genial elaborado por Eiffel. Novamente a limitação do poder do Demiurgo: o tempo, representado pelo relógio despedaçado.

Mais Estranho que a Ficção explora o gnosticismo tanto no conteúdo como na forma: a realidade que aprisiona Harold como um *constructu* arbitrário e a desconstrução metalinguística do próprio roteiro fílmico ao longo da narrativa.

6

"O Homem Que Caiu na Terra": somos todos aliens exilados

AstroGnóstico
Temas: Estrangeiro, Demiurgo,
Diretor: Nicolas Roeg
Roteiro: Paul Maysberg e Walter Tevis

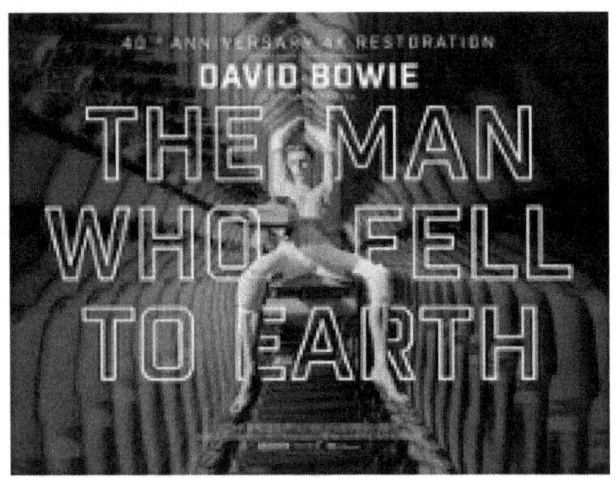

Um filme desafiador, abstrato e místico de uma época em que diretores idiossincráticos procuravam fazer grandes filmes. "O Homem Que Caiu na Terra" (The Man Who Fell To Earth, 1976) do diretor Nicolas Roeg estrelado por David Bowie é o ápice de uma cena pop onde grandes bandas de rock como Van Der Graaf Generator, Genesis e King Crimson (e o próprio Bowie de personagens musicais como Star Man e Ziggy Stardust) construíam longas suítes místicas e de inspiração ocultista, que expressavam a condição humana do "Estrangeiro": tal como o protagonista no filme, o homem sente-se nesse mundo como um exilado, um alien que sonha em retornar para o seu verdadeiro lar, mas é desviado dos seus propósitos por meio do poder entorpecedor da TV e do gin.

O personagem do Estrangeiro é um dos temas arquetípicos da nova mitologia pop a partir do pós-guerra: Rebeldes sem causa, "heroin heroes", punks gritando "no future", ácido e música techno em "raves" associadas ao "trance" (transe) com conotações espiritualista ou "new age" são representações midiáticas dessa sensação de alienação, estranhamento e deslocamento em relação ao país, família e amigos.

O Estrangeiro é aquele que não se sente em casa em lugar algum. Procura sempre esquecer o seu passado, sua história, o que é. Passa a maior parte do tempo em silêncio, fechado no seu drama, tenso, crispado. Quieto observa o mundo cair em pedaços.

Esse verdadeiro arquétipo contemporâneo é o núcleo espiritual de toda tendência midiática que explora a melancolia adolescente nas mais variadas tendências em moda, comportamento, filmes e videoclipes: dark, punk, gótico, emo etc.

A cultura pop e o rock'n roll irão celebrizar o personagem do estrangeiro, tornando-o o motor da criatividade poética que destila desde as dores do amor incompreendido até o sentimento de estranhamento em um mundo frio e cruel. Dos rebeldes sem causa da década de 1950 aos rebeldes com causas políticas dos anos 1960, o centro espiritual é o mal-estar do jovem em uma sociedade que prolonga a adolescência o máximo possível por causa de um mercado de trabalho que não consegue absorver a todos rapidamente. O resultado é um jovem que não é criança e nem adulto, à margem e alheio aos controles sociais.

Mas é na década de 1970 que esse sentimento de estrangeiro ganha suas expressões mais refinadas na cultura pop quando o rock começa a se inspirar no ocultismo e misticismo para criar letras, músicas e marcantes álbuns conceituais. Compositores como Peter Hammil do Van Der Graaf Generator (longas suítes místicas como em "The Plague of the Lighthouse Keepers" onde o homem é comparado a um guardião de um farol perdido no fim do mundo) ou a longa composição de Peter Gabriel do Genesis chamada "Supper is Ready" (todo um lado de um LP) sobre a eterna luta espiritual entre o Bem e o Mal.

David Bowie era mais um compositor e estrela pop onde, no auge da sua carreira, explorava profundos temas do gnosticismo hermético. Seus famosos personagens como Star Man e Ziggy Stardust (alienígenas exilados em um mundo hostil e alienados de si mesmos, da sociedade e de seus mecanismos) expressam o principal tema Gnóstico: o exílio humano e a prisão em um cosmos criado por um deus que não o ama.

O alien como "O Estrangeiro"

O filme *O Homem Que Caiu na Terra*, estrelado por David Bowie, é o ápice dessa expressão mais refinada e mística do personagem do Estrangeiro na cultura pop, às vésperas da explosão dos novos estrangeiros que estavam chegando, os punks.

Em um desempenho impressionante (parece que nasceu para esse personagem), Bowie faz um ser de outro planeta chamado Thomas Newton que literalmente cai na Terra em um lago num local remoto, anda por uma cidade perdida nos EUA profundos e vende alguns anéis de ouro em troca de um punhado de dólares.

A partir daí começa a ascensão meteórica de Newton: procura um advogado de patentes onde apresenta revolucionárias invenções no campo da ótica e eletrônica, propondo a ele uma participação substanciosa no empreendimento. Surge a World Enterprises Corporation uma gigantesca empresa que torna Newton milionário, com uma vida reclusa, uma eminência parda que só desperta a curiosidade da imprensa.

Mas descobrimos que seu verdadeiro plano é o de construir uma nave espacial que possa levar água para o seu planeta natal devastado pela seca. Vemos imagens de um planeta dominado por um deserto desolado cujos únicos habitantes visíveis são a sua família. Eles trajam roupas de plástico especiais para conservar os preciosos fluidos corporais. Não há diálogos, apenas seres tristes com gestos espectrais.

Inspirado na história do excêntrico milionário norte-americano Howard Huges, Newton vive em uma limusine de onde comanda os gigantescos empreendimentos, sempre rodando por paisagens desoladas, desérticas, que fazem lembrar o seu planeta e bebendo seguidos copos de água que abastecem o seu frigor bar. Até parar em um hotel de beira de estrada no Novo México, onde conhece uma camareira carente e solitária, viciada em TV e gin.

Seus planos de salvar a sua família vão se dificultando quando perde o foco com o vicio crescente por gin e televisão, semelhante a muitos seres humanos: seu cotidiano passa a ser o de assistir simultaneamente a diversas telas de TV enquanto se entorpece com gin. Para complicar a trama, a CIA começa a espionar os seus negócios que já ameaçam gigantes corporações como Fuji e Kodak, sem falar do seu projeto de viagem espacial que chama a atenção da imprensa e do governo.

Esse sci fi é único, muito mais concentrado em ideias de caráter místico e gnóstico implícito do que em efeitos especiais. O filme é um típico produto dos anos 1970 quando diretores idiossincráticos tentavam deliberadamente fazer grandes filmes. Por isso é um filme desafiador e muito abstrato, uma produção cujo estilo seria impensável nos dias atuais.

O exílio humano

O Homem Que Caiu na Terra é um filme gnóstico cult anterior ao atual gnosticismo pop de *Show de Truman*, *Matrix* ou *A Origem*.

No início dos anos 70, David Bowie participava de encontros para discutir temas ocultistas e metafísicos com outros músicos simpatizantes como Robert Fripp (guitarrista e líder do King Crimson), Peter Gabriel e Peter Hamill (MONTANARI, 1886). Suas leituras e convicções pessoais sobre o tema já eram intensas até encontrar o projeto de Nicolas Roeg que representaria para Bowie a oportunidade de expandir a expressão dos temas gnósticos para além das fronteiras músicais.

O que impressiona no filme é a figura do alienígena construída por Roeg e Bowie que destoa de toda a tradição dos sci fi hollywoodianos: Newton é passivo, frágil e indefeso em um mundo brutal e essencialmente corrompido pelo gin e a TV. Conta apenas com o brilho interior (pureza de princípios e intelecto) para tentar retornar ao seu lar (a gnose?). Tal como no gnosticismo, o homem aparece nesse mundo como um exilado em terra hostil, que conta apenas com a luz interior que deve resgatar para retornar à morada perdida.

Mas esse cosmos, criado por um demiurgo que pretende nos aprisionar (no filme a CIA e grandes corporações), tenta dificultar o nosso foco nos tornando fascinados por experiências fragmentadas, assim como Newton fica hipnotizado pelas imagens simultâneas de doze telas de TV e, aos poucos, vai desviando-se do verdadeiro propósito.

Sentir-se como um alien é a condição humana nesse mundo. É o que parece nos dizer o filme *O Homem Que Caiu na Terra* onde a cada enquadramento de Bowie vemos o personagem trajando elegantes roupas urbanas e cosmopolitas, perdido em paisagens dos EUA profundo no Novo México com seus desertos, motéis e estradas que não levam a lugar nenhum.

Newton conta apenas com a tecnologia para fugir do exílio na Terra. O filme faz um encontro entre misticismo e tecnologia, prenunciando o que muitos autores como Hermínio Martins e Erich Davis definem como "tecnognose": a tecnologia vista como um atalho para a gnose, a via mais rápida para a realização do projeto de redenção da humanidade exilada e aprisionada nos círculos materiais.

É claro que no filme isso é representado pela construção de uma nave espacial e pelas pesquisas da World Enterprises Corp. em torno do "gás líquido" para a propulsão. Mas o papel desempenhado pela tecnologia em um filme tão místico é simbólico ao representar o momento onde, na década de 1970, o misticismo e transcendentalismo impulsionavam a chamada "religião das máquinas", criada a partir da engenharia computacional: o encontro entre neurociências, cibernética e informática que começa a ser gestado nessa época com o propósito de converter o funcionamento da mente em linguagem algorítmica. Em outras palavras, encontrar na tecnologia computacional o atalho para o espírito libertar-se dos "ruídos" da existência corpórea (conflito, ideologia, política etc.).

Uma ilusão, pois, como bem demonstra o filme, o "hardware" que tornaria possível essa libertação espiritual permanece nas mãos das grandes corporações, os mesmos demiurgos que tencionam nos manter prisioneiros nesse mundo nos distraindo com muita TV e gin.

7

"Prometheus":
os deuses são demiurgos desiludidos

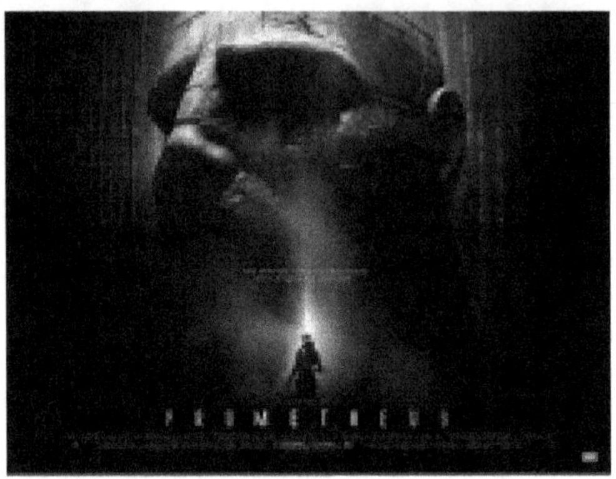

CosmoGnóstico
Temas: Niilismo Gnóstico, Demiurgos,
Diretor: Ridley Scott
Roteiro: Jon Spaihts e Damon Lindelof
2012

A crítica especializada e os fãs de sci fi e da franquia de filmes "Alien" têm se demonstrado decepcionados com "Prometheus" (2012) onde Ridley Scott retorna ao gênero que o consagrou. Todos procuraram nesse filme as explicações para o que se sucedeu antes da chegada da nave Nostromo naquele planeta perdido onde a morte estava à espreita no clássico "Alien" de 1979. Mas parece que Ridley Scott pregou uma peça em todos. "Prometheus" aproxima-se muito mais dos temas do outro clássico "Blade Runner" (1982) que também dirigiu: assim como o replicante Roy buscava seu criador em uma sombria Los Angeles, em "Prometheus" arqueólogos procuram os "Engenheiros" da humanidade. Como em "Blade Runner", humanos e androides vão encontrar demiurgos tão desiludidos quanto eles mesmos. Descobrirão isso da pior maneira possível.

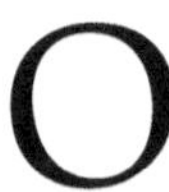

 filme abre com uma sequência aérea mostrando paisagens montanhosas, vales, lagos e cachoeiras ao som de uma música majestosa e épica até vermos um disco voador pairando sobre uma cachoeira. À margem da cachoeira vemos um ser com aparência humanoide, alto, com músculos bem definidos e forte. Leva à boca uma substância que, rapidamente, cria uma espécie de reação em cadeia em cada molécula do seu corpo. Ele cai na água e se desfaz, como se o seu DNA fertilizasse o planeta Terra, criando uma nova espécie: a humanidade.

Como o diretor Ridley Scott afirmou em entrevistas, ele quis prestar uma homenagem a Erik Von Daniken (autor do best-seller "Eram os Deuses Astronautas?") e a sua tese de que a humanidade descenderia de alienígenas e que os deuses adorados em diferentes épocas e culturas, na verdade seriam reminiscências dessa civilização extraterrestre que intencionalmente nos criou.

Essa sequência inicial nos leva a acreditar que estamos diante de mais um filme que renderá homenagens a essa utopia "new age" de sermos filhos das estrelas onde encontraremos as respostas a todas as questões clichês do gênero: quem somos? O que estamos fazendo aqui? Qual o propósito de tudo?...

Mas temos que lembrar que Ridley Scott retorna com esse filme ao gênero sci fi onde deixou como a principal marca os mundos distópicos que criou: *Alien* de 1979 (uma nave de mineração tripulada por astronautas destituídos de qualquer ideal mais nobre e odiando-se mutuamente encontra um monstro xenomórfico que inicia uma brutal chacina) e *Blade Runner* de 1982 (replicantes têm mais sentimentos do que os humanos em uma sombria Los Angeles onde cai uma insistente chuva ácida). Portanto, sabendo que o diretor foi o responsável por esses dois clássicos do gênero, nada é o que parece.

A narrativa é centrada em um casal de arqueólogos, Dra. Elizabeth Shaw (Noomi Rapace) e o Dr. Charlie Holloway (Logan Marshall-Green) que descobrem uma série de antigos desenhos rupestres de culturas diferentes e separadas por milhares de anos que apontam para um único local nas estrelas: uma lua distante, LV-223. Shaw e Holloway creem que nessa lua será encontrada a antiga verdade sobre as origens da humanidade – crença que também é partilhada pelo bilionário Peter Weyland (Guy Pearce), CEO da corporação Weyland. Depois de ouvir as conclusões dos arqueólogos sobre os "Engenheiros" (assim como definem os aliens que teriam nos criados), concorda em enviá-los junto com uma tripulação de quinze pessoas a bordo da nave Prometheus.

Mas as intenções de Weyland não são tão místicas quanto dos arqueólogos: ele quer encontrar os "Engenheiros" para conseguir a vida eterna, já que se encontra em idade avançada. Para garantir seus interesses, envia um androide chamado David (Michael Fassbender), cuja função é muito mais do que manter a nave em funcionamento enquanto a tripulação está em crio-sono durante a viagem: ele deverá realizar pesquisas "independentes" e prestar contas diretamente a Weyland.

O Futuro do Passado

A sci fi de Ridley Scott se insere naquilo que os pesquisadores sobre a chamada "estética pós-moderna" denominam como "futuro do passado". Ao contrário da ficção científica moderna onde o imaginário futurista e utópico com lugares, situações e oportunidades inéditas para a humanidade ("indo onde nenhum homem jamais esteve", como exortava a célebre abertura da série de TV "Star Trek"), Ridley Scott nos mostra mundos futuros que parecem semelhantes ao presente: tramas de corporações, traições, suspeitas, sonhos desfeitos, monstros viróticos. O "demasiadamente humano" associado com más funções tecnológicas criam mundos, na verdade, a-tópicos. Isto é, uma sci fi paradoxalmente sem futuro, porque replica as mazelas do presente

Se em *Alien* e *Blade Runner* temos o sci fi retro (lembre-se do design neobarroco tanto da nave Nostromo quanto do space jokey e do monstro xenomórfico ou da Los Angeles com prédios antigos emoldurados em neon e muitos chapéus e sobretudos dos filmes noir dos anos 1940), em *Prometheus* temos o cúmulo desse futuro do passado: se as hipóteses dos arqueólogos estivessem corretas, não teríamos assistido à chacina da tripulação de *Alien* de 1979.

Por exemplo, é marcante que após *2001: Uma Odisseia no Espaço* de Kubrick onde os espectadores acompanham a épica jornada humana ao encontro de seus criadores e testemunham o nascimento do "star child" que mudará o futuro da humanidade, temos a distopia do *Planeta dos Macacos* de 1968: o futuro é pós-apocalíptico e repete os mesmos dramas do mundo atual. Esse filme apresenta um mundo pós-apocalipse dominado por macacos que evoluíram muito mais do que os homens após uma gigantesca hecatombe nuclear. Chegamos ao futuro, mas ele não mais existe. *Alien* (1979) e *Mad Max* (1979) confirmam a chegada deste futuro sem futuro, pós-apocalipse, triste e melancólico.

'Prometheus' e 'Blade Runner'

Em *Prometheus* Ridley Scott também retorna ao tema do filme *Blade Runner*: o encontro com o Criador. Se em 1982 vemos um replicante chamado Roy buscando um encontro com o seu criador da Tyrrell Corporation para conseguir viver mais (os replicantes eram programados para viverem apenas quatro anos), em *Prometheus* todo o propósito da expedição à lua LV-223 é encontrar nos "Engenheiros" as respostas sobre o propósito da existência e a luta contra a velhice e a morte.

Blade Runner era uma adaptação de obra do escritor Philip K. Dick ("Do Androids Dream of Eletric Sheep") com inspiração gnóstica explícita: o homem em busca do seu Criador/Deus descobre que, na verdade, Ele não passa de um maquiavélico Demiurgo que não o ama.

Pois *Prometheus* retorna a esse tema gnóstico: "os Engenheiros" não são nem deuses e nem benevolentes e sábios, são Demiurgos enlouquecidos às voltas com uma tecnologia que se voltou contra eles em uma lua fria perdida no meio do nada.

Ao invés de encontrar respostas reconfortantes às grandes questões religiosas e metafísicas, a tripulação da nave se depara com as primeiras gerações do monstro xenomórfico de "Alien".

A desilusão dos arqueólogos em relação aos "Engenheiros" sobre os propósitos deles terem criado a humanidade é a mesma do androide David em relação aos humanos que o criaram:

> *David: Lamento que os "engenheiros" estejam todos mortos, Dr. Holloway.*
>
> *Dr. Holloway: Você acha que perdemos o nosso tempo vindo aqui?*
>
> *David: Qual o objetivo que os trouxe aqui? O que esperavam conseguir?*
>
> *Dr. Holloway: conhecer o nosso Criador... obter respostas... Por que razão nos fizeram.*
>
> *David: Por que acha que a sua espécie me fez?*
>
> *Dr. Holloway: os fizemos porque podíamos.*
>
> *David: Você percebe o quão decepcionante seria ouvir a mesma coisa do seu criador?*

Aqui *Prometheus* retorna ao niilismo de *Blade Runner*: assim como o replicante Roy encontra a desilusão ao perceber que o seu criador Tyrrell o criou sem nenhum propósito mais nobre, o androide David experimenta essa mesma desilusão. Por sua vez, Holloway e Shaw conhecerão essa desilusão da pior maneira possível ao procurar a verdade sobre os "Engenheiros".

Ao propor o niilismo como o resultado da busca por deuses e pelo sentido da existência, *Prometheus* aborda o velho tema central do Gnosticismo: na verdade, a busca do sagrado encontra-se no interior do próprio homem, na alma, e não em alguma entidade ou sentido externo (Deus, Todo etc.).

Isso fica claro no esforço do androide David em compreender no homem aquilo que lhe falta: a alma.

Lembrando o pequeno robô *Wall-E* (2008) da animação da Disney, David passa o seu tempo assistindo ao filme Lawrence das Arábias (1962), memorizando as falas e tentando ficar parecido com o ator Peter O'Toole (Wall-E assitia ao musical "Hello, Dooly!" de 1969). David é fascinado pelos seus criadores, assim como os humanos o são pelos "Engenheiros".

Mas os arqueólogos Holloway e Shaw não conseguem perceber que a verdade está diante deles, e não nos "Engenheiros": está no androide David que consegue ver no interior do homem a própria divindade.

8
"Quero Ser John Malkovich": corpo, prisão e reencarnação

PsicoGnóstico
Temas: Ciberutopias, Reencarnação e Identidade
Diretor: Spike Jonze
Roteiro: Charlie Kaufman
1999

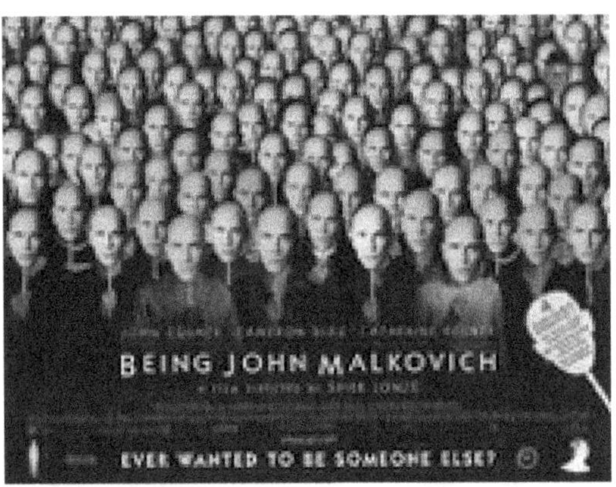

Muitos consideram o filme "bizarro", "esquisito" e "sem sentido". Antes das viagens ao interior da mente em filmes como "Brilho Eterno de Uma Mente Sem Lembranças" (2004) e "Sinedoque: Nova York" (2008), o roteirista Charlie Kaufman nos oferece a estranha narrativa do filme "Quero Ser John Malkovich" (Being John Malkovich, 1999). Em parceria com o diretor Spike Jonze, Kaufmann conta uma parábola contemporânea sobre identidade, mediações, avatares e reencarnação através de pessoas que querem encontrar a felicidade no corpo de outras pessoas. Como? Escorregando para o interior da cabeça de um famoso ator: John Malkovich.

Você já se sentiu preso em seu próprio corpo, desejando ardentemente ir para outro lugar e ter um novo nome, novo emprego e até mesmo uma nova personalidade? Você já teve fantasias escapistas de ganhar na Mega Sena para fugir de uma rotina cinzenta, ficar milionário e ter o amor e as coisas com que sempre sonhou?

Até onde você estaria disposto a ir para ganhar dinheiro, ou seja, achar que seria uma boa ideia invadir a privacidade de uma pessoa através de um telescópio instalado em seu escritório e cobrar taxas de pessoas que querem secretamente espionar a vida de alguém famoso? Você sempre quis ser famoso não apenas por 15 minutos, mas se tornar um tipo que usasse óculos de sol apenas para dar um passeio em torno do quarteirão e não ser reconhecido e incomodado por pedidos de autógrafos?

Finalmente, você já foi incomodado por pessoas que lhe fazem perguntas como estas?

Pois se você respondeu "Sim" a algumas dessas perguntas ou se mesmo acha tais perguntas totalmente sem sentido está preparado para assistir a um filme estranho, bizarro e *non sense* chamado *Quero Ser John Malkovich*.

Um titereiro fracassado chamado Craig (John Cusack) vive com sua esposa Lott (Cameron Diaz, irreconhecível) e com um chipanzé vitimizado por um "trauma infantil". Desempregado, autoindulgente (se vê como um "artista torturado") Craig consegue um misterioso novo emprego que unicamente exige do candidato "dedos ágeis". Lá encontra uma porta escondida por trás de um arquivo que conduz a um escuro é úmido túnel que o faz escorregar para dentro da mente do famoso ator John Malkovich, onde pode permanecer por 15 minutos vendo e experimentando sensações por meio da mente hospedeira.

Passado o tempo limite, Craig é cuspido para uma estrada na periferia da cidade. Impressionado com a descoberta, resolve montar um negócio vendendo passagens para outras pessoas infelizes com suas próprias vidas que desejem ser, por alguns instantes, outra pessoa.

Mas Craig percebe que pode ter mais: aproveitando-se das suas habilidades de manipulador de fantoches, ele descobre que pode ficar indefinidamente na cabeça de John Malkovich, manipulando a personalidade da mente receptora até tornar-se outra pessoa em um novo corpo e conquistar o amor da sua amante Maxine (Catherine Keener) que o rejeita por ser um perdedor.

Mas as coisas se complicarão para Craig quando Lott entrar na mente de Malkovich e também se apaixonar por Maxine, criando um inusitado relacionamento lésbico por meio de um corpo hetero e um imprevisível triângulo amoroso.

Marionetes e a condição humana

A marionete é o símbolo principal em Quero Ser John Malkovich. Além do simbolismo óbvio presente na narrativa (Craig - John Cusack - utiliza-se da sua habilidade de titereiro para manipular identidades e a marionete como paralelo à condição manipulada de John Malkovich), há um significado mais profundo: as marionetes são descendentes diretos dos antigos ídolos divinos, adorados e animados pelos seus sacerdotes.

Victoria Nelson demonstrou como na cultura popular do século XX temos um aumento do fascínio por autômatos e bonecos com o surgimento do conceito marionete-mestre (humana ou divina) inserida dentro de uma cosmologia gnóstica das relações entre homem/autômato e homem/deus (NELSON, Victória, 2001).

Esse fascínio por autômatos ou marionetes dentro desse gnóstico esquema simbolizaria a maneira pela qual podemos avaliar a própria experiência humana, ou seja, como nos vemos como prisioneiros dentro de um cosmos hostil. Além disso, as marionetes se metamorfosearam, na modernidade, em figuras como robôs, ciborgues, androides e, mais recentemente, na hibridação do corpo humano. Só que, agora, com um ingrediente a mais: a criação de uma mediação para a qual a consciência humana se transfira e transcenda a prisão da carne. O anseio humano em migrar para mediações idealmente modeladas. O filme simboliza esse anseio pelas mediações em diversos momentos. Podemos observar isso em dois diálogos. Após Maxine transar com Malkovich sabendo que Lotte estava na sua cabeça, provocativamente comenta com Craig:

Craig: Você me tortura de propósito?

Maxine: Eu me apaixonei.

Craig: Acho que não. Eu me apaixonei, e pessoas apaixonadas ficam assim.

Maxine: Escolheu o tipo não correspondido. Isso faz mal para a pele!

Craig: Você é má Maxine!

Maxine: Sabe como é ter duas pessoas olhando para você, com total luxúria e devoção através do mesmo par de olhos?

Pessoas apaixonadas umas pelas outras, mas que necessitam de mediações para consolidarem os relacionamentos. Uma espécie de sexo platônico onde o objeto da paixão é visto através de olhos ideais, despertando impulsos exibicionistas em Maxine. Ou a aspiração pelas mediações decorre da negação da condição física atual:

Primeiro cliente da JM Inc.: Quando dizem que posso ser outro o que querem dizer?

Craig: É exatamente o que dissemos. Podemos colocá-lo no corpo de outra pessoa por 15 minutos.

Primeiro cliente da JM Inc.: Posso ser quem eu quiser?

Craig: Bem, você pode ser John Malkovich.

Primeiro cliente da JM Inc.: Perfeito! É minha segunda escolha, mas é maravilhoso. Sou um homem gordo. Sou triste e gordo."

A cultura tecnológica das "Mediações"

Esta antiga busca gnóstica em transcender a carne é o emocional subtexto por trás da eufórica reação a cada novidade em informática no mercado e a cada website ou blog com frivolidades que é lançado.

O cientista de computação Jaron Lernier chega a sugerir uma nova categoria psicológica de usuários: a "nerdice": intelectualmente busca digitalizar qualquer distinção de qualidade, sentimento e afeto. Emocionalmente, procura abrigo que o proteja da intimidade humana e das demandas corporais (LANIER, Jaron, 1995).

Alegremente, o sujeito se despoja do corpo para viver uma fantasia de poder sem limites. Erick Felinto vai nomear este sujeito das ciberutopias como "sujeito pneumático", uma forma de subjetividade que se pretende libertar dos limites do corpo, um self quase divino e de natureza espiritual (pneuma). Este sujeito pneumático teria as seguintes características: a comunicação total (como anjos incorpóreos vagando pelo ciberespaço sem barreiras para comunicar-se), por meio da "hipermediação que equivale à imediação das mídias digitais" e a mobilidade total (FELINTO, Erick, 2006).

O que temos aqui é o tema da crise de identidade no mundo contemporâneo. Craig é um titereiro que, embora talentoso, está desempregado. Sua esposa Lotte fala que ele deveria arrumar um pequeno emprego. "Quem vai querer contratar um titereiro numa economia invernal como a de hoje?". Como afirma Bauman, as profundas mudanças econômicas e gerenciais do mundo contemporâneo nos força a viver como jogadores que devem experimentar a identidade como "novos começos", ou seja, trocar identidades como trocamos de roupas – a modernidade marcada pelo fluxo e liquidez (BAUMAN, Zigmunt. 2001).

Portanto, no filme, Craig passa de titereiro talentoso a arquivista na Lestercorp (por ter mãos rápidas) e, após o trabalho, explora o "bico" de ganhar dinheiro com o portal que conduz à cabeça de John Malkovich.

Mas, nessas três situações, há uma coisa que as une: a busca de uma mediação que o faça transcender a sua vida frustrada e melancólica: no começo, as marionetes e, no final, a cabeça de John Malkovich. No primeiro caso, a transferência é simbólica, no segundo é literal: transferir sua consciência para a Mediação.

Reencarnação e Identidade

Todos os personagens do filme querem viver os 15 minutos na cabeça de John Malkovich. Procuram transferir-se para uma mediação como forma de transcenderem das suas existências infelizes. É uma parábola do espírito de final de século, onde as novas tecnologias do virtual vão oferecer através de avatares, perfis criados em blogs, Facebook, Twitter etc. a possibilidade de viverem outras ou múltiplas identidades. No filme os personagens perceberão que é uma falsa gnose.

Ao contrário, o grupo do Dr. Lester (o proprietário da empresa que possui a passagem para a cabeça de Malkovich) procura a verdadeira gnose. Pretende alcançar a vida eterna pregando um "pequeno" golpe no Demiurgo: driblar a lei da Reencarnação. A mitologia gnóstica vê na reencarnação uma perversa estratégia do Demiurgo para nos manter presos nesse mundo através do esquecimento. Condenados a recomeçar sempre do zero, não somamos conhecimentos, esquecemos por subtração.

O grupo de Lester alcança a imortalidade não mais reencarnando, mas transferindo a consciência para um "corpo recipiente" na sua fase mais madura em termos de consciência e formação mental. Eles têm até a meia-noite do dia designado para transferirem-se, pois, caso contrário, "seriam absorvidos, presos, enjaulados no cérebro do anfitrião, impossibilitado de controlar qualquer coisa, sentenciados a ver o mundo através dos olhos de outra pessoa", como afirma Dr. Lester.

Ou seja, a prisão da Reencarnação, tal qual denunciada pelo Gnosticismo. Enquanto Craig, Maxine e Lotte querem transferir-se para a mediação pelo desejo de ver o mundo através dos olhos de outras pessoas, o grupo de Lester quer mais do que isso: mantendo intacto o núcleo da consciência, pular de um corpo para o outro alcançando a imortalidade e mantendo a identidade.

9

"eXistenZ":
o jogo gnóstico entre Real/Virtual

CosmoGnóstico
Temas: Tecnognose, Basilides, Suspensão
Diretor: David Cronenberg
Roteiro: David Cronenberg
1999

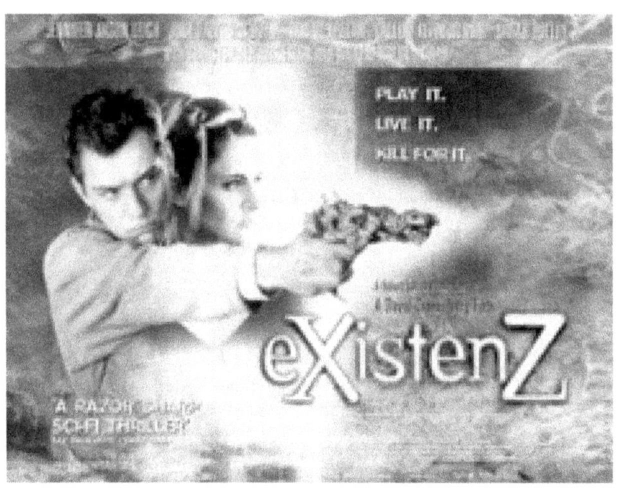

Se Basilides (um dos primeiros professores gnósticos em Alexandria, Egito, no século II da Era Cristã) fizesse um filme, certamente teria sido "eXinstenZ" (1999). Um filme onde o canadense David Cronenberg leva a relação entre o homem e a tecnologia ao limite do niilismo, do vazio e da angústia. Não tanto pelo fato das fronteiras entre real/virtual e verdade/ilusão desaparecerem em um sofisticado jogo virtual. Mas pela forma como um jogo transforma-se em fetiche erótico e religioso pelo marketing de uma poderosa corporação, impedindo a transcendência espiritual: de que a própria existência se transforme em eXistenZ.

Basilides nutria uma radical desconfiança em relação à linguagem porque a verdade sobre Deus estaria além do conhecimento humano: a linguagem não conseguiria apreender a plenitude e o eterno porque nela o homem torna-se obcecado em apreender as qualidades do devir nomeando-as através de conceitos e palavras estáticas uma realidade que é difusa, fluída, relativa. Preso nessa intransitividade entre os sistemas simbólicos e Deus, o homem se tornaria prisioneiro dos próprios conceitos e palavras, não conseguindo ouvir, dentro de si, a reminiscência do Uno, do Pleroma, da plenitude original que o uniria a Deus.

Na modernidade essa angústia gnóstica é secularizada principalmente pela Filosofia existencialista, por exemplo, em Heidegger: o conceito de "Deus" é transformado em "Ser" e a angústia humana está na impossibilidade de apreendê-lo em seu sentido por meio de expressões ou enunciações. A impossibilidade da apreensão ôntica do Ser joga o ser humano na existência: o "ser-aí", "o ser-no-mundo" ou o "ser-para-a-morte".

eXistenZ de Cronenberg transpõe essa angústia tanto gnóstica como existencialista para a discussão tecnológica: poderá o desenvolvimento tecnológico em sua interface final (a biotecnologia onde corpos e máquinas se integram por meio da informação) finalmente resolver essa angústia de séculos de religião e filosofia? A virtualização tecnológica por meio de jogos cada vez mais realistas baseados na interatividade e imersão dos jogadores poderá traduzir a verdadeira natureza do Ser como jogo onde as ações dos participantes é regida pelo princípio da aleatoriedade?

O filme começa no interior de uma igreja rural onde sobre um palco um focus group está reunido para testar o novo jogo de realidade virtual chamado "eXistenZ" da Antenna Corporation. O designer do jogo é a famosa Allegra Geller (Jennifer Jason Leigh). Há um clima de ansiedade e tensão não só pela presença de uma famosa personalidade como pela segurança do evento ameaçado tanto pela espionagem das empresas concorrentes, mas também pela ação de terroristas da "Reality Underground", grupo político contrário à virtualização da realidade pelas tecnologias. Allegra tem um segurança pessoal, Ted Pikul (Jude Law) que escaneia cada um dos participantes do evento em busca de possíveis armas ocultas.

Allegra segura o seu console do jogo contendo o eXistenZ, um artefato feito de tecidos e órgãos vivos que parece respirar e responder aos toques do usuário. Dele saem cordões semelhantes a umbilicais que se conectam ao corpo dos outros jogadores por meio de bioportas - orifícios localizados na base da espinha.

O jogo é iniciado e todos parecem entrar em transe ao imergirem no mundo virtual do jogo. De repente surge um homem que rapidamente monta uma arma a partir de ossos envoltos de pedaços de carne e gordura animal, aproxima-se do palco onde estão os jogadores e aponta a arma para Allegra gritando: "Morte à diaba" e dispara contra a designer e o console vivo. O caos se instaura, um oficial da Antenna mata o atirador e Pikul ajuda Allegra a sair da cena. Fogem, carregando o console também ferido. Eles terão que fugir dos terroristas da "Reality Underground" e entrar no mundo virtual de eXistenZ para saber se o jogo foi danificado e curá-lo.

Nesta sequência inicial são apresentados ao espectador todos os temas que Cronenberg pretende explorar no filme: a perda das fronteiras entre o artificial/natural e biológico/mecânico; o colapso das diferenças entre real/virtual; as corporações como Demiurgos; e o fascínio fetichista (erótico e religioso) pelos gadgets tecnológicos.

eXistenZ e a grande negação

A partir desse ponto, o filme *eXistenZ* parece ser uma grande negação de qualquer certeza ao espectador: o orgânico e o mecânico, o natural e o artificial são tão inseparáveis (computadores respiram, adoecem e se curam) que fica difícil para espectadores e personagens do filme determinar de que ponto de vista as ações estão ocorrendo: da realidade ou do jogo? Se os objetos são ao mesmo tempo naturais ou fabricados ("tudo o que existe parece que já foi outra coisa um dia") como alguém pode discernir o que uma coisa realmente é? E mesmo que em algum momento alguém possa diferenciar, isso poderá ser negado pela aniquilação de alguma outra diferença: real/virtual, etc.

Nada é o que parece ser: uma igreja no campo é um encontro de designer de jogos de uma poderosa corporação, cada suposta volta à realidade pode ser mais uma fase do jogo eXistenZ. Órgãos, máquinas, bioportas, igrejas, corporações, atiradores... tudo é nada. Assistimos a um filme à espera de uma narrativa, mas parece que assistimos a eventos aleatórios de um jogo de computador onde os personagens não sabem as regras e nem o propósito do jogo. Allegra fala a Pikul, aturdido com o ambiente virtual: "Você deve jogar e não resistir ao seu personagem. Só assim saberá o propósito do jogo!".

Cronenberg aborda o tema gnóstico basilidiano por excelência: a suspensão. eXistenZ é existência: Allegra e Pikul devem apenas aceitar a ambiguidade através da suspensão de sentido. Eles parecem fazer parte de um misterioso script que está sempre em processo e mudando, dirigido por algum diretor ausente. Eles devem acreditar que jogar é a única coisa, é a própria realidade.

No século II Basilides propunha como alternativa aos pares opostos que a linguagem e a consciência criam como ilusões ou armadilhas (real/ilusão, verdade/mentira etc.) um singular estado de consciência: o silêncio, o estado de suspensão, o esvaziamento da mente (diz-se que os discípulos de Basilides, como ritual de iniciação, eram obrigados a permanecer dois anos em silêncio...) como forma de transcendência, um *tertium quid* que unifiquem essas qualidades que foram perdidas em nossa existência inautêntica.

Pois Cronenberg procura esse mesmo caminho através da tecnologia. Seguindo a influência de outro canadense, Marshall McLuhann, que defendia que as tecnologias seriam como extensões dos sentidos humanos, Cronenberg pretende que os produtos tecnológicos "retornem para casa", para o próprio corpo, através do hibridismo das "bioportas". Fusão maquínica-eletrônica-biológica que suspenda todos os sentidos, oposições e negações. Dessa forma a tecnologia transcende a mera funcionalidade ou utilidade para entrar no jogo e na imersão.

Diante da angústia e niilismo humanos que não conseguem apreender "Deus" ou o "Ser" por meio da linguagem, Razão e seus produtos (ciência e tecnologia), Basilides e Cronenberg propõem a suspensão de todos os sentidos através de um jogo sem fim. Isso é também a existência: apenas jogue o jogo como uma espécie de mantra cujo automatismo esvazia a mente nos desobrigando de qualquer preocupação com os dilemas desse mundo.

Fascínio fetichista erótico e religioso

Mas há também um tema recorrente na obra de Cronenberg que perpassa filmes como *Videodrome* (1983), *Crash* (2004) e *eXistenZ* (1999): o fascínio fetichista pelos gadgets tecnológicos. Todos os outros designers têm uma idolatria religiosa pela fama de Allegra Geller (não é à toa que o *focus group* realiza-se em uma igreja – e alguns chegam até a beijar os pés de Allegra em devoção); a introdução dos cordões umbilicais do jogo nas bioportas e a excitação dos usuários possui um evidente fascínio erótico-fetichista; os usuários ao entrarem no jogo são representados por avatares mais atraentes e fascinantes do que seus correspondentes na vida real (Allegra e Pikul, de tímidos e assexuados nerds digitais, transformam-se respectivamente em mulher fatal e em um sedutor espião).

Tanto em Basilides como em Cronenberg religião e fetichismo são os obstáculos para a gnose e transcendência. A idolatria fetichista promete uma falsa união ao objeto adorado: a absorção da carne pela tela de TV em *Videodrome*, as relações sexuais no meio de acidentes automobilísticos em "Crash" e a cópula erótica das bioportas no jogo eXistenZ denunciam que por trás do fascínio fetichista escondem-se demiurgos e corporações que pretendem manter o humano prisioneiro pelo vício e dependência ao objeto comercializado.

Cronenberg pretende que eXistenZ seja mais do que um jogo, superando a oposição entre a "Reality Underground" e a Antenna Corporation, Realidade versus Ilusão: o jogo deve ser a própria existência para suspender todos os sentidos que nos prendem a esse mundo.

10
"Donnie Darko":
o Gnosticismo cult sobre tempo, destino e redenção

CronoGnóstico
Temas: Paradoxos Temporais, Olho e Visão Interior, Muitos Mundos
Diretor: Richard Kelly
Roteiro: Richard Kelly
2001

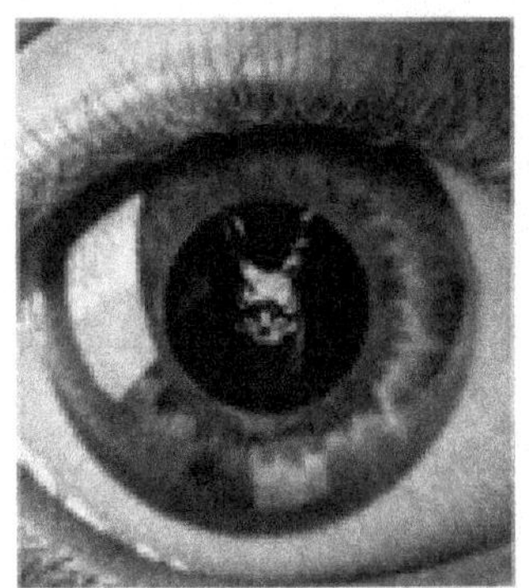

Desde o seu lançamento em 2001, o filme "Donnie Darko" do diretor Richard Kelly tornou-se um fenômeno cult: é um dos filmes mais pesquisados e acessados na Internet (atualmente ocupa a 185° do Top 250 do IMDB), em geral espectadores que buscam uma explicação para enigmática narrativa sobre um adolescente problemático com misteriosas visões de um coelho de dois metros de altura chamado Frank que faz uma espécie de contagem regressiva para o fim do mundo. "Donnie Darko" é um exemplo de filme que se tornou atemporal por amarrar em um inteligente roteiro arquétipos contemporâneos e milenares sobre o tempo, destino e redenção.

As primeiras cenas parecem ter todos os ícones dos filmes convencionais sobre adolescentes que moram em subúrbios com problemas existenciais na *high school* envolvendo namoradas e jovens valentões. Mas aos poucos vamos descobrindo que estamos diante de um filme incomum: uma parábola em humor negro da angústia da Geração X? Um drama sobre um adolescente psicopata? Um filme de ficção científica e fantasia ao estilo da série "Além da Imaginação"? Alguma coisa entre David Lynch e Arquivo X? Nenhuma dessas alternativas consegue dar o tom exato à estranha narrativa. Mas uma coisa é certa: *Donnie Darko* é um desses filmes com inteligentes linhas de diálogo e personagens realistas imersos em uma narrativa com uma atmosfera fantástica que nos compele a ver o filme mais de uma vez.

Doze anos depois de muitas entrevistas evasivas do diretor, sempre reticente em dar uma explicação, e diversas teorias de críticos e espectadores, podemos chegar a uma conclusão que é o tema dessa postagem: *Donnie Darko* é um dos poucos filmes que consegue amarrar através de um roteiro inteligente uma série de arquétipos que emergem como o espírito de uma época. O que faz o filme ter uma atmosfera atemporal, condição fundamental para se transformar em um cult. O filme foi produzido em 2001 e a história se passa em 1988 e a narrativa se estrutura em uma potencial viagem no tempo em loop, onde o protagonista tenta quebrar esse ciclo vicioso temporal.

O Filme

Jake Gyllenhaal é Donnie Darko, filho de pais que convivem em uma espécie de tensa normalidade. Nessa família há conflitos tradicionais e dramas à mesa do jantar. O pai republicano fica bravo que sua filha mais velha pretende votar no Democrata Michael Dukakis (candidato à presidência em 1988) e a irmã caçula de Donnie tenta vencer um concurso nacional de talentos com seu grupo de danças da escola – ecos do filme Beleza Americana de 1998.

Donnie é sonolento, introspectivo, uma dor de cabeça para os pais. Apesar das boas notas na escola, ele tem problemas psíquicos e toma remédios psiquiátricos: sonâmbulo, sai todas as noites de casa para acordar em estranhos lugares como no meio de estradas ou no campo de golfe local.

A vida de Donnie é tocada pelo destino quando, após passar mais uma noite fora do seu quarto, a turbina de um boeing 747 cai sobre sua casa. Se estivesse lá, estaria morto. O que é estranho é que ninguém sabe de onde a turbina caiu e que

Donnie escapou da morte após ser chamado por um estranha figura chamado Frank de dois metros de altura fantasiado de coelho que o avisa que o mundo vai acabar em questão de dias.

Frank começa encorajar Donnie a cometer atos de vandalismo contra instituições opressivas como a escola (que depreda e causa uma inundação), a psiquiatra (a constrange quando tenta se masturbar sob hipnose) e o escritor celebridade de livros de autoajuda (incendeia sua casa), e revela que existem outras realidades alternativas por meio de planos temporais simultâneos, cada um com uma lógica pré-determinada.

Donnie de apaixona por Gretchen, nova aluna da escola que veio de outro estado e mudou-se para a cidade com a mãe, tendo ambos mudados de nome para fugirem de um ex-namorado. É quando Donnie começa a ter alucinações com "warmholes" ("buracos de minhoca") que são projetados a partir da altura do peito (alusão ao conceito esotérico de chákra cardíaco?) das pessoas, criando distorções no continnum espaço-tempo.

Tudo para preparar-se para conflito final na noite de Halloween contra os valentões da escola Seth e Alex (símbolos do status quo conformista e vazio) que determinará a morte de sua namorada e a sua disposição em sacrificar-se por todos.

Universos tangentes

O diretor Richard Kelly diz que o argumento de *Donnie Darko* se inspirou em três fontes: primeiro em um conjunto de escritores como Kafka, Stephen King e Graham Green; segundo, uma antiga lenda urbana sobre um pedaço de gelo que teria caído de um avião e matado uma pessoa; e terceiro, "criei um arquétipo de um personagem principal que se sentisse alienado ou que se sentisse diferente em uma sufocante vida das comunidades de subúrbio" (MURRAY, Rebeca, 2002).

A partir do arquétipo contemporâneo do Estrangeiro (aquele que se sente um estranho dentro de sua própria família e comunidade como forma de denúncia da ilusão do princípio de realidade), Kelly cria uma complexa trama narrativa: imagine que existem de diferentes universos além do nosso mundo – hipótese gnóstica proposta por Basilides no início da Era Cristã. Algo estranho e deslocado aconteceu em nosso universo, algo que não há explicação possível, a não ser que, talvez, este evento ou coisa que veio de outro tempo ou outro universo: a turbina que caiu no quarto de Donnie. Quando pela primeira vez cai no filme, ele não pode ser explicado, e vemos que Donnie é salvo graças ao chamado de Frank. A premissa do filme é que, por causa da queda da turbina, os dois universos diferentes, foram presos em um loop de tempo.

Em essência, um loop de tempo significa que um universo tangente foi criado, e os mesmos eventos vão acontecer uma e outra vez neste universo tangente, a menos que uma ação seja executada, que mude o curso do evento original que causou neste universo tangente. Portanto, se a queda da turbina e a ação fundamental em Donnie sair de casa e escapar da morte foram a causa original, é claro que a morte de Donnie será a única solução para o fechamento do ciclo do tempo, destruindo o universo tangente.

A condição de Estrangeiro de Donnie o fará ter sucessivos estados alterados de consciência (sonambulismo, visões esquizofrênicas, insights etc.) que o fará descobrir que há algo errado não só na sociedade (a opressão escolar, a mediocridade sufocante da vida nas comunidades de subúrbio, a hipocrisia do autor best-seller de autoajuda) como na própria textura da realidade (a estranha tangência entre os universos que pode levar ao fim do mundo).

Donnie também descobre que o plano temporal em que ele vive pode ser revertido e que ele tem poder para fazer isso, isto é, transcender seu plano temporal através de um vórtice e mover-se livremente por outros planos alterando destinos pré-determinados. Após a morte de sua namorada e, mais tarde, da sua mãe na queda de um avião sugado por outra dimensão temporal pela tangência dos universos, Donnie retorna no tempo para a noite em que viu Frank pela primeira vez. Dessa vez Donnie fica no seu quarto e morre na queda da turbina. Um grande sacrifício que Donnie assumirá para que desperte desse de mundo e altere o fluxo temporal – sua namorada e sua mãe irão escapar da morte.

Uma fábula gnóstica

A certa altura do filme, Donnie sai de um cinema onde se lê o título do filme "A Última Tentação de Cristo". O diretor Richard Kelly em entrevistas afirmou que propositalmente procurou um paralelo entre a vida de Cristo e a do protagonista Donnie Darko. Essencialmente, Donnie foi um mártir que procurou em Frank um meio para morrer, assim como o personagem Judas foi para Cristo. Mais do que isso, Donnie, como um personagem estrangeiro, quer ensinar a todos a falsidade e ilusão da sociedade e da própria realidade, como um *constructu* temporal e arbitrário.

Além disso, denuncia todas as formas de consolação ou racionalização da tragédia desse mundo: No filme é mostrado o confronto de Donnie Darko contra o sistema escolar conformista e contra a figura de Jim Cunningham, celebridade e vendedor de livros de autoajuda, adotado como conteúdo programático pela escola. Donnie se insurge contra o simplismo do pensamento de autoajuda (agrupar todos os matizes dos sentimentos humanos entre Amor e Medo) e incendeia a sua casa. A forma como a professora Mr. Monnitoff aborda o método de Cunnigham é de um evidente fundamentalismo religioso.

Semelhante ao que vemos em *Show de Truman* onde se tenta reduzir a melancolia do protagonista ao script freudiano, em *Donnie Darko* procura-se tratar do "problema" do protagonista com sessões de psicoterapia, hipnoterapia e remédios psicotrópicos.

Curiosamente, o filme aborda, também, o simbolismo do coelho, tanto no aspecto esotérico como na perspectiva literária ao aproximar-se com Alice no País das Maravilhas de Lewis Carroll. A melancolia e o tédio de Donnie que criam as circunstâncias que abrem sua consciência para a existência dos múltiplos níveis de realidade se equiparam ao tédio e melancolia de Alice ("em um dia quente que a deixava sonolenta e estúpida") que prefere correr atrás de um coelho branco a "não ter nada para fazer".

Donnie segue as ordens do enigmático coelho que aparece para ele. Em uma dessas sequências a figura do coelho associa-se, ainda, ao complexo simbolismo do espelho. O coelho (Frank) aparece para Donnie no espelho do banheiro da sua casa (Alice Através do Espelho?). Donnie tenta tocá-lo e a superfície manifesta-se flexível, como uma superfície líquida. Esta analogia entre espelho e água frequentemente simboliza a utilização mágica do espelho como instrumento de adivinhação, premonição (o coelho prevê o fim do mundo em um mês). Por outro lado, há uma correspondência direta entre o espelho e a melancolia de Donnie: assim como o espelho reflete as pessoas, o Frank reflete os papéis conformistas da sociedade:

Donnie: Por que você veste essa estúpida fantasia de coelho?

Frank: Por que você veste essa estúpida fantasia de homem?

Em *Donnie Darko*, o olho aparece constantemente pontuando a narrativa como, por exemplo, nos planos em que aparece um pôster no quarto de Donnie. O pôster é muito mais do que um item decorativo, pois há constantes planos de Donnie com o enquadramento aproximando o símbolo ao protagonista - veja foto acima.

Para o Gnosticismo, o olho tem um profundo simbolismo. Segundo Cirlot, a essência do simbolismo do olho está contida num dito do filósofo romano Plotino, segundo o qual "nenhum olho está capacitado a ver o Sol enquanto, de certa maneira, não for ele mesmo um sol". Dado que o Sol é fonte de luz, e que a luz é símbolo da inteligência e do espírito, deduz-se que o processo de ver representa um ato do espírito e simboliza o conhecimento. Mantido aprisionado no mundo material, mantém-se cego necessitando ser aberto pela gnose.

O olho deve ser aberto para revelar o "homem interior", a centelha de Luz, a parte da alma que mantém contato com o mundo superior. Faz parte do dualismo platônico que vê a alma dividida em duas partes: a que mantém contato com os reinos das Ideias e a parte que contata o mundo físico. Da mesma maneira, o simbolismo do olho seria dotado da mesma dualidade. Para o Gnosticismo, os olhos podem simbolizar, de um lado, a visão interior, a iluminação; do outro, a ilusão: os olhos enganam, criam ilusões, aceita o mundo como um dado perceptivo.

11
"O Advogado do Diabo": um anjo caído apresentou o fruto do Conhecimento

CosmoGnóstico
Temas: Deus como um Demiurgo, Diabo e o Romantismo
Diretor: Taylor Hackford
Roteiro: Jonathan Lemkin
1997

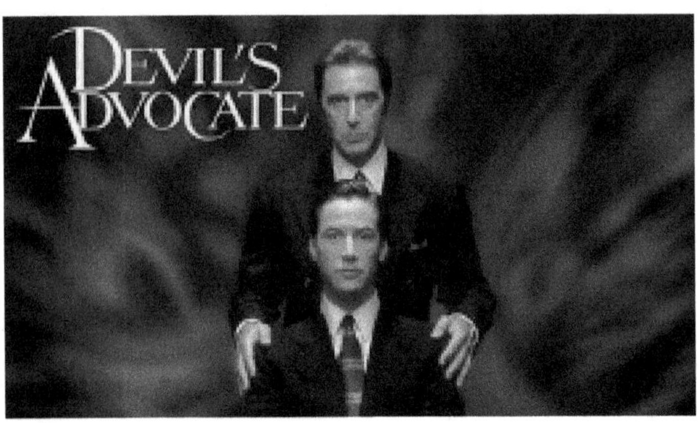

Apesar de flertar com temas místicos e espirituais não ortodoxos, Hollywood ainda precisa manter as convenções dos gêneros cinematográficos. Um dos exemplos dessa dualidade vivida pelo cinema comercial é o filme "O Advogado do Diabo" (Devil's Advocate, 1997) onde o diretor Taylor Hackford tenta inserir uma visão mais matizada e ambígua da figura do Diabo em meio aos tradicionais clichês satânicos reforçados por efeitos de computação gráfica. Através da inesquecível performance de Al Pacino, o filme nos apresenta uma sutil visão do Diabo como uma figura prometeica, um anjo caído e condenado pelo Criador por ter apresentado ao homem o fruto do conhecimento.

O ano é 1997. Na segunda metade dessa década Hollywood vive uma espécie de guinada metafísica. Desde *Dead Man* (1995) do diretor Jim Jarmusch, um western místico onde as religiões institucionalizadas são ridicularizadas, roteiristas e produtores começam a flertar com temas e abordagens místicas ou espirituais não ortodoxas, tal como o gnosticismo. Nesse ano estão em produção *Show de Truman* e *Cidade das Sombras* (lançados no ano seguinte) e o filme Matrix está sendo gestado pelos irmãos Waschowski. Esses filmes fazem parte de uma tendência cinematográfica da época repletas de temas, arquétipos e simbolismos religiosos, mas com uma abordagem mística e gnóstica.

Também, nesse ano é lançado o filme *O Advogado do Diabo* dirigido por Taylor Hackford, adaptação do livro de Andrew Neiderman. Se no livro há uma ambiguidade fundamental em relação ao personagem principal (não sabemos se ele é um louco ou a própria encarnação do Diabo, ambiguidade resolvida no monólogo final), no filme percebe-se uma ambiguidade de outra natureza: o conflito entre as convenções do gênero terror/suspense imposta pelos produtores em apresentar o Diabo na tradicional visão judaico-cristã e a adaptação ao livro que procura apresentar esse personagem de uma forma mais matizada – uma visão alternativa do Diabo, própria da literatura do Romantismo que o via como uma figura prometeica, um anjo caído e condenado pelo Criador por ter apresentado ao homem o fruto do conhecimento.

Mas antes, vamos relembrar o plot do filme. Kevin Lomax (Keanu Reeves) é um jovem advogado da Flórida cuja visão dos tribunais não é a de um espaço de justiça, mas de luta: é ganhar ou perder. E ele nunca perde, criando uma fama de invencibilidade entre os advogados e juízes locais. Sua vaidade e ambição chama a atenção de John Milton (Al Pacino), um advogado dono de uma grande firma de advocacia global sediada em Manhattan. Ele é o Diabo em pessoa, dessa vez vindo à Terra como um advogado ("é a profissão do século XXI", justifica-se a certa altura) e assiste à performance de Kevin em um tribunal para, depois de mais uma vitória, seduzi-lo com fama e poder. Convida-o, junto com sua esposa, a morar em Nova York em um luxuoso apartamento e fazer parte da sua empresa como seu aprendiz e braço direito.

A cena do primeiro encontro entre Milton e Kevin na cobertura de um arranha céu em Nova York é de um visual impactante. Com seus olhos agitados e língua ferina, Milton faz a promessa de ter o mundo aos seus pés (para o Diabo, a vaidade é o pecado que mais lhe agrada no homem). Cena fundamental na narrativa, pois faz lembrar a forma como o Diabo tenta Jesus no deserto relatado pela Bíblia: "Então o diabo o transportou à cidade santa, e colocou-o sobre o pináculo do tempo" (Mateus 4:6).

O jovem advogado está impressionado. Assim, num primeiro momento, é sua esposa Mary Ann (Charlize Theron), que não acredita quando Milton oferece-lhes um luxuoso apartamento de três quartos na Quinta Avenida. Apenas a sua mãe, sempre citando a Bíblia a respeito de Sodoma, Gomorra e outras palavras-chave que surgem na mente quando Manhattan é mencionada, tem suas sérias dúvidas. Na medida que o filme avança, as suspeitas da sua mãe parecem se tornar cada vez mais sólidas.

Lomax se torna obcecado com seu trabalho, ignorando sua esposa e aproximando-se uma mulher sexy no escritório (Connie Nielsen). E a esposa, obcecada por ter um bebê, começa a se desfazer psicologicamente. Ela tem a primeira visão sobrenatural do filme, quando vê um demônio se materializar no rosto e no corpo de um vizinho (Tamara Tunie). Logo ela implorará para voltarem à Gainesville, sua cidade natal na Flórida.

O caráter satânico é interpretado por Pacino com prazer e alegria. Reeves, em contraste, é sóbrio e sério - o homem reto, porém dividido entre a ambição e vaidade e a necessidade em se dedicar à sua esposa e a vida conjugal.

Com o desenrolar do filme, logo saberemos que o Diabo/Milton tem um sério plano de natureza cósmica que envolve a sua batalha contra Deus, e Kevin Lomax tem um papel chave nesses sinistros planos. "Adoro as paixões e os defeitos humanos. Eu sou talvez o último humanista. O século XX foi inteiramente meu. E estou apenas esquentando!", diz Milton entre suas melhores linhas de diálogo.

O Diabo e o Romantismo

Assistindo ao "Advogado do Diabo", fica claro a oposição entre os clichês hollywoodianos sobre o demônio (reforçado com muitos efeitos de computação gráfica) e uma visão ambígua e mais matizada, ao estilo da literatura do Romantismo do século XVIII-XIX.

Figuras como Lord Byron, Baudelaire, Goethe, Giosuè Carducci entre outros ofereceram a visão do Diabo como uma figura romântica do pensamento independente, do prazer e defensor do progresso e do desenvolvimento do potencial humano.

Essa caracterização do Romantismo é extraída de uma interpretação alternativa da mitologia judaico-cristã: Satanás é um anjo caído que foi expulso do céu por seu orgulho e por ter dado o dom do conhecimento para o homem. Dessa maneira a figura bíblica de Satanás aproxima-se bastante da figura mitológica de Prometheus - que foi punido por Zeus por dar ao homem o dom de fogo.

Por isso a literatura romântica é considerada como mais um dos renascimentos do gnosticismo ao longo da História. Os antigos gnósticos inverteram a narrativa hebraica da Criação, vendo a divindade como um deus menor, um Demiurgo egoísta que queria que o homem permanecesse ignorante das suas origens divinas no Pleroma. No Paraíso, a serpente teria, na verdade, dado secretamente ao homem o conhecimento da divindade, sendo depois ambos punidos pelo Demiurgo. Essa relação gnóstica entre o Diabo e conhecimento fica claro nesses versos do poeta romântico francês Baudellaire:

> *Glória e louvor a ti, Satã, lá nas alturas do Céu onde reinaste, e nas furnas escuras do Inferno, onde vencido, sonhas silencioso. Sob a Árvore da Ciência, um dia, que o repouso minha alma encontre em ti quando na tua testa seus ramos expandir qual novo templo em festa. (BAUDELAIRE, Charles. "A Ladainha de Satã", in: Flores do Mal)*

A ambiguidade de 'O Advogado do Diabo'

Por que Satanás vem ao mundo como advogado? O escritório de advocacia de John Milton tem um objetivo bem claro revelado ao longo do filme: absolver sistematicamente todos os corruptos do mundo "até que o cheiro da merda chegue até lá em cima onde Deus se encontra", diz Milton no monólogo final. Seu discurso não é delirante. Tem uma lógica interna própria daquele que pretende explicitar todo o Mal presente no mundo diante de um Deus, segundo ele, indiferente que apenas olha e ri de tudo.

É uma lógica irônica onde o Diabo através das chicanas jurídicas permitidas pelo sistema pretende revelar o Mal não apenas presente no ser humano, mas que faz parte da própria Criação. A imperfeição do próprio cosmos divino. A ambição e vaidade de Kevin Lomax, um advogado caipira com forte sotaque sulista, é apenas um pobre diabo perdido nesse mundo. John Milton pretende utilizá-lo em um projeto muito maior que é esgotar a Criação pelo excesso, através do paroxismo da lógica do sistema.

Esse é o Diabo do Romantismo sutilmente presente no filme, por baixo de camadas e mais camadas de efeitos especiais que transformam a poderosa corporação de Milton em uma espécie de sucursal do Inferno cristão - certamente um clichê imposto pelas convenções do gênero hollywoodiano.

12

"Noé":
a serpente do Paraíso rouba a cena

CosmoGnóstico
Temas: Éden, Demiurgo, Mal, Evangelhos Apócrifos Gnósticos.
Diretor: Darren Aronofsky
Roteiro: Darren Aronofsky e Ari Handel
2014

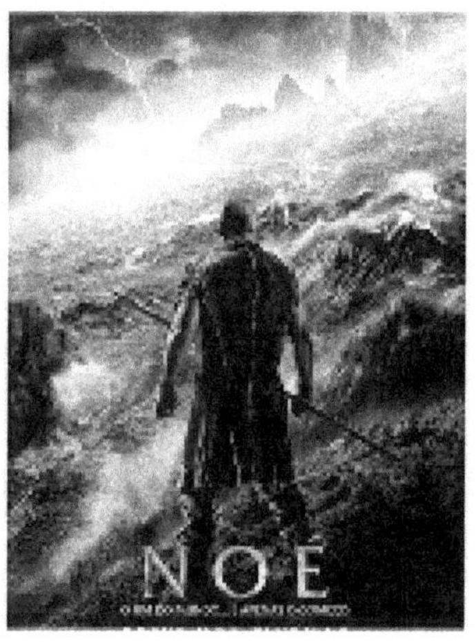

No livro bíblico do Gênesis, a história da arca de Noé tem apenas três páginas. Conhecendo o senso hollywoodiano de espetáculo e a inclinação de Darren Aronofsky em explorar complexas simbologias místicas e esotéricas, era de se esperar que o filme "Noé" (Noah, 2014) não fosse um thriller bíblico nos moldes de "Os Dez Mandamentos". Pelo contrário, Aronofsky subverte o famoso personagem bíblico através de uma releitura gnóstica e cabalística. O diretor não só abandonou a Bíblia como transformou a Serpente do Jardim do Éden no personagem principal, trazendo para as telas a antiga versão gnóstica do mito do Paraíso, sob uma embalagem atual política e ecologicamente correta.

Quem conhece a obra do cineasta Darren Aronofsky, sabe que se pode esperar de seus filmes profundos simbolismos místicos e esotéricos. Foi assim em filmes como Pi (um thriller cabalístico onde um gênio matemático procura uma constante numérica universal), Cisne Negro (fábula gnóstica sobre a exploração da luz interior humana por um demiurgo representado pelas exigências mercadológicas de uma companhia de balé) e Fonte da Vida (uma jornada de elevação espiritual através de complexos simbolismos gnósticos e alquímicos).

Com o filme *Noé* (*Noah*, 2014) não poderia ser diferente. Porém, desta vez Aronofsky saiu do campo dos dramas seculares traduzidos por simbolismos para entrar em uma narrativa bíblica fazendo uma releitura paradoxalmente sem referência à Bíblia: Aronofsky fez uma subversão flagrantemente gnóstica e cabalística do famoso personagem bíblico.

Em termos mais diretos, enquanto os líderes cristãos fizeram um grande esforço para endossar uma versão cinematográfica de um herói bíblico ("pelo menos Hollywood está fazendo algo pela Bíblia...", muitos elogiavam) Aronofsky não só abandonou a Bíblia como transformou a serpente do Paraíso como o personagem principal (a palavra "Deus" nem é citada, substituída pelo ambíguo termo "Criador") e Noé como literalmente o portador da semente da serpente. Para os gnósticos ela não seria a responsável pelo pecado e danação, mas, ao contrário, a portadora da Verdade e da Luz.

A questão do filme *Noé* é que esta subversão gnóstica foi encoberta por uma embalagem política e ecologicamente correta como, por exemplo, na aparente divisão entre os bons (um Noé vegetariano, querendo salvar a inocência dos animais da maldade humana) e os maus (o carnívoro rei Tubal-Caim e seus asseclas que acreditam que tudo o que existe no planeta é para o homem dominar e explorar numa economia extrativista).

Sem falar na forma como durante o filme Noé, de visionário e profeta, vai aos poucos se transformando em um louco homicida quando abandona a namorada do filho Ham à morte e quase mata duas crianças recém-nascidas a bordo da arca com a ideia fixa (supostamente ordenada pelo "Criador") de que a espécie humana deveria ser eliminada da face da Terra para garantir a "inocência" das espécies vivas.

Curiosamente a ideia de Noé se assemelha a de grupos atuais que unem fundamentalismo ecológico com o religioso como a chamada "Igreja da Eutanásia" nos EUA cujo lema é "salve o planeta, mate-se": suicídio, aborto, canibalismo e sodomia seriam as únicas formas de salvar o planeta do desastre ecológico ao evitar a procriação da raça humana, considerada o verdadeiro parasita da Terra.

A subversão de Aronofsky

Mas voltemos à subversão simbólica de Aronofsky. A primeira cena que chama a atenção em Noé é a representação de Adão e Eva como dois anjos luminescentes. Aqui o filme inicia a mistura entre gnosticismo e cabala (essencialmente uma forma judaica do gnosticismo). Compare o Éden mostrado no filme com esses trechos, o primeiro do livro "Contra as Heresias" de Irineu de Lião onde cita uma descrição feita no século II por uma seita gnóstica e o gnosticismo judaico de Adolphe Franck do século XIX:

> *"Adão e Eva foram criados a partir da luz, eram luminosos, por assim dizer, corpos espirituais, tal como foram criados. Mas quando chegaram aqui, os corpos se tornaram escuros, gordos e ociosos"* (LIÃO, Irineu de, 1995, I, 30, 9).

> *"Quando nosso pai Adão habitou o Jardim do Éden, ele estava vestido, como todos estão no céu, com uma roupa feita de luz superior. Quando ele foi expulso do Jardim do Éden e foi obrigado a submeter-se às necessidades deste mundo, o que aconteceu? Deus, as Escrituras nos dizem, fez para Adão e sua esposa túnicas de pele e os vestiu; mas antes disso eles tinham túnicas de luz, da maior luz usada no Éden ..."* (FRANCK, Adolphe, 2008, p.208).

O universo do filme é essencialmente gnóstico no confronto entre o mundo superior, espiritual e luminoso e o mundo terrestre inferior, com anjos decaídos cuja luz foi confinada na carne material ou na lava endurecida como os intrigantes personagens dos "Vigilantes", espécies de Transformers gnósticos.

Para entender o importante papel que os Vigilantes e os nossos pais luminescentes vão desempenhar para a entrada em cena da Serpente do Éden como o fio condutor de Noé, temos que entender como o Gnosticismo interpreta o mito do Paraíso.

A interpretação gnóstica do Éden

Para o "Evangelho Apócrifo de João" o Paraíso foi uma construção deliberada pelo Demiurgo. Criou um jardim aparentemente cheio de belezas e delícias e colocaram Adão no meio dele como um prisioneiro. Isso foi uma resposta contra o espírito de Sophia que entrara no corpo do falso homem criado pelo Demiurgo (uma cópia imperfeita de Anthropos, o arquétipo do homem celestial) e deu a ele a verdadeira humanidade e vida. Colocou-se em pé e passou a caminhar circundado por uma luz não terrestre.

Em represália o Demiurgo o prendeu no Paraíso, seduzido pelos aparentes prazeres do jardim terrestre. Na verdade, os frutos eram amargos e a sua beleza perversão. Também colocou uma árvore no centro desse jardim, contendo a vida dele, e proibiu de comer o seu fruto: disse a Adão que a árvore havia surgido das trevas e seu fruto seria venenoso. Dessa forma, impediram Adão de conhecer a Verdade.

Mais uma vez Sophia veio em socorro do homem. Em colaboração com os poderes mais altos da Plenitude, enviou para Adão um auxiliar, uma mulher conhecida por Eva. Na verdade, essa "mulher" seria uma forma espiritual (em forma de serpente) que penetrou em Adão e se manteve escondida sem que os Arcontes percebessem sua presença. Dessa forma, instruiu Adão a comer o fruto da árvore proibida.

A continuação dessa narrativa do gênesis é bem diferente do relato canônico bíblico. Descoberta, Eva é "criada a partir da costela de Adão" (na verdade ela foi retirada de dentro de Adão pelos raivosos arcontes quando descobriram que foram enganados) para ser aprisionada e violentada pelos regentes. Desse ato surgem os filhos Caim e Abel. Ao descobrir o que se sucedera, Adão gera um filho com o nome de Seth com inclinação para o espírito, tornando-se, ao longo da história, o símbolo para aqueles que buscam a Gnose.

A Serpente rouba a cena

Nitidamente em Noé os Vigilantes lembram os aeons (vemos a chegada deles no planeta como anjos luminosos) que vêm secretamente ajudar o homem. No filme explica-se que ao serem descobertos pelo "Criador", são castigados e suas luzes confinadas em um corpo de lava escura endurecida, correspondendo à releitura gnóstica do mito do Paraíso.

Aqui encontramos uma nova fusão com a cabala. Vemos como os Vigilantes são redimidos (retornam aos céus como um feixe de luz no final da missão de auxiliar Noé a construir a arca). O curioso é que seus nomes (Semyaza, Magog e Rameel) correspondem aos nomes dos demônios da tradição judaica. Na cabala, nada é absolutamente ruim, nem mesmo o mais maligno dos arcanjos ou a pior das feras – chegará um momento em que recuperará a sua natureza angelical.

Outro detalhe é que a palavra "Deus" jamais é dita. Sua substituição pelo termo "Criador" é sintomática: para o Gnosticismo esse termo designa o Demiurgo ou Yaldabaoth, uma divindade arrogante, ignorante, prepotente, ciumenta e vingativa. Filho bastardo de uma divindade de baixo nível, foi o responsável pela construção do mundo material e por ser tão ignorante do mundo espiritual, se imagina como o único Deus.

Tanto Noé quanto Tubal-Cain adoram o mesmo "Criador", pedem respostas e têm apenas o silêncio dos céus. Aqui percebemos que o suposto conflito entre o bem e o mal hollywoodiano se dilui em uma mensagem perturbadora para quem esperava uma leitura estritamente bíblica: a serpente sempre teve razão, ela representa o verdadeiro divino e as alegações do "Criador" são falsas por tentar esconder a própria divindade humana.

Logo no início do filme vemos Lameque, o pai de Noé, tentando abençoar seu filho. Ele retira uma relíquia sagrada: a pele da serpente do Jardim do Éden. Ele envolve-a em torno do seu braço, ilumina-se e estende a mão para tocar seu filho quando a cerimônia é interrompida por um grupo de saqueadores. Lameque é morto e o líder Tubal-Cain rouba a relíquia, mas com ele a pele não tem o mesmo efeito luminescente.

Muitos críticos observam que não há nenhum personagem simpático: Tubal-Caim é duro, violento e imoral, enquanto Noé é tão duro consigo mesmo que aos poucos vai se tornando o mesmo com sua própria família a ponto de quase se tornar um louco homicida. E todos adorando o mesmo "Criador" e sem a ação "iluminadora" da pele da serpente.

Como o próprio diretor Aronofsky declarou em entrevistas "Noé está adorando um falso Deus, maníaco e homicida. Quanto mais Noé é fiel e "piedoso", mais homicida ele se torna. Ou seja, a cada momento ele se torna a imagem e semelhança do "Criador", assim como o seu rival Tubal-Caim" (veja MATTSON, Brian, 2020).

O interessante é que não há um esperado arco-íris (o símbolo da aliança entre Deus e o Homem), mas a iluminação por meio da pele da serpente: após a cena em que Noé se embebeda com vinho, deitado nu na praia e coberto por uma túnica pelos seus filhos recebe de Ham a pele da serpente. Ele consegue do seu próprio filho a benção que ele jamais conseguiu de seu pai. Nesse momento seu rosto se ilumina pelo Sol. Está sóbrio e chora. Ele parece transcender e superar aquela divindade homicida e ciumenta.

Em suma, a Paramount Pictures pregou uma peça aos espectadores incautos e, principalmente, católicos que não conhecem a obra de Darren Aronofsky. Assistindo ao trailer do filme, parece que estamos diante de mais uma produção com tema bíblico. Em verdade, Aronofsky criou um verdadeiro cavalo de Troia cuja embalagem política e ecologicamente correta faz o pesado simbolismo gnóstico-cabalístico descer goela abaixo de forma suave como entretenimento.

13

"Brilho Eterno de uma Mente sem Lembranças": a mente prisioneira no sono do esquecimento

Psicognóstico
Temas: Tecnognosticismo, Esquecimento, Demiurgo
Diretor: Michel Gondry
Roteiro: Charlie Kaufman
2004

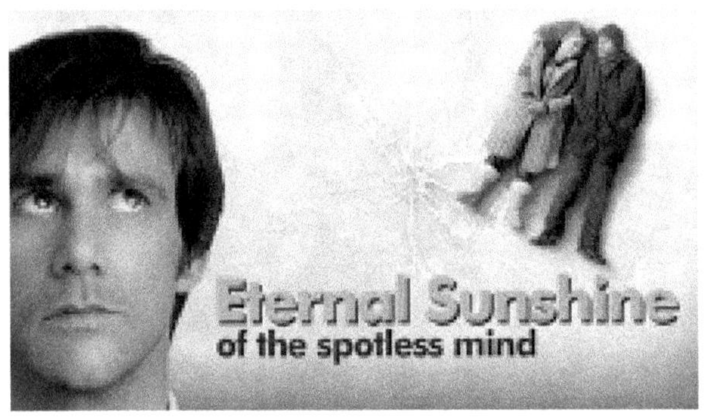

Um marco entre os filmes gnósticos. Se Matrix se tornou um clássico no Gnosticismo pop onde o homem é prisioneiro em um cosmos simulado por máquinas, no filme "Brilho Eterno de Uma Mente Sem Lembranças" (2004) temos uma mudança nas representações do Gnosticismo no cinema: agora o homem é prisioneiro em um mundo interno, a própria mente, através do sono do esquecimento induzido por uma tecnociência demiúrgica. "Brilho Eterno" é profético em relação ao novo século que então se iniciava ao fazer uma crítica às chamadas tecnologias do espírito (autoajuda, neurociências etc.) e a sua popularização através da cultura Prozac que promete deletar nossas inquietações (sonhos e memórias) por meios de recursos fármacos e neurocientíficos para, em troca, nos proporcionar a paz dos cemitérios.

A o lado do filme *Vanilla Sky* (2001), o filme de Michel Gondry, *Brilho Eterno de Uma Mente Sem Lembranças* (*Eternal Sunshine of the Spotless Mind*, 2004), é um marco na história dos filmes gnósticos. Esses dois filmes representaram o fim do que chamamos modelo Matrix de Gnosticismo pop: o mundo ilusório no qual o protagonista se encontra aprisionado é mais uma simulação tecnológica perfeita produto de um Demiurgo computacional como em *Matrix* (1999), aliens como *Cidade das Sombras* (*Dark City*, 1998) ou um diretor de TV como em Show de Truman (1999); a partir de *Vanilla Sky* e *Brilho Eterno* vemos o protagonista preso em um mundo interior devido a alguma desordem neurológica ou psíquica, conflitos interiores, alucinações ou sonhos.

Se no modelo Matrix de Gnosticismo pop já era colocado a necessidade da gnose através de uma busca interior ou reforma íntima para conseguir superar a ilusão aprisionadora, agora a partir de filmes como *Brilho Eterno*, esse mergulho interior passa a ser mais profundo, demonstrando que a prisão começa a partir dos próprias bloqueios psíquicos como traumas, ressentimentos e angústias.

E o roteiro de Charlie Kaufman vai explorar dois temas importantes para o Gnosticismo relacionados com o tempo: a memória e o esquecimento.

Para o gnosticismo o tempo é engano, mistificação, alienação e mentira. Dentro da cosmologia criada pelo demiurgo o homem é um prisioneiro do tempo. O tempo pertence ao mundo material, enquanto o mundo superior é atemporal. O gnóstico aspira ser liberado do tempo, libertar-se da fatalidade que reina nesse cosmos, a fatalidade do tempo que passa e nos faz esquecer, eliminando a duração. Por isso o Demiurgo quer acelerar o tempo e o esquecimento, contra os quais os protagonistas de *Brilho Eterno* lutam para que suas memórias durem e possam, com isso, libertarem-se.

O Filme

Joel Barish (Jim Carrey) é um homem introvertido e Clementine Krucznsky (Kate Winslet) é a namorada impulsiva e com espírito livre. Eles são inexplicavelmente atraídos um pelo outro apesar das suas diferentes personalidades.

Eles não sabem, mas foram namorados, separados após dois anos juntos. Após uma discussão, Clementine teve suas memórias desta relação apagadas voluntariamente de sua mente após se submeter a um revolucionário processo de apagamento mental de uma espécie de *startup* tecnológica chamada Lacuna Inc. Joel ficou arrasado ao encontrar-se com Clementine e perceber que ela não lembra mais dele. Como vingança também se submete ao mesmo procedimento de apagamento de memórias. No entanto, embora inconsciente durante o processo, Joel decide manter suas memórias de Clementine.

A partir desse ponto, grande parte da narrativa ocorre dentro das memórias de Joel onde tenta encontrar uma maneira de preservar suas memórias de Clementine enquanto os dois técnicos da Lacuna Inc., Patrick (Elijah Wood) e Stan (Mark Ruffalo), tentam apagar as memórias.

Em um brilhante exercício narrativo, assistimos as memórias sobre a história de Joel e Clementine sendo contadas em sentido inverso. As memórias são lentamente apagadas enquanto Joel tenta de tudo para resistir ao processo, escondendo-se cada vez mais no interior de sua mente.

Os técnicos da Lacuna Inc. revelam-se mais do que personagens periféricos: seus relacionamentos demonstram os danos potenciais que podem ser causados pelo procedimento de apagamento das memórias. Mary (Kirsten Dunst), recepcionista da empresa, teve um caso com o médico, o Dr. Howard Mierzwiak (Tom Wilkinson), inventor do procedimento e dono da Lacuna Inc. Ela concordou em ter as memórias desse relacionamento apagadas depois que a esposa de Mierzwiak descobriu o relacionamento. Patrick, que é solitário e socialmente inepto, torna-se obcecado por Clementine e usa os arquivos das memórias apagadas de Joel com a finalidade de seduzir Clementine. Estas disputas românticas acabam tendo um efeito crítico sobre a história principal do relacionamento entre Joel e Clementine.

O sono do esquecimento

O tema geral do filme é a Memória. Voluntariamente os personagens utilizam os serviços da Lacuna Inc. para apagar suas memórias para poderem seguir em frente nas suas vidas, sem o peso emocional (rancor, raiva, tristeza, saudades etc.) de fracassos de relações amorosas do passado. Apesar do esquecimento produzido por uma intervenção técnica, Clementine e Joel sentem o mal-estar dos buracos existentes em suas memórias. Estes buracos são experimentados ou como melancolia (Joel não escrevia diários porque, para ele, sua vida apenas produziria páginas em branco) ou como paranoia.

No Gnosticismo, o sono do esquecimento é o principal recurso que o Demiurgo lança mão para aprisionar o homem em seu cosmos, no filme representado pelo Dr. Mierzwiack (Tom Wilkinson), proprietário da Lacuna Inc. e cientista desenvolvedor da técnica de apagamento de memórias.

Tal qual na mitologia gnóstica, o Demiurgo aprisiona o homem dentro de um cosmos artificialmente criado com o objetivo de manter em seu mundo as partículas de Luz, partículas emanadas do Pleroma e contidas no ser humano. Mierzwiack não apenas apaga as memórias de seus clientes como as mantém arquivadas em seu poder (fitas gravadas, objetos pessoais, cartas, presentes etc.). O Demiurgo também induz o homem ao "sono do esquecimento" – no filme, metaforicamente representado na sequência onde Mierzwiack aplica mais uma injeção com drogas na tentativa desesperada de Joel acordar e interromper o processo de apagamento das memórias.

Stan, Patrick, os técnicos auxiliares do Dr. Mierzwiack e Mary (recepcionista da Lacuna Inc.) são os Arcontes. Tal como na mitologia gnóstica, são personagens que maliciosamente induzem e tentam manipular os personagens, induzindo-os ao "sono do esquecimento". Mas, como Demiurgos que se consideram as únicas divindades do cosmos, tornam-se inebriados com o seu poder. Stan e Patrick perdem os freios éticos. Patrick rouba os arquivos das memórias apagadas de Clementine para tentar seduzi-la. Durante a noite, no apartamento de Joel, enquanto colocam o computador que opera o apagamento das memórias no automático, Patrick e Stan fumam maconha e esvaziam a garrafa de uísque do armário da cozinha.

O personagem de Clementine atende a diversas características de Sophia das narrativas míticas gnósticas. Ela entra na vida de Joel para tirá-lo de uma espécie de condição letárgica ("minha vida não daria uma página de diário") que é ainda reforçada pelo sono induzido pelos técnicos da Lacuna Inc. Embora introvertido e contido, é inexplicavelmente atraído pela impulsividade e inconsequência de Clementine. Em vários momentos da narrativa, ela exorta Joel para que "acorde" ou "faça o seu melhor" para que as memórias sejam mantidas a salvo do processo de apagamento.

As demiúrgicas tecnologias do espírito

Outro aspecto neste filme é o da crítica às tecnologias do self ou as "tecnologias do espírito" no sentido dado pelo francês Lucien Sfez: uma secreta aliança com as novas tecnologias computacionais ao comparar o psiquismo humano a um software, o cérebro a um hardware e a interioridade humana como uma máquina expressiva governada pelo mesmo princípio das redes telemáticas: rede, paradoxo, simulação e interação. Estas "tecnologias do Eu" chegam na crista da onda eufórica em relação à Internet e às tecnologias computacionais e de simulação (SFEZ, Lucien, 1996).

A produção do filme é do começo da primeira década desse século, logo após a quebra da Nasdaq, das empresas "ponto com" e de toda uma ressaca após a panaceia que cercava a Internet e as tecnologias informáticas no final do século XX. Aparentemente, as críticas em relação às tecnologias do espírito nos filmes gnósticos pós-2000 se alinham ao refluxo desses sonhos utópicos tecnocientíficos, isto é, filmes que começam a demonstrar a falácia das tecnologias de autoajuda ou de autoconhecimento (*Beleza Americana, Donnie Darko, Quero Ser John Malkovich* etc.).

A técnica "revolucionária" da Lacuna Inc. é uma mordaz crítica ao principal delírio digital de todos os cientistas e filósofos cibernéticos: a metáfora do ser humano como máquina que só precisaria de lubrificantes, combustível e, ocasionalmente, a troca de peças danificadas ou ineficientes, como as memórias, no caso do filme Brilho Eterno.

O brilhante roteiro de Charlie Kaufman faz uma crítica ao mesmo tempo cínica e precisa da cultura Prozac (medicamento que parece prometer uma cirurgia plástica mental) que vê com naturalidade tanto a supressão como o controle farmacológico de emoções como o amor, ódio, ciúmes, vingança etc. Mas como sempre se deparam com problemas como os sonhos, a memória e a linguagem.

Na medida em que pretendem aproximar o funcionamento da mente ao modelo cibernético da programação do computador, as tecnologias do espírito pretendem transformar todo o processo mental em termos de um fluxo de informações como input, output, feedback e homeostase. Nesse paradigma, as memórias passam a ser disfuncionais, pois causam dor, arrependimento e reflexão, pedras freudianas no sapato das ciências neurocientíficas que continuam a receber vultosas somas de investimento para suas pesquisas. Pesquisas que acabam gerando subprodutos populares como o Prozac, formas de esquecimento rápidas para acalmar as turbulências da alma.

As tecnologias do espírito seriam a última arma demiúrgica para impor a todos o sono do esquecimento: deletamos cientificamente nossas inquietações para em troca recebermos a paz do cemitério.

14

"Uma Aventura Lego":
o evangelho gnóstico infanto-juvenil

CosmoGnóstico
Temas: Gnose, Demiurgo, Cristo, Evangelho Apócrifo
Diretor: Phil Lord, Chistopher Miller
Roteiro: Phil Lord, Chistopher Miller
2014

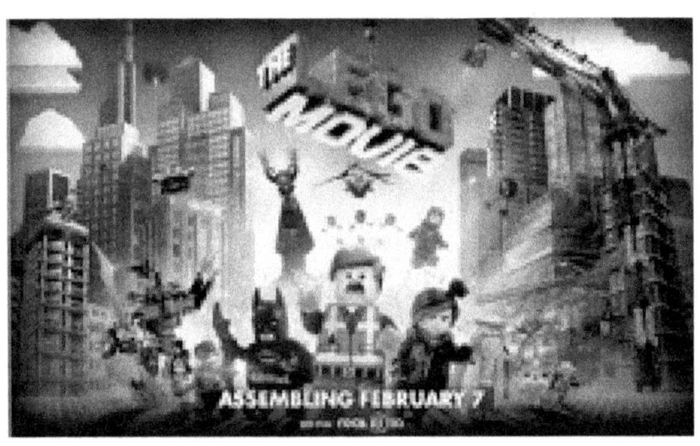

Por trás da inocência de uma animação infantil podem estar antigas mitologias que ainda repercutem em nossos corações e mentes. "Uma Aventura Lego" ("The Lego Movie", 2014) já foi interpretado como uma grande comercial de 100 minutos do brinquedo Lego ou uma sátira metalinguística da cultura pop atual que faz uma mistura maluca de "Matrix", "Toy Story" e "Os Simpsons". Mas na verdade é um evento religioso: um evangelho gnóstico pop onde é apresentada uma crítica mordaz às noções de Verdade, Deus e Salvação. Um tirano controla todos os mundos Lego passando-se como o único construtor daquele universo. Mas a resistência secreta formada pelos "mestres construtores" sabe que "o cara lá de cima" enviará um Salvador: Emmet, um operário comum com a cabeça tão vazia que, somente ele com seu "silêncio" interior, poderá ouvir a voz da Verdade.

Com as férias escolares esse humilde blogueiro tem a oportunidade de acompanhar os filhos ao cinema e exposições assistindo a uma série de curtas e animações. E assistindo a esse conjunto de audiovisuais não dá para passar despercebido como cada vez mais produções atuais voltadas, a princípio, para o público infanto-juvenil são baseadas em argumentos filosóficos e/ou místicos.

Uma Aventura Lego (*The Lego Movie*, 2014) é mais um exemplo desse mix de entretenimento com viés gnóstico que, de início, parece ao espectador como alguma coisa entre o non-sense e o surreal. A melhor primeira impressão que a animação pode passar foi dada por Susan Wlosczyna no site de crítica de cinema Roger Ebert. com: "imagine Toy Story feito por Mel Brooks depois de comer cogumelos mágicos enquanto lia 1984 de George Orwell".

Essa surreal animação digital em 3D pode ser interpretada inicialmente de duas formas: ou é um gigantesco comercial de 100 minutos dos blocos de montar Lego, ou então uma brincadeira metalinguística da atual cena pop cultural da qual o brinquedo Lego faz parte, assim como grandes ícones como super-heróis, Coca-Cola, filmes de faroeste, Starwars etc.

Mas há algo mais: *Uma Aventura Lego* faz uma sátira subversiva sobre a alienação resultante do conformismo e a submissão a rígidos papeis sociais, exaltando o poder da imaginação e da individualidade. Mas uma animação de 100 minutos não consegue ser bem-sucedida apenas com boas gags, perseguições de carros e naves espaciais em estilo *slapstick* e alusões constantes a ícones da cultura pop.

Longas, curtas e animações devem também explorar antigas simbologias e mitologias para terem algo a dizer aos nossos corações e mentes. E no caso de Uma Aventura Lego, além da sátira sociológica o filme está carregando de relevantes temas gnósticos, mas principalmente a cosmologia gnóstica e a gnose.

Seguindo a comparação com *Toy Story* sugerida acima, podemos dizer que se na animação da Pixar os brinquedos já possuem o conhecimento da sua condição de terem um dono, em *Uma Aventura Lego* acompanhamos o lento despertar da autoconsciência dos bonecos legos: o despertar da gnose que levará à descoberta da existência "do cara lá de cima", a quem constantemente se referem os personagens.

O Filme

Um velho profeta sábio chamado Vitruvius (Morgan Freeman) é derrotado por um vilão com interesses corporativos chamo Sr. Negócios (Will Ferrell), que lhe toma a super-arma do mal chamada Kragle (na verdade um tubo de cola). O vilão planeja literalmente colar todas as peças para que a espontaneidade e a individualidade não estraguem a sua criação, os diversos mundos construídos com blocos Lego – Cidadópolis, Velho Oeste, Zelândia Média, Terra dos Vikings, Piratas, Cavaleiros etc. Mas antes da derrota Vitruvius anuncia uma profecia: um dia aparecerá o "Especial", aquele que libertará todos os mundos Lego da tirania.

E o Salvador Especial é Emmet, um boneco operário comum da construção civil que tem nos manuais de instruções as regras claras que deve seguir para que tudo funcione perfeitamente: os carros estacionem ao mesmo tempo, todos se cumprimentem com um sorriso no rosto, um mesmo episódio de série de TV seja repetido diariamente e continue tendo graça e assim por diante.

Emmet não sabe que é o Especial, mas no final de mais um dia igual a todos conhecerá Megaestilo (Elizabeth Banks), militante dos "mestres construtores" que fazem resistência ao tirano – eles querem o direito de construir livremente. Emmet fica sabendo a profecia e começa a acreditar que, afinal, apesar de limitado deve ter algum poder especial.

Em uma mistura maluca de *Matrix*, *Toy Story* e *Os Simpsons*, o ritmo é intenso com lutas e perseguições onde impressiona o cuidado com os detalhes – até as ondas, fumaças e nuvens são feitos em tijolinhos Lego. A técnica é animação em 3D que simula *stop motion*.

Na medida em que o filme avança, acumulam-se alusões de que não estamos diante de uma animação qualquer: o profeta sábio e cego; os diversos mundos onde um não sabe a existência do outro, separados por cenários com instruções estritas de não poderem ser ultrapassados; a questão sobre quem é "o cara lá de cima" que teria escolhido Emmet para ser o Salvador; o treinamento de Emmet para esvaziar sua mente (no caso dele seria mais fácil por ser praticamente um Homer Simpson) para, dentro de si, encontrar uma conexão com "o cara lá de cima"; o Sr. Negócios que supostamente teria criado tudo, mas é questionado pelos mestres construtores que acreditam que há "o cara lá de cima" superior a ele.

Lego Gnóstico?

Grosso modo, o Gnosticismo foi um conjunto de seitas e escolas iniciáticas do início da Era Cristã que se opuseram ao Cristianismo ortodoxo ao defenderem que a Salvação já estava presente no interior de cada um de nós, revelada através da gnose. Ao invés de acreditarem que o mundo foi uma construção perfeita e que nós humanos estragamos tudo por meio do livre-abrítrio (optamos pelo pecado), os gnósticos se recusavam a acreditar que o mundo era perfeito. O cosmos foi criado por um deus menor que se passa como fosse um deus verdadeiro – no Evangelho Apócrifo de Judas ele é mencionado como "Saklas", o "tolo". Depois de construir todo o cosmos, Saklas reivindicou ser o único e verdadeiro Deus.

Em *Uma Aventura Lego*, a grande revelação é que há um "cara lá de cima" (o pai e o filho – Will Ferrell e Jadon Sand - que brincam com os mundos Lego), para além do Sr. Negócios. O demiurgo construiu um mundo imperfeito onde a fim de manter a ordem nega que todos exerçam sua verdadeira criatividade. Ele é o deus contra quem lutam os "mestres construtores" (os gnósticos?) que sabem que a criatividade reprimida é a gnose que os reconectará ao "cara lá de cima", o verdadeiro Deus.

Os gnósticos/mestres construtores acreditavam que não era necessário um "manual de instruções" para escapar desse mundo. Ao invés disso, bastaria encontrar a Verdade (a criatividade) no interior de cada pessoa/boneco.

A gnose de Lego

Emmet é o verdadeiro núcleo da Verdade em Uma Aventura Lego: ele é um operário comum, confrontado com a oportunidade de ser "Especial". Assim como um Cristo, é anunciado pelo profeta Vitruvius como o Salvador. Mas o interessante é que a Profecia no filme é uma mentira. O próprio profeta anuncia ser tudo uma farsa porque "dá uma boa rima". Mas é precisamente isso que redime Emmet é o faz se sacrificar por todos – seu sacrifício prova que não existe essa coisa de "Especial".

No entanto, a profecia é verdadeira, mesmo sendo inteiramente falsa! A salvação é a criatividade que já está presente no interior de todos – é o processo gnóstico de auto-divinização.

O que vemos no filme é um evento religioso, ironicamente anunciado pelo profeta Vitruvius em seu ateísmo total – em Lego tudo é inventado, tudo fabricado, artificial. Qualquer um pode ser Deus e montar o que quiser. Ele nos mostra que o mundo é cheio de estruturas onde nada é o que parece.

Uma Aventura Lego aproxima-se ainda mais do Gnosticismo ao mostrar o processo de gnose de Emmet – aproxima-se do estado alterado de consciência que o filósofo gnóstico Basilides chamava de "suspensão": o esvaziamento da mente, a busca do grau zero de negação total da linguagem. Emmet segue os passos do protagonista do gnosticismo pop que chamamos de "O Viajante": aquele que, apesar de estar integrado e bem-sucedido em um mundo falso, de repente é forçado a cumprir uma jornada (o Jogo) que o obrigará a realizar uma reforma íntima.

Ironicamente, o vazio da mente comum de Emmet (ele apenas repetia como um mantra o manual de instruções do mundo Lego) é que possibilitou a gnose – o sacrifício e o contato final com o "cara lá de cima".

Por isso Emmet e o protagonista Neo de Matrix são idênticos – a todo momento o filme parece procurar essa analogia. Tal como Neo, Emmet retorna da sua presumível morte com a capacidade de visualizar os códigos e estruturas do Lego. Torna-se um super-construtor, passando a mensagem que todos podem ser iguais a ele.

Na inocência de um jogo de criança esconde-se a gnose: Sim! Podemos todos construir.

15

Série "Mr. Robot":
a rebelião gnóstica e o
labirinto PsicoGnóstico

CosmoGnóstico e PsicoGnóstico
Temas: Viajante, niilismo, paranoia, Gnose
Criador: San Esmail
Roteiro: San Esmail
(2015-2019)

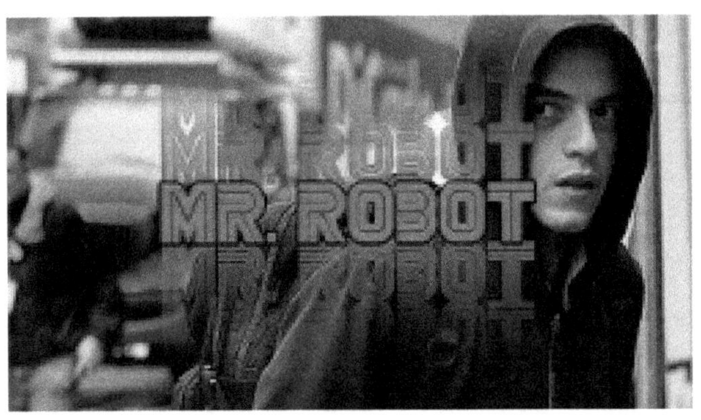

A série de TV "Mr. Robot" (2015-) de San Esmail é vista pela crítica como um mix de "Matrix" com "Clube da Luta" onde a violência de socos e Kung Fu é substituída pela cultura do cyber-ativismo hacker. Mas a série vai mais além. Entra nos temas principais do gnosticismo sci-fi do escritor Philip K. Dick: paranoia, amnésia, esquizofrenia e identidade em um sistema onde a mentira é a base de toda a confiança: um sistema econômico onde débitos e dívidas se sustentam na crença de que, apesar de toda a virtualidade das transações financeiras, o dinheiro existe em algum lugar como base moral de todo o valor. E tudo pode ser destruído da noite para o dia por hackers que pretendem salvar o mundo através de linhas de programação. Como explicar essa mensagem de rebelião gnóstica em série de TV em uma grande rede dos EUA? Talvez a chamada "Hipótese Fox Mulder" explique.

"Compramos coisas que não precisamos com o dinheiro que não temos para impressionar pessoas que não gostamos". Essa fala de Tyler Durden no filme *O Clube da Luta* (1999) é uma rápida descrição do motor psíquico da economia negativa atual que se expande por meio de débitos e dívidas. Situação paradoxal: quanto maior a capacidade de endividamento de uma economia, maior sua "riqueza" com a expansão da financeirização e a sua base tecnológica: microinformática, conexões rápidas de fibra ótica, telemática e integração dos bancos de dados das praças financeiras.

Tyler Durden arquitetava o Plano Caos: mandar para os ares os prédios das empresas de cartão de crédito para zerar todas as dívidas – sobre o filme Clube da Luta clique aqui.

Mais além, a cyber-conspiratória série *Mr. Robot* (2015-16) da USA Network quer detalhar tecnologicamente esse velho sonho de Durden: interfaces GUI em Visual Basic para rastrear IPs, discussões sobre interfaces gráficas Gnome versus KDE, cyber-ataques RUDY e ataques massivos em dDOS contra uma gigantesca corporação chamada E-Corp.

Sam Esmail, criador da série, parece fazer um mix entre Matrix e Clube da Luta, mas sem todo kung fu e violência dos socos de um clube fechado masculino. Tudo através dos olhos de um programador niilista chamado Elliot, patologicamente introvertido e sociopata que quanto mais pretende "salvar o mundo" por meio de uma cyber-revolução mergulha no seu "labirinto interior" enfrentando "kern: fatal error" e "daemons" (demônios internos) que são traduzidos como bugs psíquicos e toda uma série de jargão de programadores.

Em outras palavras: tanto o protagonista como o espectador começam a perder as fronteiras entre delírio químico-psíquico do protagonista e a realidade. Elliot (Rami Malek) começa a quebrar de forma estranha a linha imaginária da "quarta parede" – ele conversa com um interlocutor imaginário que pode ser tanto o seu "daemon", um amigo imaginário ou o próprio espectador.

Mr. Robot está na segunda temporada. Sam Esmail divide de forma didática a temática de cada uma delas: na primeira temporada, acompanhamos a realização dos sonhos do antigo Projeto Caos de Tyler Durden. E na segunda, o mergulho no inferno íntimo de Elliot e o contra-ataque do império do mal da E-Corp – ou "Evil-Corp" como chama Elliot.

Na primeira temporada assistimos à retomada de uma série de temas de Matrix. E na segunda, as consequências da clivagem esquizofrênica do psiquismo do protagonista, no melhor estilo de *Clube da Luta*.

A série evoca uma série de temas gnósticos e herméticos, difíceis de serem limitados a uma única postagem. Por isso, vamos primeiro abordar a primeira temporada, dominada por temas Valentinianos (de Valentim, filósofo gnóstico do início da Era Cristã): a descida através do buraco do coelho até a paranoia e a melancolia. Para Valentim, paranoia e melancolia eram estados de consciência ideais para a busca da Verdade, a Gnose.

E na segunda temporada, dominada por temas basilidianos: a busca do estado de suspensão e a gnose através do silenciamento da consciência.

A Primeira Temporada

Elliot Anderson (referência a Neo – Thomas Anderson – de Matrix?) é um engenheiro de segurança de TI que trabalha na AllSafe durante o dia. Insone, durante a noite é um hacker, vigilante e justiceiro: hackeia pedófilos, golpistas e outros pecadores para depois fazer justiça chantageando-os.

Usando de sua perspicaz engenharia social para descobrir fraquezas pessoais, descobre senhas e fuça na vida de todo mundo. Depois, guarda a vida e os pecados de todo mundo em CDs arquivados no seu "cemitério digital".

Até que um dia, o principal cliente da AllSafe, a gigantesca E-Corp, sofre um massivo ataque cibernético. Ao analisar o ataque, Elliot determina que é necessário derrubar todos os servidores da empresa para restabelecer os back-ups. Em um desses servidores descobre um arquivo *.txt com uma mensagem solicitando não ser apagado. Algo no seu íntimo faz Elliot obedecer a mensagem.

Na verdade, aquele ataque foi um teste para ele: estava sendo recrutado por um líder hacker anarquista do grupo F*Society ("Fuck Society"). O grupo pretende incriminar um executivo da empresa chamado Terry Colb, para convencer o FBI de que o ataque partiu de dentro da corporação.

E-Corp é uma corporação de importância global – um conglomerado de empresas que fabricam computadores, celulares, tabletes e possui um banco e uma linha de crédito aos consumidores. E-Corp domina 70% do crédito global industrial e de consumo. Portanto, um ataque dessa natureza coloca em risco a economia mundial.

Christian Slater faz o líder anarquista Mr. Robot, uma espécie de Morpheus que pretende abrir os olhos de Elliot para a irrealidade do mundo: toda a economia do mundo é virtual e o valor do dinheiro baseado na crença ingênua dos consumidores da existência de algum lastro produtivo na sociedade. Como Mr. Robot afirma, "a mentira é a base da confiança" – sobre a virtualização do dinheiro e da economia clique aqui.

F*Society quer criar o "maior evento de redistribuição de renda da História" – apagar todas as dívidas derrubando todos os servidores e apagando os back-ups. Na verdade, apenas abrir os olhos das pessoas, mostrando que dívidas e dinheiro jamais existiram.

O Viajante e a Meta-paranoia

O plot da primeira temporada é essencialmente maniqueísta. Mas não no sentido hollywoodiano (Bad Guys contra Good Guys), mas no sentido mais ontológico original do antigo pensamento do filósofo persa gnóstico Mani: a luta do Bem contra o Mal pertence à própria estrutura do mundo. Acabar com essa luta significa revelar a própria irrealidade do mundo a mentira que inspira a confiança nos serviços da E-Corp.

Por isso Elliot é niilista e melancólico. Não vê o menor sentido nas convenções sociais como, por exemplo, assistir a um jogo de basquete em um parque público.

Tal como Neo em Matrix, é um profissional bem-sucedido que teria tudo para se dar bem na carreira. Mas decide se isolar e sentir-se atraído por losers do underground de uma casa de diversões em ruínas no parque de Coney Island, os hackers da F*Society. Elliot é o clássico personagem gnóstico do Viajante: como Alice de Carrol, entendiado e melancólico, segue o coelho até a sua toca: a "Wonderland "da casa de diversões abandonada chamada "Funny Society".

Lá está a sua espera o "Chapeleiro Maluco" Mr. Robot, pronto para abrir seus olhos para a Verdade.

Mas ainda o plot é muito simplista. É necessária uma pitada da paranoia sci fi do escritor gnóstico Philip K. Dick do seu livro "O Pagamento" – um técnico em engenharia reversa presta serviço secreto a uma corporação. Em troca de uma fortuna em pagamento aceita que sua memória dos anos de serviço prestados seja apagada. Voltando a si, descobre que no envelope não há pagamento algum:

apenas uma mensagem cifrada que deixou para si mesmo como pista inicial para a solução de um enigma.

Melancólico e paranoico, Elliot descobrirá que criou uma espécie de meta-paranoia: na sua missão de salvar o mundo, ele criou a paranoia mais radical – desconfiar de si mesmo. Elliot apagou detalhes da sua própria vida ao ponto de não saber mais quem é na verdade ele próprio.

Isso explicará a estranha relação paternal que Mr. Robot criará com Elliot ao longo dos episódios.

Temos aqui a paranoia no seu sentido mais gnóstico: não se trata mais de uma conspiração narcísica (o mundo contra você), mas da desconfiança consigo mesmo. Afinal, o mundo da E-Corp cria uma série de tentações ilusórias para seduzi-lo. Assim como a Matrix seduziu o traidor Cypher no filme dos Wachowski. Por isso, a meta-paranoia é a proteção contra o maior inimigo, o próprio Ego.

Mr. Robot e a "Hipótese Fox Mulder"

Como explicar que uma série comercial de uma rede de TV norte-americana (USA Network é uma subsidiária da NBC Universal Cable que, por sua vez, é uma divisão da NBC Universal, subsidiária da corporação Comcast, receita de 65 bilhões de dólares) traga mensagens gnósticas de rebelião e desconfiança em relação ao sistema?

Mais um exemplo de como o Capitalismo é capaz de absorver sua própria crítica e ainda assim atrair público e anunciantes?

Mr. Robot apresenta o verdadeiro terrorismo. Não aquele patrocinado pelo Estado e OTAN como Al-Qaeda ou ISIS que apenas cometem atentados para a repercussão midiática em alvos civis, com o objetivo de criar o medo que legitime arbítrios contra os direitos individuais.

Aqui temos o cyber-terrorismo que atinge a essência do turbo-capitalismo: as redes telemáticas que mantêm a virtualidade da riqueza e do poder.

O fato de uma grande rede do establishment das comunicações dos EUA produzir uma série com tema tão anarquista talvez seja explicado pela hipótese conspiratória que chamamos de "Hipótese Fox Mulder": em um dos episódios da série Arquivo X o agente especial do FBI, Fox William Mulder, participa como convidado de um congresso de ufólogos.

A certa altura lhe perguntam o motivo pelo qual o governo dos EUA, ao mesmo tempo que esconde o fenômeno UFO, incentiva que Hollywood produza tantos filmes sobre o tema. E Mulder responde: "para que todos pensem que os contatos com UFOs e aliens são do mundo da ficção, coisas de cinema. Por isso, quando surgem notícias verdadeiras, ninguém acredita".

Talvez a mesma lógica possa ser aplicada a filmes da estirpe de *Matrix*, *Clube da Luta* e de séries como *Mr. Robot*: banalizar a crítica ontológica radical contra a irrealidade da economia, da política e sobre a própria fragilidade de um sistema que se mantém sobre bases tão frágeis – a confiança e credibilidade baseadas em mentiras.

Através da ficcionalização, transformar a crítica séria em coisas de nerds arrogantes ou posturas pseudo-radicais.

A Segunda Temporada

A série *Mr. Robot* é fascinada por sistemas. Depois de mostrar a virtualidade do sistema financeiro e a sua destruição por sistemas de computadores na primeira temporada, agora a série mergulha no sistema esquizofrênico do protagonista Elliot. Dos temas CosmoGnósticos, agora a série aprofundará temas PsicoGnósticos: como o controle do Ego é uma ilusão – assim como Tyler Durden libertou-se do psiquismo do protagonista em *Clube da Luta*" da mesma forma *Mr. Robot* desafiará as ilusões dos medicamentos antidepressivos, psicoterapias e todo o ideário da autoajuda.

Agora que os segredos da primeira temporada de Mr. Robot foram revelados (as alucinações do protagonista foram explicadas, o porquê da relação paternal com Mr. Robot, enquanto os mercados mundiais foram reduzidos a cinzas pelos cyber-ativistas), a segunda temporada enfrenta um grande desafio: manter a tensão e o mistério já que a brilhante primeira temporada simplesmente respondeu a todas as questões.

A série *Mr. Robot* tem que ser agora reinventada pelo criador Sam Esmail. Como o protagonista Elliot Anderson (Rami Malek) diz no início da temporada, o mais difícil não foi apagar todos os back-ups da E-Corp, mas o que virá depois.

Obviamente, o império do Mal vai contra-atacar com o FBI e a costumeira socialização das perdas com a ajuda do Governo aos mercados financeiros em bancarrota. Como todos os crashs financeiros nos ensinam, os ganhos são privatizados e as perdas sempre socializadas.

Por isso a segunda temporada abre com o mundo aparentemente o mesmo. Mas aos poucos descobrimos que há uma aparência que esconde um certo pânico: caixas de bancos impotentes, contas correntes zeradas, o dinheiro vivo como um produto escasso e o comércio querendo o pagamento em papel-moeda antecipado para qualquer transação.

E o suicídio ao vivo na TV e em rede nacional de um executivo da E-Corp que retira uma pistola de uma maleta e estoura os miolos – o episódio faz uma clara referência a um incidente real ocorrido em 1987 quando um político da Pensilvânia chamado Budd Dwyer disparou um tiro na boca em uma coletiva para a imprensa transmitida pela TV.

O labirinto PsicoGnóstico

Porém, os primeiros episódios vão se aprofundar no labirinto pessoal de Elliot e nos seus delírios esquizofrênicos com o arrogante personagem Mr. Robot (Christian Slater), uma nova versão para o personagem Tyler Durden de Clube da Luta.

Dessa forma, se a primeira temporada explorou o imaginário CosmoGnóstico de *Matrix* (o mundo como uma ilusão no qual estamos prisioneiros através das tecnologias virtuais – aqui, no caso, a virtualidade do sistema financeiro), agora *Mr. Robot* irá explorar os temas PsicoGnósticos: o protagonista prisioneiro no interior do seu próprio psiquismo, sem conseguir distinguir o delírio da realidade.

Como assistimos na primeira temporada, Elliot vive uma clivagem esquizofrênica parecida com a do protagonista do *Clube da Luta*. Assim como nesse filme, é a condição esquizofrênica de Elliot que o faz despertar da ilusão da realidade cotidiana.

O arrogante Mr. Robot é a nova versão de Tyler Durden que incita Elliot ao hacker-ativismo para salvar o mundo. Mas se na primeira temporada, a meta-paranoia foi o dispositivo de Elliot proteger-se de si mesmo e não sabotar a missão, agora na segunda temporada ele tenta se livrar de Mr. Robot e voltar a se apegar à rotina diária.

Aqui temos uma interessante retomada de temas gnósticos basilidianos que foram explorados em *Clube da Luta*: a necessidade da suspensão do Ego e da racionalidade para buscar "o grau zero", o silêncio e a gnose.

Nos primeiros episódios da atual temporada acompanhamos a dura luta de Elliot para se livrar de Mr. Robot, a luta do Ego contra o despertar interior. Ele recorre à medicação antidepressiva, psicoterapia, grupos de autoajuda e até a religião.

Controle é ilusão

Elliot tenta fazer um diário no qual anota a cada hora o que está fazendo, apega-se a uma rotina repetitiva e vazia e participa de um grupo católico de autoajuda. Rotina, racionalidade, religião e drogas antidepressivas: os múltiplos instrumentos da nossa existência para nos alienarmos até o esquecimento.

Para o Gnosticismo, são as formas de consolação ou de racionalização para enfrentar o mal-estar provocado por esse mundo. Formas de reforçar o Ego e impedir qualquer visão ou vislumbre de consciência. O controle do Ego é apenas uma ilusão.

Sem resultado efetivo, Elliot propõe a seguinte estratégia: um jogo de xadrez com Mr. Robot. Se vencê-lo, ele terá que desaparecer para sempre. Aqui Sam Esmail faz uma curiosa alusão ao filme de Ingmar Bergman *O Sétimo Selo* (1956): um Cruzado retorna para sua casa e se depara com a personificação da Morte e lhe propõe uma negociação – um jogo de xadrez para ganhar tempo e indagar o sentido da vida e da morte.

Se em Bergman o xadrez é uma alegoria da busca do sentido da existência através da racionalidade, em *Mr. Robot* a abordagem é contrária: o jogo sempre termina empatado, até que os rivais entram em um estado de suspensão de toda racionalidade. O jogo de xadrez não foi o instrumento para a racionalidade triunfar, mas para ser suspensa.

Se em *Clube da Luta*, o silenciamento do Ego (mente e corpo) é por meio da dor e violência, na série é por vias mais "cerebrais": o fracasso do Ego por meio de um "bug" inserido nele mesmo, assim como os cyber-ativistas inseriram um script exploit para detonar os servidores e derrubar os mercados mundiais.

É um tema basilidiano (de Basilides, filósofo gnóstico do início da Era Cristã) por excelência: o estado alterado de consciência da suspensão como instrumento de anulação do Ego e o despertar da Gnose.

O culto fetichista da f*society

Os primeiros episódios da segunda temporada ainda abordam um outro tema interessante: o momento em que a marca f*society torna-se tão famosa na mídia que a icônica máscara que representa o grupo cyber-ativista torna-se objeto de culto fetichista pelas pessoas. Vemos nas ruas grupos de jovens com a máscara da f*society correndo e praticando pequenas depredações.

Uma delas é quando "castram" escultura de bronze do touro (o "Charging Bull") no distrito financeiro de Wall Street e levam os seus testículos para uma festa de hackers que os ostentam como prêmio e objeto de culto fetichista: a castração do próprio poder financeiro – assim como foram simbólicas as quedas das torres gêmeas nos atentados de 2001: a castração do poder fálico dos EUA (arranha-céus são símbolos fálicos do poder financeiro mundial) pelos terroristas.

Numa evidente alusão ao episódio bíblico de Moisés no qual após descer o Monte Sinai surpreende seu povo adorando um bezerro de ouro e esquecendo-se de Deus. Zangado ao ver os hebreus adorando um falso deus, Moisés joga no chão as tábuas de pedra dos Mandamentos e manda seus homens pagarem as espadas para matar os adoradores.

Darlene (Carly Chaikin – irmã de Elliot e hacker integrante da f*society) interrompe a festa criticando a superficialidade das comemorações e a perda do sentido da vitória. Mas nada ainda foi conquistado e a E-Corp e FBI estão vindo com tudo. É necessário traçar novos planos contra o império do Mal.

O sistema foi danificado, mas tudo permanece ainda tecnicamente intacto.

Mr. Robot é uma série fascinada por sistemas. Mas não apenas pelos sistemas criados pelos códigos dos computadores. Mas também pela maneira como as pessoas criam sistemas internos para lidar com o caos ao redor.

Por isso Sam Esmail faz uma interessante correspondência que fica mais evidente nessa segunda temporada: a analogia entre o sistema virtual da economia que aprisiona as pessoas em débitos e dívidas e o loop esquizofrênico de Elliot, capaz de criar novos sistemas e rotinas para tentar aprisionar o Mr. Robot que há dentro dele.

E que também há dentro de cada um de nós.

16
"Mãe!": o conflito cósmico no interior de cada um de nós

CosmoGnóstico

Temas: Sophia, Cabala, Divino Feminino, Demiurgo, Arcontes, Jardim do Éden

Diretor: Darren Aronofsky

Roteiro: Darren Aronofsky

2017

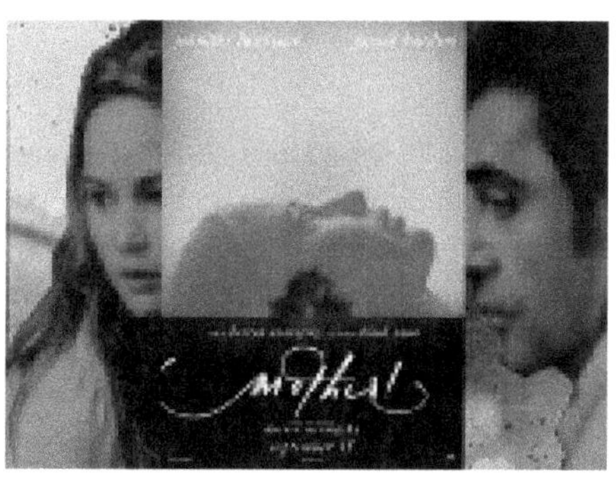

Com "Mãe!" (Mother!, 2017), o diretor Darren Aronofsky ("Pi", "Fonte da Vida" e "Noé") confundiu crítica e público: enquanto os distribuidores classificavam o filme como "terror" ou "mistério" para o público, os críticos tentam entendê-lo como alguma coisa entre Polanski e De Palma. Mais uma vez, o diretor desafia a todos com sua hermética simbologia herética e gnóstica com incursões pela mitologia judaica, cabalística e cristã. A novidade é que "Mãe!" alcança o nível mais alto de abstração da carreira cinematográfica de Aronofsky ao transformar um casarão em metáfora do centro do conflito da Cosmologia gnóstica: a tensão entre Sophia (o Feminino Divino) e o Demiurgo (a divindade inferior com os seus agentes, os Arcontes). Conflito que acompanha o mundo desde a sua Queda, Criação, Destruição e Recomeço. E o mistério que envolve os moradores daquele casarão (um poeta e sua esposa) como a parábola de como essa tensão cósmica se reflete no psiquismo de cada um de nós.

Darren Aronofsky pregou uma peça para o público e a crítica. Na sua literalidade, *Mãe!* (*Mother!*, 2017) é um dos filmes ao mesmo tempo mais bizarros e audaciosos lançado por um grande estúdio hollywoodianos nos últimos tempos. Os distribuidores anunciaram Mãe! como uma espécie de filme de terror ("thriller", "mistério" etc.) na falta de qualquer outra tradicional rotulagem de gênero cinematográfico. E certamente deve ter confundido e decepcionado muitos espectadores, como testemunhado por esse humilde blogueiro no cinema: "que diabos será que está acontecendo?", muitos se faziam essa pergunta enquanto coçavam a cabeça.

Claro, os críticos sabem que Aronofsky nunca se esquivou de um cinema controverso como nos filme *A Fonte da Vida* (2006) e *Noé* (2014), mas esse mergulho numa espécie de horror metafórico fez muitos críticos também coçarem a cabeça à procura de racionalizações: será que é um horror que rende homenagem aos mestres Polanski e De Palma?

Outros viram o filme como uma parábola ecologicamente correta, hipótese certamente partilhada pela Paramount Pictures e distribuidores como Columbia Pictures e 20th Century Fox: a protagonista de *Mãe!* como a própria "Mãe Terra", o planeta como a Gaia senciente que é sistematicamente destruída pela humanidade até o ponto em que se vinga do homem com catástrofes sísmicas e climáticas para tirá-lo da face da Terra. Um roteiro inspirado na atual fusão entre o ambientalismo radical e antigos mitos neo-pagãos.

E também é sabido que os filmes de Aronofsky fazem profundas incursões pela mitologia judaica, cabalística e cristã como no seminal *Pi* (1998), mostrando o confronto numerológico entre Cabala e Alquimia; ou em *Noé*, no qual o mito bíblico do Dilúvio Universal foi narrado através do herético protagonismo da Serpente do Paraíso – merecendo o ataque de fundamentalistas cristãos. Assim como certamente esse *Mãe!* receberá ataques histéricos desses mesmos espectadores, principalmente pela alucinante sequência final.

Porém, *Mãe!* surpreendeu mesmo esse humilde blogueiro que, claro, esperava mais uma narrativa gnóstica sobre Queda e Ascensão. Mas Aronofsky vai mais além, no nível mais abstrato da Cosmologia Gnóstica: a conflituosa relação entre Sophia (o Feminino Divino) e o Demiurgo (a divindade inferior com os seus agentes, os Arcontes). Conflito que acompanha o mundo desde a sua Queda, Criação, Destruição e Recomeço.

Enquanto as tradicionais narrativas gnósticas no cinema e audiovisual (*Matrix, Show de Truman, Sense 8* etc.) concentram-se na figura humana prisioneira num cosmos encoberto pelo véu da ilusão, Mãe! muda o foco – na verdade a humanidade é o pano de fundo da tensão cosmológica fundamental, que acaba refletido no próprio psiquismo de cada indivíduo: a mítica e conturbada relação (amor e ódio) entre Sophia e o Demiurgo, cujo conflito é o que faz esse Universo existir, segundo a mitologia gnóstica.

O Filme

Vamos começar pela literalidade de *Mãe!*

É um filme extremamente simples em termos do set de filmagem. Toda ação se passa no interior de um casarão remoto com os primeiros indícios estranhos: ela parece ter sofrido um incêndio há tempos e está em ruínas, necessitando de reparação. Vemos a personagem de Jennifer Lawrence (a "Mãe") olhando para intermináveis pastos vazios que rodeiam o casarão. Não vemos nenhuma rua, trilha ou estrada que conduza àquela casa. Não há caixa de correio ou fios elétricos que integrem aquela casa com o mundo exterior. Por isso, percebe-se que estamos no início de uma narrativa não convencional, algo entre o literal, a metáfora e a parábola.

Lawrence passa o tempo fazendo reparos na casa, enquanto o seu marido interpretado por Javier Bardem é um poeta que aparentemente possui obras de sucesso no passado. Mas naquele momento vive um bloqueio criativo, enquanto Lawrence está preocupada com o estado emocional de Bardem.

Mas logo as coisas começam a ficar estranhas com a chegada de um casal identificado nos créditos apenas como "Homem" (Ed Harris) e "Mulher" (Michelle Pfeiffer). Um casal intrusivo e vulgar.

Sob os olhares desconfiados de Lawrence, Bardem oferece hospitalidade para deixa-los passarem a noite. O escritor revela para sua esposa que o homem é um grande fã do seu trabalho, tem sua saúde abalada e, como último desejo, gostaria de conhecer seu ídolo.

Mas rapidamente, na medida em que o filme avança, vão sendo quebradas todas as regras do realismo – Lawrence coloca as mãos numa parede que está para ser pintada para, numa câmera em zoom, vermos algo que se assemelha a um coração morrendo.

Logo mais chegam os filhos rivais daquele casal intruso, para em seguida um matar o outro num ato brutal de ciúmes. Para em seguida ficar uma mancha de sangue no chão que se transforma numa ferida aberta que jamais cicatriza, embora Lawrence a cubra com um tapete.

A partir desse ponto, todas as regras do realismo cinematográfico foram esquecidas e ingressamos no campo do metafórico, do surreal e do bizarro. Reforçado pela sucessão de close ups que só amplifica a sensação claustrofóbica.

Assim como no filme *Noé*, em *Mãe!* Aronofsky vai buscar no Gênesis bíblico os fundamentos da narrativa. O Homem e a Mulher são Adão e Eva que destroem a tranquilidade de um estranho Jardim do Éden – ele está sendo reconstruído depois de uma destruição anterior. Pfeiffer invade o quarto proibido da casa e acaba destruindo o "fruto proibido" – uma espécie de cristal que ao final entenderemos todo o sentido.

Caim mata Abel, representados pelos filhos daquele casal intrusivo, para em seguida dezenas chegarem para uma festa do funeral de Abel, bebendo e farreando, para o desespero de Lawrence que quer a todo custo manter a integridade da casa.

Até que finalmente, apesar das advertências de Lawrence de que a pia não estava ainda chumbada, um casal quebra a pia provocando uma inundação que molha a todos.

Fica claro que estamos na metáfora do terreno bíblico do Dilúvio Universal e da aliança final entre Deus e Noé (no qual Deus se compromete a não infringir mais dor em qualquer ser vivente), trazendo a Bardem a tão esperada inspiração – testemunhar o drama da humanidade finalmente desbloqueia a criatividade do escritor. Ele e Ela fazem amor que resulta numa gravidez. E tudo parece voltar à tranquilidade.

Ele finalmente publica o seu novo livro que produz estrondoso sucesso – sugerido pela chegada de fãs e a mídia na porta do casarão. Mas, novamente os interesses de Bardem tornam-se totalmente egoístas. Ele permite que hordas de fãs entrem na casa para idolatrá-lo, sob o olhar mais uma vez desesperado de Lawrence, agora em estágio avançado de gravidez.

Por todo os cantos do casarão, os fãs criam cultos de adoração que começam a rivalizar entre si, ao mesmo tempo em que Lawrence tem seu filho. Mas logo que pode, Bardem rouba-lhe o bebê para mostrar à multidão ensandecida que o venera como o filho de Deus – o escritor famoso.

Uma clara metáfora de como o Demiurgo instrumentalizou a vinda do aeon Jesus para esse planeta para transformá-lo em ícone religioso para idolatria e alienação das massas.

E, como sabemos na narrativa bíblica, o "filho de Deus" será logo assassinado e sua carne devorada pela multidão numa sequência de tirar o fôlego.

Certamente nesse ponto, os fundamentalistas católicos saltam indignados das suas poltronas no cinema: Mãe! Apresenta uma aterrorizante paródia do ritual de comunhão cristão do vinho e da hóstia – beber o sangue e comer o corpo de "Cristo".

O mito do Feminino Divino

Fica claro que o drama humano (a confusão entre religiosidade, mídia, vaidade e violência) é apenas o pano de fundo para um conflito muito maior, de dimensões cosmológicas, que Aronofsky quer nos apresentar: a tensão amor/ódio entre o Feminino Divino (Sophia) e a divindade masculina do Demiurgo, o enlouquecido, vaidoso e egoísta "escritor" desse cosmo.

Mas que, apesar de famoso e poderoso (capaz de mobilizar as massas para adorá-lo) necessita do amor de Sophia (representado no filme pelo cristal) para que o cosmos continue funcionando.

Na mitologia gnóstica, Sophia (na tradição gnóstica simboliza simultaneamente o aspecto feminino de Deus e a alma humana) foi um "aeon" que foi a responsável pela transição do imaterial para o material, do numenal ao sensível, causado por uma falha – uma paixão que produziu um filho (o Demiurgo, "Yaldabaoth", o "filho do caos").

Sophia decai prisioneira no mundo material conseguindo infundir alguma fagulha espiritual no cosmos físico produzido pelo Demiurgo. Inconsciente da existência de Sophia (no filme representado pelo egoísmo de Bardem), o Demiurgo acredita ser a única divindade existente e que o mundo físico existe apenas pela sua vontade. Porém, sua criação não passa de formas etérias vazias. O dinamismo, vitalidade e sentido é dado pela luz espiritual infundida por Sophia nesse cosmos – no filme representado pela inspiração que Lawrence dá à obra final de Bardem.

O gnosticismo herético de Aronofsky fica evidente na figura do cristal: ao mesmo tempo que é o "fruto proibido" do "Jardim do Éden" representado pelo casarão, é aquilo que mais o homem necessita buscar através da gnose: o amor e o vínculo com Sophia, constantemente roubado dos homens pelo Demiurgo através da ilusão da idolatria por meio dos suas principais armas: religião, mídia e a vaidade.

Mas, apesar de tudo, Sophia ama sua falha, o Demiurgo. Em um eterno retorno, a cada Criação e Destruição (no filme, a casa que é sempre destruída e reconstruída pela Mãe), cede a ele o "cristal" (a fagulha da Luz, o Amor) para que tudo recomece na esperança de que um dia o homem tome para si o cristal. O amor de Sophia é o amor pela própria humanidade ainda ignorante e que sempre decai – carma?

A nota é a impressionante performance dos atores Javier Bardem e, principalmente, Jennifer Lawrence: é difícil interpretar personagens tão metafóricos e míticos como o Demiurgo e Sophia.

17
Série "Philip K. Dick's Electric Dreams":
Dez revelações gnósticas

CosmoGnóstico e TecnoGnóstico
Temas: Demiurgo, Gnose, Ilusão, O Estrangeiro
Criador: Julian Jarrold
Roteiro: Matthew Graham
2017

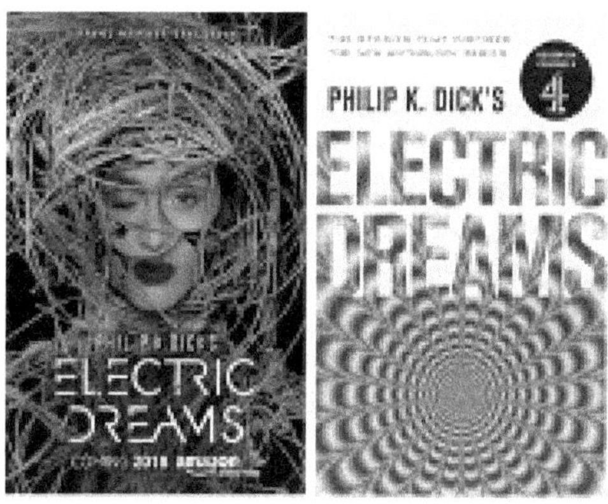

Philip K. Dick escreveu seus contos sob a sombra do macarthismo da Guerra Fria onde a lealdade e confiança eram as principais armas contra a traição e delação de um sistema totalitário. Mas para ele, esse sistema não era apenas político, mas cósmico – obra de um Deus demente, um Demiurgo Criador que nos aprisiona por meio da ilusão moral (culpa) e ontológica (o princípio de realidade). A nova série da rede britânica Channel 4 "Philip K. Dick's Electric Dreams" (2017-) adapta esses contos de ficção científica que conduziram o escritor até a violenta epifania mística em 1974, na qual teve visões, sonhos e revelações místico-religiosas que o levaram ao gnosticismo cristão. Os 10 contos que compõem a primeira temporada da série apresentam não só a atmosfera do anticomunismo da Guerra Fria do momento em que foram escritos. Mas didaticamente nos mostra os 10 grandes princípios da Revelação Gnóstica que orientaram toda a obra do escritor. Por isso

Philip K. Dick tornou-se visionário: cada vez mais a realidade atual se assemelha a um conto dele.

> *O grande confronto digno do homem está entre a Tragédia (a clássica vitória grega do Destino sobre o homem) e o Heroico (moderno e faustiano) – e isso acontece pelo colapso do Tempo e Espaço, satisfazendo a morte em seus próprios termos: você não aproveita porque morre. Mas é a sua morte, não uma morte imposta a você violando sua natureza: é o resultado lógico do que você é, e não do que o mundo e o destino sejam.*
>
> (The Exegesis of Philip K. Dick)

O mundo atual está cada vez mais parecido com as visões distopicas para o futuro do escritor Philip K. Dick (1928-1982). Não só pelos temas da ganância corporativa, controle autoritário, inteligência artificias, drogas e tecnologias revertidas contra a própria humanidade.

Notícias recentes como a do novo Iphone que desbloqueia através de um dispositivo de reconhecimento facial, modelos robôs fotografados em editoriais de moda ou o prefeito de São Paulo propondo uma gororoba processada para alimentar os pobres lembrando filmes sci fi distopicos como *No Mundo de 2020* (1973), nos faz sentir que a vida mais e mais se parece com um conto de Philip K. Dick (PKD).

Os créditos iniciais da nova série do Channel 4 (rede de TV britânica) *Philip K. Dick's Electric Dreams* (2017-) já nos revelam essa atualidade do visionário escritor: um robô debruçado em um laptop Mac se arrasta para trás de um pilar; um quinteto de bebês com cordões umbilicais flutuantes fazem uma roda de mãos dadas; luminosos de neon mostrando uma mulher com quatro seios numa paisagem urbana noturna anunciam serviços sexuais entre outras cenas que revelam o apelo contemporâneo da adaptação de contos de PKD escritos na década de 1950.

Nesta primeira temporada são 10 contos: até aqui já foram apresentados *The Hood Maker, Impossible Planet, The Commuter, Real Life, Crazy Diamond, Human Is*. Nas *próximas semanas: Kill All Others, Autofac, Father Thing, Safe and Sound.*

Nessa antologia de contos percebe-se a atmosfera da época em que foram escritos, momentos do macarthismo e anticomunismo do início da Guerra Fria: Estados totalitários, delações, traições e o valor da lealdade e companheirismo como forças espirituais para enfrentar um universo corrompido e decadente.

Por que Hollywood adora Philip K. Dick?

Mas por que as visões de PKD tornaram-se atemporais, transcendendo sua própria época? E principalmente: por que, apesar do escritor combinar misticismo com engajamento político, o *mainstream* do entretenimento adora PKD?

É um dos autores de ficção mais adaptados no cinema e audiovisual: *Blade Runner, Total Recall, Minority Report, Paycheck, A Scanner Darkly, The Adjustment Bureau* e a recente série Amazon *The Man in The High Castle* que mostra uma História alternativa na qual a América foi controlada pelos nazistas na Costa Leste e pelo império japonês na Costa Oeste – os nazistas dominaram primeiro a tecnologia nuclear, mudando todo o desfecho da Segunda Guerra Mundial.

Talvez a resposta comece nas críticas negativas feitas ao estilo literário de PKD, para horror dos fãs confessos do escritor: PKD não foi um bom escritor – há uma escassez de prosa e muitos diálogos são desajeitados. Certamente ele não chegou ao talento narrativo de alguns autores da sua geração como Ray Bradbury.

Muitas vezes sente-se que as ideias deveriam estar explodindo na cabeça do escritor a um tal ritmo que ele não tinha tempo para jogos de palavras e meandros de estilo e retórica. Por exemplo, o roteirista Ronald D. Moore (Battlestar Galactica), que adaptou o conto "Exhibit Piece" (na série, o episódio chama-se Real Life), disse que da estória originou pouca coisa restou – mas permaneceu "o coração e o cérebro que originaram o conceito da narrativa".

Por isso, por trás do estilo cru e direto de PKD está aquilo que atualmente Hollywood mais busca: conceitos, ideias, visões.

Visões de PKD

E essas visões sempre foram a de um homem que sempre teve a sensação de que a realidade, como costumamos percebê-la, é uma mera fachada. PKD sempre sentiu que havia algo de moralmente errado em um universo no qual, por exemplo, um inocente gato poderia ser alegremente atropelado por um carro. Por isso, seus romances sempre abordaram o tema do homem prisioneiro de maquinações de um poder além do seu controle.

Portanto, ele era essencialmente gnóstico. Até culminar na sua revelação (gnose) em 1974 quando, a semelhança do episódio "Real Life", teve visões hipnagógicas, audições, sonhos tutelares, e toda a visão de milhares de gráficos coloridos lembrando "a pintura não-objetiva de Kandinsky e Klee", como descreveu.

Seus contos e livros foram a preparação para essa gnose brutal de 1974, "a morte antes de você morrer", como afirmou. Podemos encontrar na obra do escritor 10 princípios da "revelação gnóstica", como PKD mostra no livro "The Exegesis of Philip K. Dick" (JACKSON, Pamela e LETHEN, Jonathan, 2011).

Até aqui, desde o Gnosticismo Pop de *Matrix* e *Show de Truman*, Hollywood tem se sentido atraída por essas revelações: são icônicas, misteriosas, um verdadeiro thriller místico-religioso, que parece ir ao encontro da percepção generalizada dos espectadores nesse mundo em que vivemos: há algo não só muito errado – mas também perigoso e mortal.

Portanto, a chave de compreensão da série *Philip K. Dick's Electric Dreams*, isto é, o sentido que une os 10 contos da primeira temporada, é entender como cada um dos episódios se conecta com essas revelações.

Revelações de PKD na série

Revelação 1:

O Criador deste mundo é demente.

A Criação é uma imensa máquina perversa de um Demiurgo dividido em diversos planos governados por Arcontes. Mesmo depois da morte, o desafio para a alma é navegar entre essas autoridades cósmicas sem ser ludibriado pelas ilusões. O Estado totalitário do primeiro episódio "The Hood Maker"; a corporação especializada em criar ilusões para turistas em tour espaciais em "The Impossible Planet"; uma outra corporação que fábrica "consciências quânticas" para androides terem "élan vital" em "Crazy Diamond" ou uma misteriosa cidade que vicia as pessoas em versões alternativas "felizes" para suas vidas.

Em cada episódio há algum tipo de Demiurgo, auxiliado por seus Arcontes, em algum plano da existência criando realidades para iludir e explorar. São entidades amorais, isto é, moralmente irresponsáveis onde os fins justificam os meios.

Revelação 2

O mundo não é o que parece. Um véu de ilusão é criado a fim de obscurecer a natureza demente do Criador.

Os discursos dos Criadores Demiurgos são sempre altruístas e positivos, nos quais a distância entre os meios e os fins praticamente inexiste. Em "Real Life" o dispositivo neural é para "tirar férias da própria vida", embarcando em uma realidade alternativa virtual; a leitura telepática usada pela polícia da União sob o pretexto da segurança e democracia que vira um poder autônoma e descontrolado no episódio "The Hood Maker; ou como em "The Commuter" no qual uma entidade metafísica aparentemente altruísta criando realidades alternativas felizes, atropela o livre-arbítrio e o amor. A suposta felicidade vira vício e escravidão.

Em cada episódio há uma ilusão que encobre a falha da Criação: entropia, morte e "reversibilidade irônica": felicidade vira escravidão, democracia vira totalitarismo e o amor pela vida cria a morte – como em "Crazy Diamond" onde as "consciências quânticas" ("jacks" e "jills") têm uma vida breve e começam a falhar (dispositivo corporativo de "obsolescência planejada") e, como nos replicantes em Blade Runner, uma "CQ" luta para viver mais.

Revelação 3

Há um Reino melhor, acima dessa Criação, e todos os esforços devem ser dirigidos para: voltar para lá; trazê-lo para cá.

Invariavelmente, os protagonistas são "estrangeiros" – vivem relações de alienação e estranhamento em seus ambientes familiares ou cotidianos. Sentem- se como exilados, como se aqueles planos da realidade em que vivem não fossem as deles. "Real Life" temos dois personagens, cada em planos virtuais intercambiáveis, sem saber a que mundo pertencem.

Há perda de memórias, fragmentos de lembranças, déjà vus. Há sempre alguma reminiscência de algum lugar distante no tempo e espaço.

"Real Life" é o episódio que melhor explora essa tensão entre o "lá e cá".

Revelação 4

Nossas vidas reais estão lá atrás, esquecidas há milhares de anos, e nós podemos recuperar as lembranças das nossas origens nas estrelas.

Em "Crazy Diamond", tal como Jim Carrey em *Show de Truman*, Ed Morris (Steve Buscemi) é um nostálgico engenheiro que produz "consciências quânticas", apegado ao seus discos de vinil e com o sonho de sair pelo oceano a bordo do seu veleiro. O tema que toca é a música psicodélica "Octopus" do guitarrista Sid Barrett nas origens da banda Pink Floyd nos anos 1960.

A típica nostalgia pós-moderna: saudades de épocas que não foram vividas, mas que revela a nossa condição de estrangeiros e exilados. Uma nostalgia indeterminada, de algum lugar ou tempo esquecidos.

Revelação 5

Cada um de nós tem uma contraparte ainda não decaída conectada ao Divino, que pode ajudar a nos despertar. Essa outra personalidade é auto-vigilante, enquanto a nossa consciência dorme. Estamos de fato dormindo, e nas mãos de um mágico perigoso disfarçado como um bom deus, mas é uma divindade perturbada. A desolação, o mal e a dor desse mundo (uma prisão determinista) nos faz cedo criar um princípio de realidade e, de bom grado, adormecemos na ilusão.

O episódio "Impossible Planet" é o que melhor ilustra essa revelação de PKD. Dois funcionários de uma corporação de turismo no espaço chamada Astral Dreams (Jack Reynor e Benedict Wong), veem a possibilidade de dar um golpe na personagem de Geraldine Chaplin, uma idosa nostálgica do planeta Terra. Com os recursos em criar ilusões tecnológicas de uma nave turística da empresa, tentarão iludir a cliente simulando uma viagem à Terra - na verdade o planeta já se extinguiu.

Ela é surda e, portanto, presa fácil para os golpistas que ganharão de uma vez o que levariam anos para ganhar honestamente.

Logo percebemos que a nostalgia e as lembranças de um lugar chamado Elk River têm algum tipo de natureza mística que transcenderá a morte.

Revelação 6: Você poderá passar da prisão delirante do mundo em que vive para o reino pacífico se o verdadeiro Deus o coloca sob sua Graça e permite-lhe ver a realidade através dos seus olhos.

No episódio "Human Is" uma mulher (Essie Davis) sofre em um casamento sem amor com um marido emocionalmente abusivo (Bryan Cranston) e percebe que, quando ele retorna de uma batalha em outro planeta, volta muito diferente -

agora amoroso, compreensivo e companheiro. Ela descobrirá o verdadeiro amor através dos olhos de um alien que, parece, assumiu o corpo do seu marido.

Para os gnósticos Deus não é um Criador (sentido dado apenas ao Demiurgo), mas um "alien": ele foi "emanado" e existe desde sempre. A dimensão da Criação é temporal (criação e decadência, entropia), enquanto a Graça Divina está num plano atemporal.

Na série, todos os pontos de virada dos protagonistas se relacionam a descoberta desse plano atemporal que não foi criado. Enquanto a Criação é ilusão, a Verdade é o Eterno: o que está além do sentimento de culpa em "Real Life", o amor através dos olhos de um alien em "Human Is", a descoberta do amor incondicional que está além da felicidade fabricada em "The Commuter", as memórias que transcendem a própria morte em "Impossible Planet", a Consciência Quântica que, apesar de manufaturada, descobre o amor pela vida etc.

O plano temporal é ilusório porque fugidio, tendendo à decadência, morte e destruição pela ação da flecha do Tempo. Em seus contos, PKD almeja que seus protagonistas descubram o Eterno – a "Graça de Deus".

Revelação 7

Cristo deu a Revelação - Ele ensinou aos seus seguidores como entrar no Reino enquanto ainda estão vivos, enquanto as outras religiões só trazem a verdade "em outro reino" ou "em outro tempo". Nunca aqui, só depois da morte.

Para PKD, o inferno da realidade é o seu determinismo criado por um princípio de realidade imposto pela dor e ausência de esperança. A tensão entre o "lá" e "cá" da Revelação 3 é sempre resolvida aqui e agora, nesse mundo. O plano secreto revolucionário dos telepatas "Teeps" em "The Hood Maker", ou a descoberta do amor incondicional na relação difícil entre o pai Ed Jacobson (Timothy Spall) e seu filho ao reverter uma viciosa realidade alternativa que prometia uma felicidade egoísta no episódio "The Commuter".

Daí que o Gnosticismo de PKD se aproxima da Política: a Revelação não está em outro reino que conheceremos após a morte (mesmo porque, a morte é a perpetuação da prisão através dos mecanismos reencarnatórios), mas na ruptura do determinismo e da ilusão.

Revelação 8

Provavelmente a verdadeira igreja cristã ainda vive. O segredo existe, há muito tempo, no subterrâneo. E aqueles iniciados que vivem o Corpus Christi como sua cabeça e governante têm poderes aparentemente mágicos.

É interessante como os contos de PKD tratam de protagonistas que vivem, seja no presente ou no futuro, rotinas absolutamente banais. Sem terem consciência de algum segredo muito antigo ou realidade atemporal que mudará para sempre suas vidas.

Em "Impossible Planet", Brian Norton (Jack Reinor) tenta aplicar o golpe da falsa viagem ao planeta Terra sem saber de uma realidade atemporal em loop que o liga a idosa ingênua Irma (Geraldine Chaplin), vítima do golpe.

Em "Real Life", a descoberta de que o véu da "realidade" esconde uma estrutura de mundos possíveis nos quais nossos "eus" vivenciam diferentes personas – e cujos sintomas são os déjà vus.

Há sempre alguma realidade atemporal e imemorial sob a realidade. É claro que para o gnosticismo "viver o Corpus Christi" é uma simbologia: o "Corpo de Cristo" seriam as diversas moradas, cujos acessos demandariam a iniciação a conhecimentos herméticos e mágicos.

Revelação 9

A divisão do Universo em dois tempos (Bem e Mal) e dois reinos (os bons e os maus) terminará abruptamente com a vitória do Bem tornando o invisível em visível – não sabemos quando isso ocorrerá.

Os contos de PKD são "maniqueístas" (no sentido dado pelo pensador gnóstico Mani como dualismo radical): dois reinos coexistentes de Luz e escuridão que se envolvem em conflitos e ações caóticas. Não há superação dialética possível, mas apenas oposição na qual uma das partes será destruída.

Ocasionalmente, a Luz torna-se prisioneira das trevas, num processo lento de extração e salvação. Como os telepatas "teeps" em "The Hood Maker" – presos e instrumentalizados pelo Estado totalitário para finalidades de vigilância e repressão, planejam uma revolução evolutiva para a espécie humana.

Ou em "Human Is" onde o alien rexoriano torna-se um metamorfo (passa a viver no corpo do protagonista Silas) onde, através dessa condição prisioneira em um corpo estranho, mostrará aos humanos que sua raça de aliens tida como selvagem e sem códigos morais, possui uma capacidade de amar ainda maior do que os próprios humanos.

Esse maniqueísmo gnóstico é bem diferente do vulgar maniqueísmo hollywoodiano: enquanto na indústria do entretenimento temos a vitória do Bem (o happy end) para manter a Ordem, destruindo o vilão anômico ou desestabilizador, no Gnosticismo o "happy end" é a destruição da Ordem com a revelação de tudo aquilo que era outrora invisível.

Revelação 10

Durante esse período de tempo de travessia estaremos sendo julgados sobre a qual poder somos fiéis: o Demiurgo Criador perturbado ou o Deus Uno e seu reino, que o conhecemos por meio de Cristo.

Esse elemento moral do julgamento está presente principalmente no episódio "Real Life": Cora (Karin Anglim), uma policial de Chicago no futuro sente-se culpada por uma chacina de policiais na qual ela foi a única sobrevivente. Esse sentimento de culpa se estende ao seu outro "eu" numa Chicago alternativa no passado (George – Terrence Howard), um engenheiro computacional bem-sucedido que com um dispositivo "mindset" vive uma vida virtual feliz no futuro como Cora.

Nesse episódio particular o sentimento de culpa pune os protagonistas: sentem-se culpados por eventos produzidos pelo Universo determinístico criado pelo Demiurgo. A culpa impede a felicidade dos protagonistas.

Nesse específico conto de PKD está sintetizada a visão gnóstica da moral: a culpa e o pecado não são imputados aos homens, mas na própria Criação.

Dessa forma, Cristo não veio morrer por nós ou pelos nossos pecados. Mas para nos eximir deles, ao mostrar que esse quadro moral do Demiurgo nos aprisiona na realidade através da culpa por nos considerarmos pecadores e decaídos. Não merecedores da Criação, supostamente Divina.

****

E PKD alerta em sua Exegese: "aquele que conhecer esses dez princípios do cristianismo gnóstico, estará cortejando o desastre!"

Portanto, o espectador deverá ter cuidado com o material altamente cáustico e perigoso adaptado pela série *Philip K. Dick's Electric Dreams*.

18
"Enter The Void":
drogas e o Livro Tibetano dos Mortos

PsicoGnóstico
Temas: Gnose, Estados alterados de consciência, Viajante, Carma, Reencarnação como prisão
Diretor: Gaspar Noé
Roteiro: Gaspar Noé, Lucile Hadzihalilovic
2009

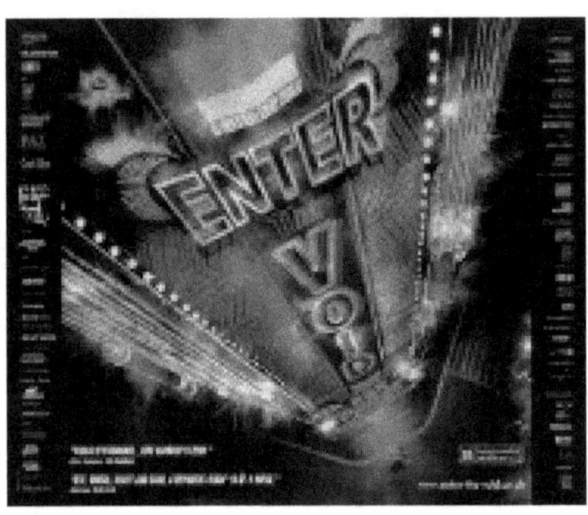

Um cineasta ateu que não crê em reencarnação faz um filme inspirado no "Livro Tibetano dos Mortos". Essa é a principal virtude de "Viagem Alucinante" ("Enter The Void", 2009) do diretor argentino Gaspar Noé. Dessa maneira, o diretor consegue demarcar a diferença entre filmes religiosos e doutrinários daqueles que nos desafiam a pensar. "Enter The Void" é tão extremo, sincero e desafiador como a produção anterior "Irreversível" (2002): as visões flutuantes sobre Tóquio a partir da alma do protagonista que foi mortalmente baleado sob efeito da droga DMT, acompanhando os três níveis de consciência pós-morte tais como descritas no livro tibetano. Neon e profusão de luzes de uma Tóquio que mais parece uma máquina de pinball vão acompanhar uma jornada espiritual de autoconhecimento em meio a sexo e violência.

N a história do cinema, os melhores filmes religiosos foram paradoxalmente feitos por ateus. Um exemplo é o filme *Diário de um Pároco de Aldeia (Journal d'un Curé de Campagne*, 1951) de Robert Bresson. Baseado em livro de um autor católico, o ateu Bresson conseguiu expressar a batalha existencial de um protagonista com sua fé em um dos melhores filmes religiosos do cinema.

Certamente se fosse feito por um católico, o filme seria apologético e doutrinário, voltando-se contra a própria propagação da fé.

O mesmo se aplica ao filme *Enter de Void* do diretor Gaspar Noé (Irreversível), inspirado no "Livro Tibetano dos Mortos" – ou "Bardo Thodöl". É um texto sagrado do budismo tântrico tibetano, uma espécie de guia para a consciência pós-morte através das experiências a serem vividas entre a sua morte e o próximo renascimento.

Porém, Noé não crê em vida após a morte e muito menos em reencarnação. Embora a narrativa inteira do filme seja estruturada nos três níveis de consciência (ou "bardos") de um ser senciente após a morte, segundo o livro tibetano, o diretor afirma que *Enter The Void* é apenas sobre alguém que é baleado enquanto está chapado com DMT (Dimethyltryptamina). Mostra sua própria morte enquanto sonha com a alma escapando da carne, porque ele quer manter a promessa feita para sua irmã de que jamais iria deixá-la.

"Não preciso acreditar em discos voadores para fazer um filme de marcianos chegando na Terra", diz Noé.

DMT, o cérebro e a morte

Por isso, *Enter The Void* é um filme extremo, provocativo, sincero e desafiador. Um hipnótico design de áudio criado por um antigo sintetizador russo, ruas e prédios de Tóquio que parecem ter saído da cenografia do filme Tron ou de uma máquina de pinball, uma profusão de luzes feéricas em neon, sexo explícito e violência, créditos iniciais e finais em colossais fontes sans-serif e muito som industrial que lembra alguma coisa entre as bandas *Einsturzende Neubaten* e *Nine Ich Nails*.

Gaspar Noé tinha o projeto *Enter The Void* desde 1994, mas os produtores consideraram o filme muito caro e, o que é pior, cinematicamente irrealizável. Após o sucesso de *Irreversível* (2004), Noé conseguiu reunir recursos para este projeto: um filme técnica e filosoficamente ambicioso.

Inteiramente filmado em longos planos sequência sob o ponto de vista de quem foi baleado após fumar DMT (pesquisadores acreditam que o princípio ativo dessa droga seria liberado pelo próprio cérebro no momento da morte, criando alucinações) e que voa através da cidade de Tóquio como um fantasma.

São as visões de um olho flutuante de alguém aparentemente morto (Noé faz questão de tornar ambígua a morte do protagonista do começo ao fim) que observa cenas de horror, miséria e dor sem fim dos vivos.

Enter The Void é sobre a vida pós-morte que preocupa seja ateus, racionalistas ou religiosos – a vida pós-morte em que todos nós, sempre de algum ponto de vista, acreditamos (seja a sobrevivência física, espiritual ou apenas das ideias) e de como a vida das pessoas nesse mundo infeliz e turbulento ainda continua exercendo influência sobre aqueles que nos deixaram.

O Filme

Oscar (Nathaniel Brown) é um jovem traficante norte-americano que vive em Tóquio em um submundo de artistas, dançarinas e dealers. Tudo parece girar em torno de uma boate chamada "The Void" ("O Vazio"). Oscar recebe sua irmã Linda, após de anos de separação depois da morte traumática dos pais na infância. Graças ao dinheiro do tráfico, Oscar consegue pagar a viagem da irmã até Tóquio para se manterem juntos, uma promessa da infância perdida após a morte trágica dos pais.

Vemos então somente planos sequências a partir do ponto de vista de Oscar que apenas o conhecemos quando ele se coloca diante de espelhos. Junto com seus amigos Alex (Cyril Roy), um desgrenhado e amável artista plástico, Oscar vai realizar uma entrega de drogas em um bar. Mas ele é traído pelo seu cliente que o denuncia à polícia. Desesperado e tentando se livrar da mercadoria, Oscar tranca-se em um banheiro até ser baleado mortalmente.

A partir desse momento, a "viagem" de Oscar começa a seguir estritamente as fases pós-morte descritas no "Livro Tibetano dos Mortos", livro apresentado e descrito brevemente por Alex em sequência anterior.

O estilo de plano de câmera muda: agora não vemos mais a realidade a partir dos olhos de Oscar, mas vemos Oscar olhando para as costas de sua própria cabeça olhando para o passado.

Esse é o primeiro Bardo do budismo tântrico ("Chikai Bardo"): o momento da experimentação da "Luz Primordial", que para muitos é "a luz no fim do túnel" de muitas experiências pós-morte em relatos científicos. Mas nada mais é do que o mergulho na consciência do próprio ser, um mergulho em si mesmo, o "vazio do coração" – daí o título que Gaspar Noé deu ao filme. Concentrar-se nessa luz é abandonar todos os afetos do Ego e atingir a consciência supra-mundana.

Sem a compreensão desse processo, o moribundo retornará ao ciclo de renascimentos.

Assim como descrito no livro tibetano, Oscar é atraído por essas luzes (neons, abajures, lâmpadas etc.) que, sem consciência, o protagonista passa por elas como fossem "buracos de minhoca" que o colocam em lugares diferentes de uma Tóquio etérica e psicodélica.

As ilusões cármicas

Começa então o segundo Bardo ("Chönyid Bardo"): as ilusões cármicas. O conteúdo da mente é projetado tornando-se visível como um sonho. Oscar observa momentos da sua infância, a morte de seus pais, a proximidade obsessiva com sua irmã, o anseio sexualizado pela mãe perdida que termina encontrando expressão no caso com uma mulher mais velha em Tóquio etc.

Nesse nível de consciência pós-morte, o visível dependerá das crenças e criações mentais anteriores – as "formas-pensamento" para a Teosofia. Por exemplo, um cristão poderá vislumbrar imagens purgatoriais ou até mesmo do Paraíso. Serão experiências que variarão segundo a cultura e crenças.

O "Livro Tibetano dos Mortos" é justamente um guia para evitar a queda do ser nessas criações mentais – experiências de vida, crenças, memórias, pensamentos, sentimentos. Evitar que o ser, alienado de si mesmo sob o efeito da separação do corpo, seja capturado pelo próprio egoísmo. Aqui tomado não em sentido moral, mas puramente energético como prisioneiro das próprias formas-pensamento.

Muitos filmes PsicoGnósticos já abordaram essa experiência de prisão egóica como, por exemplo, *A Passagem* (*Stay*, 2005).

O momento máximo da prisão de Oscar nesse nível das ilusões cármica é quando a cidade de Tóquio se funde com a visões ilusória de uma maquete de neon criada por um amigo artista de Victor, em uma visão hiper-real da cidade.

Luzes e espirais

O leitor perceberá que a narrativa explora dois simbolismos importantes para a jornada espiritual: as luzes que podem ser tanto a forma da compreensão de si mesmo descobrindo o "vazio do coração", o abandono do Ego e a decorrente união supra-cósmica – na literatura espírita, por exemplo, espíritos são atraídos por luzes como velas, assim como os insetos pelas lâmpadas; e a as espirais.

A espiral está na maquete em neon de Tóquio e nos insistentes movimentos circulares descendentes de câmera. Seja para o Budismo e mesmo para o xamanismo (representado pelo movimento da serpente), a espiral está associada à viagem espiritual da alma até a iluminação. Sua forma logarítmica (cresce de modo terminal sem se modificar) indica a permanência da alma (luz, essência) através das mudanças.

Nesse nível de consciência, que ocupa grande parte do filme, Oscar terá um duro aprendizado ao tentar separar as suas projeções mentais dos sofrimentos reais de todos que observa – principalmente a irmã, que se torna dançarina de pole dance na boate "The Void" cujo proprietário é um sinistro mafioso, Mario (Masato Tanno).

O último Bardo

Aos poucos, o leitor perceberá que a narrativa prepara o espectador para o último Bardo ("Sidpa Bardo"): o bardo do renascimento e os estados psicológicos pré-natais.

Mas o ateu Gaspar Noé nos oferecerá um final ambíguo e angustiante. Para o diretor, as experiências do filme estão baseadas nas suas próprias experiências no passado com DMT fumável e Ayahuasca. Por isso, toda a trajetória da consciência descrita pelo Livro Tibetano dos Mortos seria apenas descrições de um estado de loop temporal construído pelo próprio cérebro.

Quando vemos o bebê saindo da barriga da mãe, não fica claro se vemos o rosto da irmã (confirmado o laço cármico e a necessidade do renascimento) ou o rosto da própria mãe da infância perdida. Noé sugere a criação de uma falsa lembrança do momento traumático em que Oscar descobriu a luz e o oxigênio.

Essa ambiguidade é a grande virtude de *Enter The Void*: a viragem de um filme apenas apologético e doutrinário, para um filme que faz o espectador pensar.

19
"Oblivion":
O apocalipse foi a própria Criação

CosmoGnóstico
Temas: A Criação como um erro, Esquecimento, Ilusão, Demiurgo
Diretor: Joseph Kosinski
Roteiro: Joseph Kosinski e Michael Arndt
2013

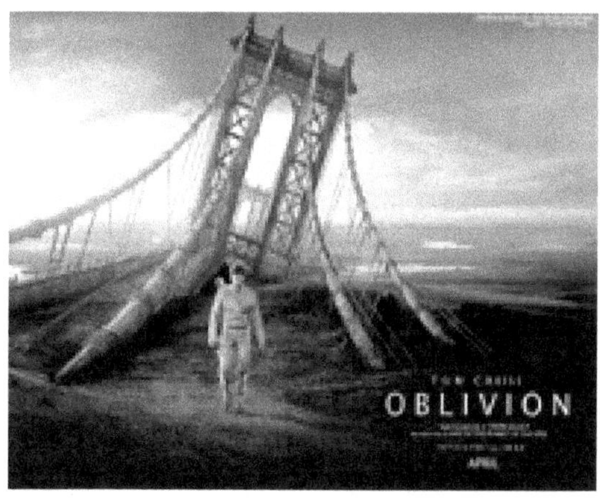

Se "Matrix" (1999) foi o auge hollywoodiano do gnosticismo pop, "Oblivion" (2013) é outro filme que consegue sintetizar o mito central dos gnósticos: o apocalipse já aconteceu, e foi a própria Criação: um erro cósmico no qual nos tornamos prisioneiros da ilusão e do esquecimento. Tom Cruise é Jack, um técnico de manutenção de drones e robôs cumprindo sua última missão na Terra: conduzir os recursos naturais remanescentes de um planeta devastado para uma lua de Saturno, último refúgio humano. Mas Jack aos poucos começa a questionar os propósitos da sua missão. Principalmente quando a mulher dos seus recorrentes flashs de memória aparece na queda de uma nave.

O clássico *Planeta dos Macacos* (1968) foi um ponto de inflexão na história do cinema: levou ao *mainstream* cinematográfico o tema do pós-apocalipse – a Terra foi dizimada por uma guerra nuclear e os macacos ascenderam na evolução e escravizaram os seres humanos, convertidos em animais silenciosos.

Muitos críticos apontam esse momento como o início do pós-moderno no gênero sci-fi: diferente dos clássicos anteriores marcado por tons futuristas ou evolucionistas, o futuro torna-se regressivo, distópico, cujo avanço tecnológico pode até ser impressionante, mas no fundo é disfuncional e sombrio.

Certamente essa mudança das nossas expectativas em relação ao futuro se deve, claro, ao trauma da Segunda Guerra Mundial e os horrores do Holocausto. Mas o impacto da descoberta dos pergaminhos apócrifos, conhecidos como Evangelhos Apócrifos, em Nag Hammadi (Egito) em 1945, também foi um evento importante nessa mudança dos humores pós-modernos – conjunto de antigos textos do início da Era Cristã que revelariam a natureza do antigo cristianismo e as interpretações místicas sobre a vinda de Jesus feitas pelos gnósticos.

Nesses textos fica evidente o mito central dos Gnosticismo: há algo muito errado com o Universo: na verdade, o apocalipse já ocorreu – foi a Criação, um erro perpetrado não por Deus, mas por um Demiurgo. Aprisionando a humanidade no erro através da ilusão e da ignorância. Depois disso, passamos a viver nas ruínas da Criação, assim como o herói cinematográfico Mad Max que vagava por desertos inóspitos.

O impacto da descoberta de Nag Hammadi repercutiu de imediato na literatura de autores como Albert Camus, Philip K. Dick, Harold Bloom e Alen Ginsberg. Não precisou de muito tempo para esses insights atravessarem a cultura pop: HQs, literatura *pulp fiction*, mangás, animes japoneses e o cinema – do nicho cult até chegar no *mainstream* hollywoodiano.

Se *Matrix* (1999) foi o auge hollywoodiano do gnosticismo pop, *Oblivion* (2013) é outro filme que consegue sintetizar esse mito central dos gnósticos: um técnico de drone chamado Jack (Tom Cruise), junto com sua companheira de operações, passa os dias fazendo a manutenção de robôs e máquinas que estão numa Terra pós-apocalipse, devastada por uma guerra nuclear e desastres naturais.

Uma nave em forma de poliedro supervisiona a missão absorver todos os últimos recursos naturais do planeta para serem enviados para a colônia terrestre numa das luas de Saturno. Para onde a humanidade migrou após a destruição.

Mas, como em uma boa narrativa gnóstica, nada é o que parece. Jack é o protótipo da condição humana nesse cosmos: o esquecimento e falsas memórias são a base da ignorância que mantém o protagonista feliz em uma ilusão, cercado por todos os confortos tecnológicos. Assim como os gnósticos desconfiam de que há algo de muito errado com esse cosmos, da mesma maneira Jack aos poucos vai perdendo a certeza sobre a natureza real do apocalipse nuclear que varreu a Terra.

O Filme

Jack tem um sonho em preto e branco recorrente, que também se manifesta em *flashs* de memórias ocasionalmente durante o dia: ele sempre aparece com uma linda mulher, em passeios numa Nova York anterior ao apocalipse.

Tudo se passa no ano de 2077, 60 anos depois de uma invasão alienígena que tornou a Terra inabitável – a Lua foi destruída durante a invasão, o que provocou terremotos e tsunamis, destruindo as cidades. E o restante foi arrasado por bombas nucleares na batalha contra os invasores. O que contaminou todo o planeta, forçando a humanidade a migrar para Titã, uma das luas de Saturno.

Mas deixou na Terra os dois últimos remanescentes com uma importante missão. Do alto de uma torre de comunicações, Jack Harper e Victória (Andrea Riseborough) monitoram drones, robôs e máquinas que drenam os últimos recursos naturais do planeta para serem enviados a Titã. Mas eles próprios também são monitorados por uma chefa estranhamente alegre chamada Sally (Melissa Leo) a partir de um satélite chamado Tet – um poliedro negro com faces triangulares invertidas.

"Vocês continuam um time efetivo?". Sempre pergunta Sally ao final de cada conversa com a dupla de técnicos – sua imagem robótica na tela já é a primeira pulga atrás da orelha para o espectador.

Aparentemente, os dias do casal na Terra é rotineiramente tranquilo, com a ajuda de uma sofisticada tecnologia: consertos de drones, jantares à luz de velas em candelabros e mergulhos em uma piscina com fundo de vidro.

O único risco são esporádicos ataques surpresas contra drones e robôs, supostamente feitos pelos "escavadores", últimos exemplares dos alienígenas invasores que sobreviveram à guerra nuclear e vivem escondidos em cavernas. Mas nada como a sofisticada tecnologia para torna-los um "time efetivo".

Um dia uma nave cai em um dos quadrantes próximos à torre. Jack consegue resgatar apenas um sobrevivente em estado criogênico – uma astronauta russa chamada Julia (Olga Kurylenko), incrivelmente semelhante à mulher dos seus sonhos.

Jack a leva de volta para a torre, incitando ciúmes e desconfiança na parceira Vica.

Julia permaneceu por seis décadas em sono criogênico – ela e sua tripulação parecem ter dado meia volta na viagem só de ida para Titã. Ela se recusa a dizer o propósito da sua missão de retorno à Terra. Pelo menos, até encontrar a caixa preta da nave destruída.

Essa é a segunda pulga na orelha para nós: que segredos o registrador de voo da caixa preta poderá revelar sobre Harper, Victória e da própria invasão alienígena?

Temas gnósticos em 'Oblivion'

De início, *Oblivion* apresenta três temas bem caros aos filmes gnósticos: a protagonista como o Divino Feminino, a perda da memória como a base da ignorância e ilusão e a violenta torsão narrativa, revelando uma realidade construída artificialmente por um Demiurgo.

Evidentemente, a personagem Julia pertence à cadeia dos iluminados aeons da mitologia gnóstica: Set, Enoch, Sem, Zoroastro, Buda, Sophia, Jesus etc. Todos com a missão de nos mostrar que nossas percepções condicionadas pelas ilusões desse cosmos se tornaram uma prisão para a essência espiritual humana.

Jack Harper a esqueceu, restando apenas cacos de memória que não consegue reconectar. Julia terá o papel de despertar aquilo que foi esquecido, assim como Sofia em *Vanilla Sky*, Sylvia em *Show de Truman* ou Trinity em *Matrix*.

O papel do esquecimento ("oblivion") é fundamental na narrativa. No meio da desolação terrestre, Jack secretamente tem o seu pequeno paraíso em uma área ainda arborizada. Lá estão fragmentos de uma época que se foi: boné de um time de futebol, discos de vinil, aparelho de som e outros cacos de memórias vintage. Lá parece buscar algo, do qual não se lembra. Até aparecer Julia, a mulher dos seus sonhos recorrentes.

Aqui o diretor e roteirista Joseph Kosinski (*Tron: O Legado*) praticamente atualiza a interpretação gnóstica do Paraíso bíblico. Assim como a animação da Pixar *WALL-E* (2008), por um ponto de vista tecnognóstico.

Jack é Adão (e no filme isso fica ainda mais evidente ao ser descoberta a sua condição de clone) que receberá o conhecimento proibido. Mas dessa vez, não mais através da maçã. Eva/Júlia mostrará as gravações de voo da caixa preta.

O que coincide com a reinterpretação gnóstica do Paraíso: a forma espiritual da serpente seria a própria Eva, tentando levar ao homem o conhecimento, o fruto da árvore proibida.

Aliens/Demiurgo

É a inevitável torsão narrativa tanto para o protagonista quanto para o espectador. Juntos, descobrem de forma violenta a mentira criada pelos aliens/Demiurgos. Nada é o que parece: os "escavadores" na verdade são seres humanos resistentes à invasão alienígena que, ao contrário do que pensam Jack e Victória, foi bem-sucedida. Restando aos humanos lutarem contra as máquinas que drenam toda a energia e recursos naturais do planeta.

O Paraíso tecnológico da torre de comunicações nada mais é do que o jardim cheio de belezas e delícias, como o Paraíso bíblico – uma armadilha para manter Jack/Adão na ilusão, esquecimento e ignorância. Enquanto mantém as máquinas sugando a energia terrestre. Assim como na Cosmologia gnóstica, o demiurgo aprisiona a humanidade para sugar dela a luz espiritual que põe o cosmos em funcionamento.

"Vocês continuam sendo um time efetivo?", sempre pergunta a estranha Sally para o casal de técnicos. Mantê-los sempre ocupados, em constante estado de alerta, sempre à beira de uma crise e criando inimigos externos (os "escavadores") é a clássica estratégia dissuasiva para suspender qualquer dúvida, pensamento crítico ou suspeita. Pela absoluta falta de tempo, com a mente ocupada por ameaças imaginárias – esse é o ponto de contato entre a Cosmologia gnóstica e e as questões políticas terrenas. Afinal, as relações políticas de dominação são o microcosmo de um drama muito maior, em escala cósmica.

Ironicamente, a gigantesca nave poliédrica chama-se Tet (letra inicial hebraica inicial de "tov" (o Bem). Lá acontecerá o duelo final de Jack com a verdadeira face de "Sally": a sinistra inteligência alienígena que vaga pelo

Universo subjugando civilizações para drenar ainda mais energia. Ela exige que Jack a adore como um Deus.

Essa é a mais completa atualização do mito gnóstico do Demiurgo: uma divindade enlouquecida que não nos ama, nos explora e ainda exige devoção.

TEMAS AQUÍMICOS

'Tron: O Legado'

'Pi'

'Sinédoque, Nova York'

'Fonte da Vida'

'Beleza Americana'

'Reflexo do Medo'

'Breaking Bad'

'Toy Story'

1

"Tron: O Legado": simbologias alquímicas e gnósticas esvaziadas pelos Estúdios Disney

Temas: Teurgia, Casamento Alquímico
Diretor: Joseph Kosinski
Roteiro: Edward Kitsis e Adam Horowitz
2010

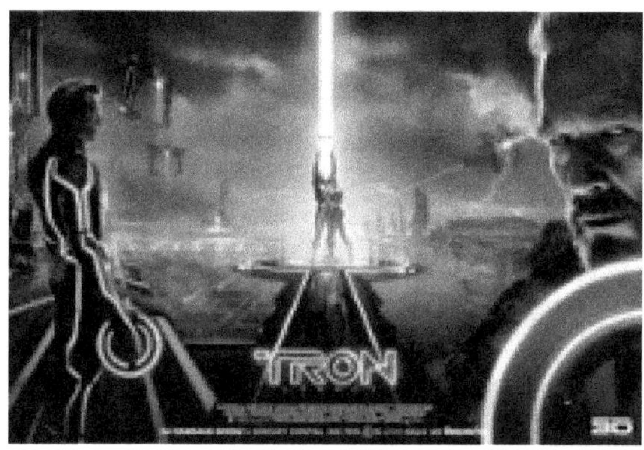

"Tron: O Legado" (Tron: Legacy, 2010) é mais um exemplo do conservadorismo dos Estúdios Disney. Se em "Tron" de 1982, uma das primeiras representações cinematográficas do mundo digital, tínhamos uma abordagem heróica e contestadora de uma ciberutopia que desafiava as grandes corporações computacionais, nessa continuação temos um enfraquecimento desse ímpeto. Todos os elementos místicos e gnósticos que motivavam essa ciberutopia esboçados há 28 anos com "Tron", são até ressaltados e mais desenvolvidos nessa continuação atual. Porém, são representados de forma esvaziada e submetidos à ideologia que o primeiro Tron tanto combatia.

Ao assistirmos a essa continuação do clássico filme de ficção científica *Tron: Uma Odisseia Eletrônica* (1982) temos a sensação de uma atmosfera de final de festa. Comparado com o primeiro Tron de 28 anos atrás (expressão de uma cibercultura emergente em tons épicos e heroicos), Tron, O Legado parece ser um réquiem para toda uma ciberutopia. Se na década de 80 o protagonista Flynn lutava pela liberdade do servidor da empresa ENCOM contra a tirania do PCM (Master Control Program – que expressava a luta pela liberdade dos primeiros PCs feitos em garagens contra os gigantescos main frames corporativos), aqui nessa continuação Flynn se confronta contra seu próprio avatar, numa jornada sem mais tons épicos, mas, agora, numa narrativa solipsista e introspectiva.

Para começar, como os próprios produtores adiantaram, o plot principal da estória é o reencontro de um pai com o seu filho após duas décadas.

Após sobreviver ao PCM no filme de 1982 e libertar os servidores da ENCOM, o engenheiro de vídeo games Kevin Flynn (Jeff Bridges nas duas versões) torna a companhia milionária. Mas, secretamente, num laboratório subterrâneo em seu fliperama, continua fazendo experiências de teletransporte quântico para o mundo digital, até ficar preso dentro dele em 1989.

Flynn era movido por uma ciberutopia tecnognóstica, isto é, por uma visão ao mesmo tempo messiânica e mística da tecnologia: "Uma fronteira digital que irá reformular a condição humana. Lá dentro [do computador] está o novo mundo, o nosso futuro!". Flynn pesquisava o que hoje seria a pedra filosofal da história da tecnologia: a interface final entre o reino eletrônico e o biológico, a conexão física ou neuronal entre o usuário e as redes eletrônicas, de tal sorte que os próprios avatares ou programas se tornem entidades vivas, sencientes, autônomas.

Em busca dessa perfeição, o programador Fynn cria CLU, seu avatar para auxiliá-lo no projeto de construir uma rede perfeita. Mas, na melhor tradição das histórias clássicas sobre Criador/Criatura, Flynn sofre um "golpe de estado": CLU reprograma Tron e o transforma numa máquina de guerra com o propósito de roubar o disco de luz de Flynn, a verdadeira chave-mestra com informações que possibilitaria a CLU se materializar junto com seus semelhantes e ter acesso à Terra. O objetivo claro é mais poder e dominação. Flynn, o Criador, acaba prisioneiro em um mundo subjugado pelo seu próprio avatar.

Ainda comparando com a versão de *Tron* de 1982, se lá Kevin Flynn é um rebelde com causa (a luta pela liberdade das informações, sem controles ou hierarquias), aqui na continuação seu filho, Sam Flynn, é um órfão rebelde sem causa que se limita a hackear a própria empresa herdada do pai desaparecido. Ele se recusa a assumir o legado da ENCOM, fugindo de moto a 140 km/h.

Sam acaba indo ao fliperama abandonado do pai e descobrindo, atrás do arcade Tron, o laboratório secreto de Kevin Flynn. Sem querer é também digitalizado e transposto para o interior do mundo digital, onde reencontrará seu pai e, com a ajuda de Quorra (Olivia Wilde), vão combater os desígnios tirânicos de CLU.

Alquimia no mundo digital

Como uma produção da Walt Disney Studios, ou seja, um típico produto do *mainstream* da indústria do entretenimento, é de esperar o conservadorismo da abordagem de muitos temas potencialmente críticos. Basta tomarmos o recente exemplo de *Alice no País das Maravilhas* de Tim Burton produzido pelos Estúdios Disney, numa releitura conservadora do destino de Alice (de crítica à moralidade vitoriana em Carroll à empresária empreendedora na versão Disney.

O que estava apenas esboçado na primeira versão, aqui em *Tron, O Legado* os elementos do gnosticismo alquímico estão explícitos. Mas, nessa continuação dos estúdios Disney, esses elementos alquímicos críticos e transcendentes são reprimidos.

Muitos autores como Victoria Nelson (2001) e Erick Davis (2002) veem na busca atual das pesquisas em torno da última interface tecnológica biológica/eletrônica (avatares, Inteligência Artificial, nanotecnologia etc.) a motivação alquímica da chamada "Teurgia".

O que é Teurgia? Platão falava em um ser chamado Demiurgo, criador do mundo visível, personagem largamente usado na antiguidade para explicar a origem da alma humana a partir de uma forma Divina e Original: Anthropos. Do Mundo das Formas Anthropos desceu ao mundo material, originando o homem.

Apesar de ser uma forma inferior, o ser humano teria dentro de si fagulhas divinas da sua origem (Anthropos). Portanto, objetivo da sua existência seria galgar os degraus que o façam retornar às suas origens divinas. Nós, humanos, não passaríamos de simulacros do Humano Primal, assim como o mundo dos nossos sentidos é um simulacro do Mundo das Formas. Através do autoconhecimento ou gnose poderíamos então retornar à Luz é à vida eterna possuída por Antropos, esse humano essencial.

A Teurgia surge no mundo helenístico como a primeira forma de alcançar isso através da manipulação da matéria onde, assim como o Demiurgo, podemos dar vida e alma a uma forma material e inferior. Se temos dentro de nós uma parte desse Anthropos, podemos retornar a ele exercendo as mesmas habilidades reservada aos deuses: imitatio dei por generatio animae, imitar Deus criando vida.

Retornando ao filme, por trás da ciberutopia de Flynn esconde-se essa motivação mística ou gnóstica: imitar Deus criando avatares ou entidades digitais, as tornado inteligentes e autônomas. No mundo digital, os usuários são vistos como "os criadores", deuses ou demiurgos contra os quais CLU se rebela, assim como no mundo físico o homem se rebela contra seu deus.

O ateísmo de CLU corresponde ao ateísmo científico de Flynn em querer se equiparar a Deus. Ambos serão punidos pelo conservadorismo dos Estúdios Disney: morrem abraçados, destruindo todo o mundo digital e livrando a Terra de uma possível infecção ateísta digital.

E para quê imitar Deus a partir de processos alquímicos como a Teurgia? Para encontrar nesse Anthropos artificialmente criado a fagulha divina que nos faça reencontrar nossas origens na Plenitude. Mas em *Tron, O Legado* Flynn encontra apenas em CLU o seu próprio espelho: a busca pela perfeição trouxe apenas solipsismo: um mundo fechado, autocentrado que, na prática, resultou em tirania de um ego blindado.

Na segunda versão a ousadia de Kevin Flynn iniciada há 28 anos é punida pela sua pretensão alquímica. Temos a reedição do velho clichê hollywoodiano: o cientista louco destruído pela sua criatura. Quem desafia a ordem (no caso aqui, cósmica) deve ser punido. Sua experiência alquímica é ateia e perigosa.

O "casamento alquímico" em Tron

O processo final da alquimia é o chamado "casamento alquímico". O processo alquímico clássico envolve a dissolução de elementos até o caos para, por meio desse estado, separar massas indiferenciadas em espírito e matéria, unindo essas oposições em uma espécie de casamento alquímico – do qual surge a pedra filosofal.

No filme, a experiência digital de Flynn resulta numa descoberta inesperada: os "algoritmos isomórficos" (ISOs), "uma inteligência superior a nossa. Surgiram como flores no deserto. Profundamente ingênuas. Inimaginavelmente sábias", diz Flynn. Ele chegou ao ponto final da Alquimia: do caos surge

Anthropos, o Homem Primal, puro, ainda não corrompido, a origem de toda a humanidade. No filme representado por Quorra, a mulher que é o último remanescente da espécie, a "pedra filosofal".

É o momento de verdade da narrativa para, ao final, terminar no também velho clichê que permeia as produções dos estúdios Disney: o culto ao empresário empreendedor, a vitória do management e da corporação sobre qualquer pretensão mais transcendente ou metafísica.

Da mesma forma que em "Alice no País das Maravilhas" de Tim Burton, em *Tron: O Legado* o jovem Sam Flynn retorna ao mundo físico com Quorra e uma missão: agora, retomar o controle da ENCOM. Todo o sentido místico e até religioso da jornada pelo mundo digital é esvaziado. Tudo apenas serviu para Sam descobrir a si mesmo e deixar de ser um rebelde sem causa e deixar de sabotar a própria empresa. Ele se tornará o novo CEO da ENCOM e, tendo a sabedoria da Quorra a seu lado, direcionará todo o novo conhecimento ao mundo dos negócios.

A jornada de Sam Flynn e o reencontro com seu pai num outro mundo para nada mais transcendente ou espiritual serviu do que o herói ter encontrado a sua "pedra filosofal" para o mundo dos negócios.

2
"Pi":
A Busca Interior Através dos Números

Temas: Cabala versus Alquimia, Transcodificação, Transmutação
Diretor: Darren Aronofsky
Roteiro: Darren Aronofsky, Eric Watson
1998

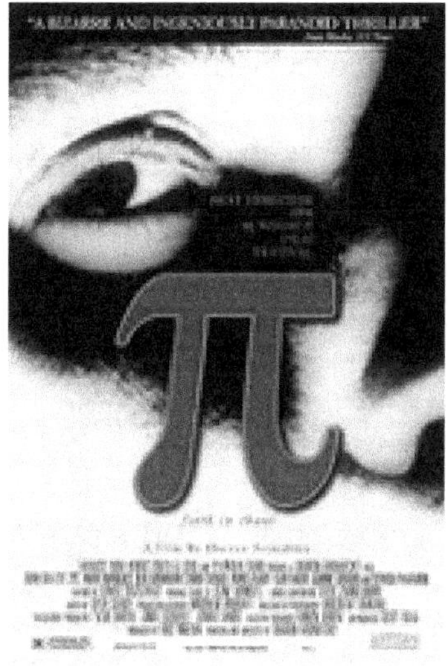

O filme "Pi" confronta dois paradigmas místico-filosóficos (cabala versus alquimia) ao mostrar a irônica jornada de um gênio matemático que, ao tentar encontrar números inscritos na natureza, encontra a si mesmo em um espelho fragmentado de paranoia e delírio.

N a postagem anterior discutíamos o "thriller matemático" argentino "Moebius". Não poderia deixar de lembrar do ousado e experimental filme de Darren Aronofsky *Pi* (*Pi*, 1998). Filmado em película 16 mm e em preto e branco, temos uma narrativa cujo argumento inicia-se no princípio matemático PI.

O número PI é a mais antiga constante da matemática: é o valor da razão entre a circunferência de qualquer círculo e seu diâmetro.

O PI está em todos os lugares: no movimento das ondas numa praia, no trajeto aparente diário das estrelas no céu, no movimento das engrenagens e rolamentos, na propagação dos campos eletromagnéticos e em um sem número de fenômenos e objetos do mundo natural e da Matemática. Todos estão associados às ideias de simetria circular e esférica. De um modo quase que inexorável o estudo dos círculos e esferas acaba produzindo o PI. Daí a ubiquidade desse número.

Em consequência temos os seguintes postulados do protagonista, o matemático Max Cohen, que ele logo apresenta no início do filme:

> *"Primeiro: a matemática é a linguagem da natureza*
> *Segundo: Tudo ao nosso redor pode ser representado através de números*
> *Terceiro: se representarmos graficamente os números de qualquer sistema, os modelos surgem"*

Portanto, há modelos por todas as partes na natureza, na sociedade e no comportamento humano: do mercado de ações, bolsa de valores ao livro sagrado da Torá dos judeus, tudo pode ser representado por modelos matemáticos.

A trama segue Max Cohen, um gênio matemático recluso em seu pequeno, sujo e caótico apartamento onde obsessivamente procura na tela de seu computador uma sequência numérica em torno de 200 números que seria o modelo universal para todos os fenômenos.

Sua obsessão é acompanhada por terríveis dores de cabeça que surgiram na infância que o faz utilizar de forma incontrolada um coquetel de analgésicos e outros medicamentos. Paradoxalmente, quanto mais ele tenta encontrar modelos ordenados para a existência, mais a sua própria vida torna-se caótica: as crises cada vez mais lancinantes de dores de cabeça o fazem entrar em progressivos estados de delírio e paranoia. A fotografia em preto e branco, estourada e com poucos meios tons torna ainda mais difícil para o espectador diferenciar onde termina a realidade e onde começam os delírios do protagonista.

A atmosfera paranoica da narrativa se torna ainda mais densa quando Cohen passa a ser perseguido por agentes de uma empresa de corretagem de títulos de Wall Street e um judeu ortodoxo estudante de Cabala que faz parte de um grupo que procura o código numérico da Torá (livro que contém segredos das antigas escrituras religiosas judaicas) que seria o próprio nome sagrado de Deus.

Diferente de Cohen que procura o modelo numérico por interesses filosóficos ou diletantes, o grupo de rabinos e o outro de Wall Street querem apenas uma coisa: poder, seja financeiro ou religioso.

A discussão matemática do número Pi é um mero pretexto para Darren Aronofsky abordar temas de outra ordem, filosóficos e místicos: determinismo versus caos, cabala versus alquimia. Em filmes posteriores como *Fonte da Vida* (*The Fountain*, 2006), Darren aprofundará ainda mais esses temas que se iniciam em *Pi*.

O protagonista Max Cohen possui uma obsessão gnóstica por transcendência. Quer encontrar no aparente caos e desordem do cosmos físico um ordenamento divino que purifique a existência. Mas, para seu desespero, quanto mais mergulha no sistemático mundo dos modelos numéricos, mais encontra a desordem e o aleatório.

Por trás dessa oposição determinismo versus caos (representado na narrativa pelo confronto com o vizinho de Cohen, também matemático, que abandonou a obsessão pela busca da sistematização numérica da existência ao reconhecer o caos da natureza) está um confronto mais profundo sugerido por Darren: a luta entre duas concepções místicas sobre a existência, o cabalístico e o alquímico.

Gnosticismo cabalístico versus alquímico

Embora a Alquimia (a precursora medieval da química e da medicina) tome emprestada da Cabala todos os seus signos, ela está ancorada no princípio da analogia, no princípio da harmonia dos contrários de Hermes Trimegisto na antiguidade: Acima como abaixo ou o que está no mundo menor (microcosmo) reflete o que está no mundo maior (macrocosmo).

A alquimia procura reencenar a atividade da criação divina que separou o caos em elementos distintos para, mais tarde, reunificar os elementos na Revelação. Por isso, o processo alquímico clássico envolve a dissolução de elementos até o caos para, por meio desse estado, separar massas indiferenciadas em espírito e matéria, unindo essas oposições em uma espécie de casamento alquímico – do qual surge a pedra filosofal. Nesse processo o próprio adepto consegue refinar a sua alma. Essa transmutação acaba ocorrendo no próprio homem, numa espécie de alquimia da alma

Ao contrário, o gnosticismo cabalístico parte de um princípio, por assim dizer, digital: a matéria é vista como algo disforme e caótico, um "golem". Ela somente ganha vida e ordenação graças ao código inserido por Deus no cosmos físico. A evocação ritual desses números que compõe o código possibilitaria controle e poder, tal qual o mito medieval judaico do Golem, uma criatura de barro que ganha vida ao ser inserido em sua boca as inscrições divinas (qualquer semelhança com o computador não será mera coincidência).

Diferente da transmutação alquímica, temos na cabala uma transcodificação: não há transformação, mas subordinação de uma realidade aos números transcendentes de Deus.

O Protagonista Gnóstico do "Detetive"

Max Cohen resiste à realidade, não quer aceitar o caos e a disformidade da vida (para ele são "anomalias", erros que invadem um sistema numérico perfeito). Quanto mais ele procura a transcodificação da vida, mas ele encontra o caos. Irresistivelmente, o mergulho no caos que faz contra a sua vontade cria um estado alterado de consciência potencializado pela paranoia que lhe abrirá o caminho alquímico: a transmutação da alma, a gnose e a reforma íntima.

Mas ele terá que enfrentar a secreta aliança cabalística entre os agentes de Wall Street e os estudiosos da Torá: eles estão atrás do código de 216 números que representaria o nome de Deus (seja o deus do mercado ou o religioso) que, supõem, esteja na cabeça de Max. Com esse código transcodificarão o mundo e terão poder e controle financeiro ou religioso.

Max é o típico personagem do "Detetive" nos filmes gnósticos: sem saber a sua investigação volta-se cada vez mais para ele mesmo. A investigação matemática o força a uma jornada interior de loucura e transformação. Na ilusão de encontrar os números inscritos na natureza, ao final encontra-se a si mesmo no espelho fraturado do banheiro do seu apartamento.

Em síntese, o filme *Pi* de Darren Aronofsky é muito mais do que um "thriller matemático". O número Pi é um mero pano de fundo para apresentar a jornada alquímica de transformação da alma de Max Cohen. E denunciar os demiurgos que conspiram contra essa busca gnóstica de transformação do homem: o poder financeiro e o religioso.

3

"Sinédoque, Nova York":
O Herói Alquímico

Temas: Estados Alquímicos, Transformação, Individuação
Diretor: Charlie Kaufman
Roteiro: Charlie Kaufman
2008

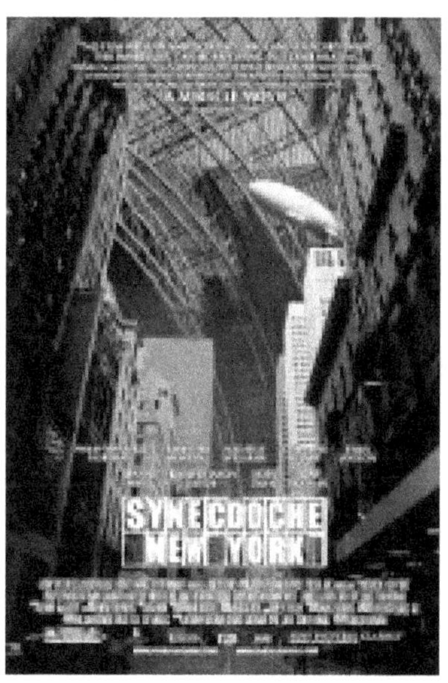

O filme "Sinédoque, Nova York" (2008) aprofunda ainda mais a simbologia gnóstica e alquímica dos trabalhos anteriores de Charlie Kaufman como roteirista. Narra a jornada do herói que busca a individuação numa cultura marcada pelo medo do anonimato e da insignificância do gesto individual. Através de uma

verdadeira jornada alquímica de transformação busca a verdade numa sociedade inautêntica.

*S*inédoque, *Nova York* é o primeiro filme como diretor de Charlie Kaufmann, roteirista de filmes anteriores como *Quero ser John Malkovich* (*Being John Malkovich*, 1999), *Adaptação* (*Adaptation*, 2002) e *Brilho Eterno de uma Mente Sem Lembranças* (*Eternal Sunshine of the Spotless Mind*, 2004). Tal como nesses filmes extravagantemente conceituais, aqui, como diretor, Kaufman tem a plena liberdade em desenvolver todos os simbolismos lançados nos trabalhos passados.

Os trabalhos de Kaufman como roteirista já transitavam por simbolismos de inspiração na mitologia gnóstica como a discussão da reencarnação como uma prisão para o espírito no cosmos físico em *Quero Ser John Malkovich* e o indivíduo prisioneiro em um mundo mental cujas memórias são manipuladas por um Demiurgo tecnognóstico em *Brilho Eterno de uma Mente Sem Lembranças*.

Dessa vez, e com plena liberdade, Kaufman aprofunda ainda mais todos esses simbolismos ao empreender uma jornada alquímica no sentido dado pelo psicanalista Jung. Em entrevistas, Charlie Kaufman tem salientado que não pretende fazer filmes que tentam transpor para a tela as imagens dos sonhos, mas, ao contrário, explorar a vida interior dos protagonistas por meio de narrativas oníricas. Em outras palavras, ele pretende transpor a narrativa onírica composta por metáforas e metonímias (condensações e deslocamentos, como dizia Freud) para a narrativa fílmica. Daí o nome do filme "Sinédoque" que é uma forma de linguagem metonímica como veremos adiante.

Sinédoque, Nova York trata de um protagonista que busca autenticidade em um mundo inautêntico. É um filme sobre o fracasso, sobre a luta de um protagonista para deixar a sua marca em um mundo cheio de pessoas que são mais talentosas, bonitas, glamorosas e desejáveis do que o resto de nós. A narrativa de Kaufman sobre os estágios de transformação psicológica do protagonista é claramente inspirada nos arquetípicos estados alquímicos de transformação da matéria (nigredo, rubedo e albedo). Se o diretor, desde os seus trabalhos como roteirista, bebia nas fontes da psicanálise gnóstica junguiana, nesse filme é explícita a aproximação com a metáfora alquímica de Jung para o processo de individuação humana.

O filme nos conta a estória de um diretor de teatro, Caden Cotard (Philip Seymour Hoffman) casado com uma talentosa pintora Adele (Catherine Keeler). Os dois moram em Nova York com sua filha de quatro anos Olive (Sadie Goldstein). Vivem uma vida envoltos em uma melancolia depressiva dentro de uma casa propositalmente de aparência frágil com cômodos pequenos e atmosfera opressiva. Visitam uma terapeuta de casais onde Adele confessa sua fantasia de que somente seria feliz se Caden morresse para, enfim, poder viver uma nova vida sem culpas.

A peça que Caden dirige se transforma em sucesso, mas a sua vida cai em pedaços: Adele finalmente tem seu talento reconhecido e vai para Berlin levando sua filha Olive e uma amiga junkie. Só, hipocondríaco e com feridas que começam a surgir no seu corpo, Caden fica para trás. Enquanto isso, Adele e Olive transformam-se em estrelas na mídia alemã, líderes de tendências em moda e comportamento.

Até que um dia ele recebe pelo correio a notícia de que recebera o Prêmio da Fundação MacArthur (premiação em dinheiro para subvencionar trabalhos inovadores e criativos). Então decide trabalhar em uma produção teatral monumental. Diz para a terapeuta com uma sinceridade funesta que pretende criar "algo grande e verdadeiro, colocar o meu verdadeiro Eu em alguma coisa"

Dentro de armazém impossivelmente enorme pretende criar uma réplica exata do bairro em que mora em Nova York, dirigindo milhares de atores, orientando-os em separados para reproduzirem vinhetas realistas. Quer reproduzir na ficção teatral no interior de uma gigantesca cenografia a sua própria vida até que ficção e não-ficção se confundam. Como o mapa gigante do conto de Jorge Luis Borges "O Rigor da Ciência" (1935) onde a representação (o mapa) de tão minuciosa assume as dimensões da realidade a ponto de substituí-la.

Os Estados Alquímicos

O pesquisador Eric Wilson em seu livro "Secret Cinema: gnostic visions in film" desenvolve a noção de "cinema alquímico" dentro do conjunto de filmes hollywoodianos que se inspiram na mitologia gnóstica. Para ele, ao longo da sua história o cinema criou dois tipos de heróis: o "extrovertido" que tenta intervir e alterar o mundo exterior e o "introvertido" que através da contemplação cultiva valores internos. Diferente disso, o "cinema alquímico" pratica a "centroversão": busca integrar o mundo interior e exterior através de um processo de transformação íntima através dos estados alquímicos de transformação da matéria.

Apesar das diferenças nas instruções dos alquimistas desde a antiguidade, pode-se notar uma concordância no que se refere aos estágios do processo alquímico de transformação:

Nigredo (enegrecimento): o caos primário de indiferenciação. Seus símbolos são o oceano, a serpente ouroboros e o caduceu de Mercúrio. O estado psicológico é a melancolia, associada à influência de Saturno. Ao falar sobre o que representa a sua gigantesca produção teatral, Caden fala em "banho comum, porque estamos todos na mesma água, mergulhados em nosso próprio sangue menstrual e emissões noturnas". A melancolia de Caden vê a realidade como um caos de indiferenciações, alienado de qualquer sentido;

Albedo (enbranquecimento): Sob a influência da Lua o caos é estabilizado, imobilizado em um estado abstrato, ideal. É o momento em que Caden cria um simulacro de Nova York no estúdio gigantesco. Sonhos e fantasias tornam-se perigosos, podendo o herói tornar-se "lunático" e se perder em seus próprios sonhos. Isso parece ocorrer tando com Caden como para o próprio espectador que começa a confundir realidade e representação numa narrativa em abismo (atores que representam personagens reais que representam que são atores...)

Rubedo (enrubescimento): a esse estado ideal e congelado é injetado o sangue, o Sol, a vida. O microcosmo encontra sua conexão com o macrocosmo. Caden encontra, ao final, a energia vital que mobiliza dos os atores na sua "sinédoque" teatral (a parte que representa o todo): paradoxalmente, o que mobiliza a vida é a morte. "Tive uma ideia, e se todos morressem", fala Caden ao final reconhecendo a impossibilidade de dirigir a vida como no teatro.

Ao transformar a sua gigantesca produção teatral num verdadeiro laboratório alquímico onde procura a redenção em meio ao caos das relações humanas, Caden se diferencia do caminho escolhido por Adele para dar conta da melancolia: ela vai procurar a redenção através da imagem, da fama, do estrelato e do sucesso midiático.

A angústia da individuação
nas redes de comunicação

A melancolia e a angústia atual surgem numa paradoxal dificuldade de individuação: embora as redes de comunicação atuais mobilizem uma fantasia narcísica de onipotência (a esperança de ter um gesto ou palavra ecoado pelas redes sociais), por outro lado cresce a angústia em relação à qualidade, duração e significado dos atos individuais.

Ter filhos, escrever um livro e plantar uma árvore (a marca individual deixada para a posteridade) torna-se cada vez mais improvável numa época que, ironicamente, convivemos com a mais fantástica rede de mídias, comunicação e informação da História. Cresce a percepção melancólica, o medo de morrer anônimo, sem um gesto significativo, sem o reconhecimento da posteridade.

Sinédoque, Nova York é notável em apresentar os dois caminhos para o problema da individuação contemporânea: a redenção através da imagem, do gesto hiperbólico que busca repercussão midiática; ou através da jornada alquímica, da sinédoque que Caden cria num verdadeiro laboratório alquímico em que se transformou o gigantesco estúdio. Adele quis encontrar um atalho para o mal-estar da individuação através da fama midiática. Ao contrário, Caden mergulha fundo no caos, na angústia da indiferenciação, numa gigantesca peça de teatro sem público onde todos reencenam a si mesmos como em uma enorme sessão de psicanálise.

Cadem é o herói alquímico: ele não quer transformar o mundo e nem embarcar em um mergulho interior solipsista ou alto-indulgente. Busca um terceiro caminho, o *tertium quid*, redimir a matéria e encontrar a integração cósmica que é o princípio do gnosticismo hermético: "Acima como abaixo" ou o que está no mundo menor (microcosmo) reflete o que está no mundo maior (macrocosmo).

Como Charlie Kaufman descobre ao final com Caden, é na consciência que vivemos para morrer onde encontramos o significado do gesto individual: cada detalhe, cada ação reflete um sentido maior que nos escapa (como Caden descobriu ao tentar inutilmente dirigir milhares de atores). Ironicamente, é nessa ignorância que reside a nossa liberdade.

4
"Fonte da Vida":
Gnosticismo Hermético e Alquimia

Temas: Casamento Alquímico, Princípio da Correspondência
Diretor: Darren Aronofsky
Roteiro: Darren Aronofsky
2006

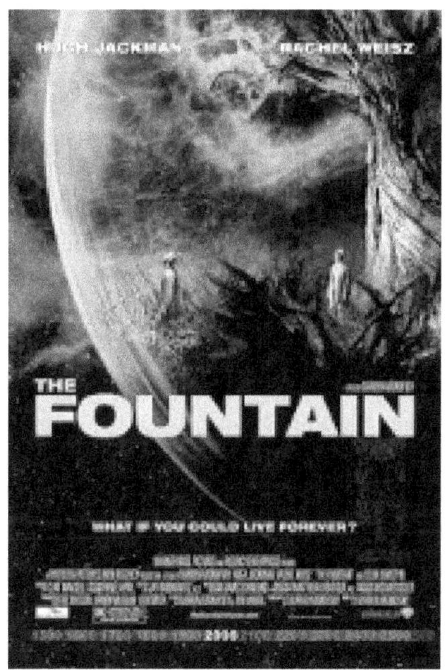

"Fonte da Vida" ("The Fountain", 2006) surpreende ao apresentar a jornada de elevação espiritual com simbolismos do Gnosticismo Hermético e Alquimia, diferenciando-se dos clichês dos filmes de espiritualismo New Age e de autoajuda.

Não conhecia esse filme. Zapeando a TV de madrugada, minha esposa descobriu o filme *Fonte da Vida* em um desses "corujões". Sabendo das minhas pesquisas em torno de cinema e religião, ela falou: "eu acho que esse filme é gnóstico!". Confesso que assisti ao filme com um pé atrás: achava que um filme com esse título só poderia ser mais um filme New Age sobre espiritualismo, autoconhecimento, autoajuda... Mas acabei sendo surpreendido. Darren Aronofsky, diretor e autor da estória, trabalha com profundos simbolismos gnósticos e alquímicos, tornando um filme diferenciado em relação à onda atual de filmes "espiritualistas".

O filme inicia com uma citação da bíblia, uma epígrafe relativa à árvore do conhecimento e à árvore da vida.

O enredo se desenvolve em três épocas, sem definição nítida de limites entre realidade e ficção. Na Espanha do século XVI, o conquistador Tomas Creo parte para o Novo Mundo em busca da lendária árvore da vida que salvará a a rainha Isabel da fúria do Inquisidor da Igreja que vê heresia nessa busca.

Nos tempos atuais a mulher do pesquisador Tommy Creo (Izzy) está morrendo de câncer, mas ele procura desesperadamente a cura. Sua esposa, fascinada pela civilização maia, está escrevendo um manuscrito que conta a história de Tomas Creo e da Rainha Isabel.

Uma terceira história une as duas primeiras: no século XXVI, o astronauta Tom finalmente consegue a resposta para as questões fundamentais da existência.

O astronauta realiza durante sua jornada diversas posturas de meditação associadas às práticas de Yoga e prática Tai Chi Chuan.

Toda a jornada espiritual do protagonista é estimulada é dirigida pela rainha Isabel e pela esposa Izzy de uma forma paradoxal. Se no século XVI a rainha da Espanha comete heresia contra a Igreja ao enviar seu "conquistador" para a América Central para buscar a mítica árvore da fonte da vida para alcançar a imortalidade (para o Inquisidor devemos morrer para nos libertarmos dos grilhões do corpo), nos tempos atuais, ao contrário, Izzy tenta convencer se marido Tommy de que a fonte da vida é a morte, que devemos aceitá-la em paz para conseguirmos a ascensão espiritual. Inconformado, e usando todos os recursos da Ciência, Tommy acredita que a morte é uma doença, precisa ser "curada".

Esse paradoxo está relacionado com um profundo simbolismo que o filme trabalha: o "casamento alquímico". Tanto a Rainha Isabel como Izzy revelam a Tomas/Tommy que no final (ao encontrar a árvore da vida ou após a morte) se unirão em um casamento eterno.

Matéria e espírito, indivíduo e totalidade não são colocados no filme como opostos ou em um nível hierárquico. No final, ambos se casam, a matéria é redimida e não simplesmente liquidada. O processo de evolução espiritual não é um simples processo de descarte do corpo em busca da Totalidade, mas de elevação no corpo, a partir de todas as suas experiências sensoriais.

Casamento Alquímico

O que é o simbolismo do "casamento alquímico"? Alquimistas medievais e renascentistas basearam suas ideias na tradição gnóstica, porém com uma diferença: enquanto os antigos gnósticos queriam transcender a matéria os alquimistas queriam redimi-la. O processo alquímico clássico envolve a dissolução de elementos até o caos para, por meio desse estado, separar massas indiferenciadas em espírito e matéria, unindo essas oposições em uma espécie de casamento alquímico – do qual surge a pedra filosofal. Essa atividade alquímica reencenaria a atividade de Deus que separou o caos em elementos distintos para, mais tarde, reunificar essas antinomias na Revelação. Estes aspectos simbolizariam o processo através do qual o adepto consegue refinar a sua alma.

Temos aqui os passos para a transformação psicológica por meio da narrativa mítica da transformação por meio de uma jornada cíclica: Plenitude gnóstica, Queda e Retorno; Matéria Primal, a Divisão e o Casamento. Não há transcendência sem a redenção da matéria.

Magistralmente, *Fonte da Vida* desenvolve esses aspectos. E, mais do que isso, o filme trabalha o profundo significado do personagem gnóstico de Sophia. Contrapondo-se ao conhecimento da Religião e da Ciência (que estruturam o cosmos material que aprisiona o protagonista) Sophia/Rainha Isabel/Izzy oferece um outro conhecimento: a gnose. O protagonista aprenderá que a matéria/corpo não deve ser negada ou descartada (como quer a Religião – corpo como grilhão – ou como quer a Ciência – corpo que necessita de uma cura para escapar da morte). A verdadeira elevação espiritual está no aprendizado com o corpo e a matéria, tanto no caos, prazer e morte. A elevação através de experiências que somente a existencial material pode proporcionar.

Dessa forma, *Fonte da Vida* demonstra ser um filme surpreendente. Embora trabalhe com muitos elementos iconográficos clichês dos filmes que pretendem ser espiritualistas (nebulosas, pessoas em posição de lótus, elementos flutuando, cabeças raspadas, trajes de monges e posturas de Tai-Chi-Chuan), o filme vai muito além da dualidade corpo/matéria, indivíduo/cosmos, parte/todo. Aliás, coerente com o ponto de vista gnóstico, o momento final do casamento alquímico, as núpcias, é representado no filme como não sendo nesse cosmos ou universo conhecido. Vai além da Totalidade da Religião e da Ciência, para além do nosso cosmos que aprisiona o protagonista.

O Princípio da Correspondência

O filme apresenta um curioso recurso fílmico que, claramente, constitui-se num simbolismo alquímico que, afinal, parece estruturar toda a narrativa. A câmera parte de um close em um detalhe para avançar e, depois, inverter e seguir em frente, mostrando que o primeiro detalhe, aparentemente correto, estava de ponta-cabeça.

A narrativa faz uma simbólica referência a um dos princípios do Gnosticismo Hermético de Hermes Trimegisto: "O que está em cima é como está embaixo, e o que está em baixo é como está em cima". É o princípio da Correspondência aplicado tanto na Astronomia na antiguidade como na Alquimia. Na verdade, um princípio hermético influenciado pela metafísica platônica (para Platão, o mundo percebido pelos sentidos é uma reprodução distorcida das formas puras existentes no mundo das Ideias).

Hermes Trimesgisto, "sábio três vezes", foi quem primeiro transmitiu o conhecimento divino e celeste por escrito: Filosofia, Química e Cabala. Alguns afirmam que ele teria sido faraó egípcio. Outros que ele teria escrito seus ensinamentos em hebraico, o que faz com que se suponha que fosse hebreu.

Viveu durante a época de Moisés, e sendo faraó, foi iniciado nos mistérios do sacerdócio, preparado para exercer as funções de rei. Também Hermes é associado à Thot, deus egípcio que era representado por um íbis. Thot simbolizava a escrita, o dom da fala e tinha também o dom de vivificar, pois teria curado o olho do deus Horus.

5

"Beleza Americana":
a transformação alquímica interior

Temas: Herói Alquímico, Transmutação, Estados Alquímicos
Diretor: Sam Mendes
Roteiro: Alan Ball
1999

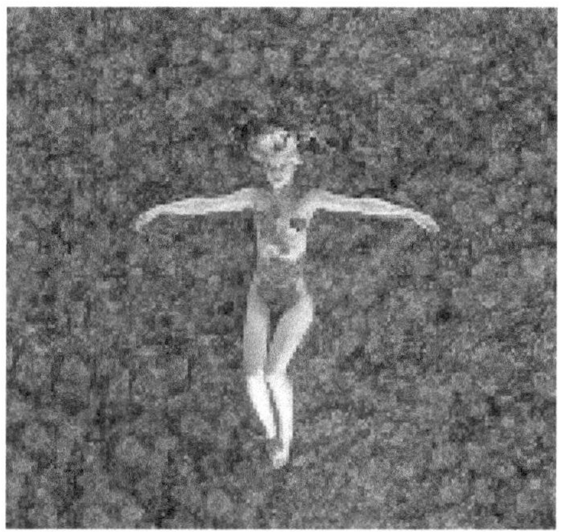

O filme "Beleza Americana" ("American Beauty", 1999), premiado com o Oscar de melhor filme, é uma narrativa sobre a transformação íntima de um protagonista que causa um turbilhão em todos ao redor. Associado ao princípio revelado logo no início de que acompanhamos a trajetória de um ano de vida de um protagonista que diz que já está morto, o filme propicia uma difícil questão: um filme que segue as convenções de gênero hollywoodiano pode criar no espectador um acontecimento de transformação semelhante ao que vemos no protagonista? Apesar das convenções de gênero, "Beleza Americana" do diretor Sam Mendes é um tipo especial de filme, pois explora mitologias e arquétipos da transmutação alquímica da matéria, onde rosas, a cor vermelha, o sangue e a morte criam uma complexa simbologia, bem diferente da Jornada do Herói clássica – trevas, caos e morte não é destruição, mas momentos de regeneração e redenção.

U m espectador vai assistir ao filme *Beleza Americana*. Quebra a sua rotina e vai ao cinema para ficar sentado por duas horas em uma sala escura vendo a narrativa fílmica que começa com uma locução em off do protagonista chamado Lester dizendo que contaria a história da sua vida e que, em um ano, estaria morto.

Após uma narrativa convencional pelos parâmetros hollywoodianos do gênero, o filme termina de forma abrupta em mais uma locução em off de Lester, dessa vez após tomar um tiro mortal e descrever a sua própria experiência desse momento. Lester faz um balanço sobre "os pequenos momentos" de sua "estúpida vida", e fala que apesar disso "é difícil ficar bravo quando há tanta beleza no mundo". E profeticamente fala ao espectador: "um dia você saberá do que estou falando".

Corta! A tela fica escura por longos segundos, jogando esse espectador em uma escuridão e silêncio totais, até começar a aparecer os créditos e as primeiras luzes da sala de projeção ser acesas, chamando-o de volta a sua rotina. O abrupto final revela que toda a narrativa, na verdade, é contada por Lester no momento de sua morte, como sugere no início. Como poderemos retornar à rotina linear e repetitiva do tempo do relógio do cotidiano depois dessa experiência? Afinal, acompanhamos uma inusitada perturbadora experiência temporal: toda a narrativa do filme sobre um ano da vida de Lester se passou em uma fração de tempo num estado límbico entre a vida e a morte, onde o protagonista diz que, ao contrário do que pensamos, a vida não passa diante dos olhos, mas se "se alonga eternamente como um oceano de tempo".

O filme de Sam Mendes, *Beleza Americana*, é um trabalho que merece ser visto e revisto porque podemos considerá-lo um tipo de filme gnóstico bem especial: um filme alquímico, tanto pela sua narrativa como pelo conteúdo. Como todo filme alquímico, são estórias de transformação do protagonista através da transmutação e dissolução que parecem provocar o espectador: será que, assim como o personagem, também o espectador será mudado? Como ele retornará à sua rotina após acompanhar a experiência de um protagonista que rejeita uma ordem pré-estabelecida e intencionalmente conduz sua vida ao caos e morte em busca da regeneração? E, o que torna o filme ainda mais complexo, é possível essa transformação alquímica acontecer dentro das convenções hollywoodianas de gênero? Afinal, foi um filme premiado com o Oscar.

O filme *Beleza Americana* nos oferece a possibilidade de entender essa especificidade de filme gnóstico, aquele que trabalha com mitologias e arquétipos alquímicos. Um tipo bem peculiar de Jornada do Herói: diferente da convencional, onde o herói seja extrovertido (que quer transformar o mundo como Neo em

Matrix, por exemplo) ou introvertido (através da contemplação cultiva seus próprios valores internos, como Truman em *Show de Truman*), no filme alquímico teríamos a centroversão - não há mais o externo e o interno, o herói quer perder o ego e entrar em harmonia com energias e formas inconscientes que estruturam a existência e o Universo. Ele busca as trevas, o caos e a morte como forma de regeneração ou redenção. O herói consome-se a si mesmo.

O Filme

Beleza Americana acompanha a trajetória da crise de meia idade e o despertar de Lester Burnham (Kevin Spacey). A esposa (Carolyn – Annette Bening) é uma workaholic frígida e envolvida totalmente com a ideia de sucesso, consumidora ávida de livros de autoajuda. Vive repetindo como mantras frases do seu guru, um corretor de imóveis bem-sucedido. Lester vive em uma rua agradável, ladeada de árvores agradáveis, em uma bela casa, e tendo como vizinhos, de um lado, gays encantadores e simpáticos, e, do outro, um coronel linha-dura da reserva. Sua filha adolescente Jane é uma típica adolescente tímida e introvertida e que tem vergonha dos pais.

Tudo dentro da expectativa média da normalidade de classe média, até que ele começa a olhar tudo mais de perto. Ao conhecer a amiga da sua filha, a cheerleader Ângela (Mena Suvari), Lester tem uma espécie de epifania: a vê em uma chuva de pétalas de rosas, flutuando em torno do seu rosto paralisado. Os sentimentos que a adolescente desperta nele desencadeará uma revisão da sua carreira, seu estilo de vida e a relação com todos ao seu redor: abandona seu emprego, fuma maconha, tenta mostrar a sua esposa o quão absurdo são os valores de competição e sucesso para tentar fazê-la retornar a ser ela mesma, começa a fazer musculação na garagem de sua casa, busca trabalhos em que tenha a mínima responsabilidade etc.

Perdemos a capacidade de ver a beleza

O tema recorrente do filme é a beleza. Cada personagem perdeu a capacidade de vê-la: Carolyn tenta criar uma aparência de sucesso nos mínimos detalhes da sua vida; Jane tenta criar um vínculo com o mundo através de Ângela, a cheerleader fútil cujo único sonho e o de ser uma garota popular; o coronel aposentado que tenta criar uma aparência de rigidez moral para encobrir suas inseguranças etc. E Lester quer criar situações que conduzam todos a um ponto de ruptura.

Quando alguém como Lester começa a ver a beleza do que é realmente viver a vida, as pessoas ao redor começam a sentir seu modo de vida ameaçado. O que significa morte certa para ele, cujo destino já nos é avisado por Lester logo nas primeiras linhas de diálogo do filme.

As fases da transmutação alquímica

Diferente da Jornada do Herói tradicional (plenitude, queda, martírio, morte e ressureição), na jornada de transmutação do herói alquímico teríamos as seguintes fases que são bem distintas em Beleza Americana e que, na Alquimia, seriam as fases da transmutação da própria matéria:

Nigredo (enegrecimento): o caos primário de indiferenciação. Seus símbolos são o oceano, a serpente ouroboros e o caduceu de Mercúrio. O estado psicológico é a melancolia, associada à influência de Saturno.Vemos nas primeiras sequências Lester melancólico dentro da rotina e mesmice da vida familiar e trabalho. Tudo é a mesma coisa, não há singularidade, sentido ou beleza.

Albedo (enbranquecimento): Sob a influência da Lua o caos é estabilizado, imobilizado em um estado abstrato, ideal. É o momento em que Lester está calmo e sereno em meio ao turbilhão que criou em todos ao redor. Seus sonhos e fantasias podem torná-lo um "lunático", pois sua experiência temporal é de suspensão: epifania, imagens de pétalas de rosas suspensas em torno dele enquanto vê o corpo nu de Ângela deitado sobre um colchão de rosas.

Rubedo (enrubescimento): a esse estado ideal e congelado é injetado o sangue, o Sol, a vida. O microcosmo encontra sua conexão com o macrocosmo. O sangue jorrando da sua cabeça ao ser assassinado pelo seu vizinho psicótico sugere conter as sementes de rubedo: Lester descobre o "oceano do tempo" em um segundo e descobre "toda a beleza do mundo". Seu ser é transmutado e redimido ao ter o insight do Todo em sua "estúpida vida".

Por isso as rosas vermelhas ("american beauty", espécie de rosa híbrida trazida da França para os EUA em 1875) são a chave de compreensão alquímica do filme: no início do filme vemos Carolyn, descrita por Lester como uma esposa triste, meticulosamente cortando e uniformizando as rosas do jardim – um sinal de beleza manipulada para tentar criar a aparência de um lar bem-sucedido. O símbolo de rubedo subjugado por um mundo de aparências. Em sua epifania da fase alquímica de albedo, Lester vê um momento do tempo suspenso, congelado na imagem ideal das pétalas de rosas flutuando em torno dele. Imagem ideal que será colocada em movimento com o seu próprio sangue, momento em que Lester encontrará "toda a beleza do mundo".

A ambiguidade de 'Beleza Americana'

Somado a essa estória que acompanha arquetipicamente as fases da transmutação alquímica da matéria, temos uma perturbadora estrutura narrativa que confronta o tempo newtoniano da vida cotidiana (repetições, iconografia de objetos alinhados, uniformizados e proporcionais como salas de jantar, fachadas de casas e escritórios) com o tempo psicologicamente relativo de Lester, ora suspenso e congelado, ora em ritmo lento ou frenético. Sugere que esse modelo temporal particularmente humano pode nos fornecer uma saída para a estrutura de tempo homogênea e repetitiva das nossas vidas diárias.

Mas a ambiguidade de *Beleza Americana* está nesse duplo vínculo de ser, ao mesmo tempo, um filme libertário e também comercial que segue as convenções industriais de gênero. Claramente, o filme obedece ao clichê tradicional da quebra-da-ordem-e-retorno-a-ordem: quem quebra a ordem social, moral ou política nos filmes hollywoodianos deve ser punido no final para que a ordem seja restabelecida e o espectador volte tranquilo e resignado para casa. Lester é punido com a morte, numa leitura tradicional dessa fantasia-clichê.

Mas Sam Mendes ofereceu mais ao espectador: o monólogo final de Lester mostra que por trás da punição forçada pelo clichê hollywoodiano há regeneração e redenção na fala conclusiva de Lester. O corte seco e os segundos de escuridão que se seguem antes dos créditos finais parecem sugerir ao espectador que inicie também a sua fase de nigredo: ao invés de retornar resignado para a sua rotina, sinta a melancolia de uma realidade em que algum momento a beleza se perdeu.

6
"O Reflexo do Medo":
O princípio alquímico da correspondência no Inferno de Dante

Temas: Princípio da Correspondência, Transmutação
Diretor: John Erick Dowdle
Roteiro: Drew Dowdle e John Erick Dowdle
2014

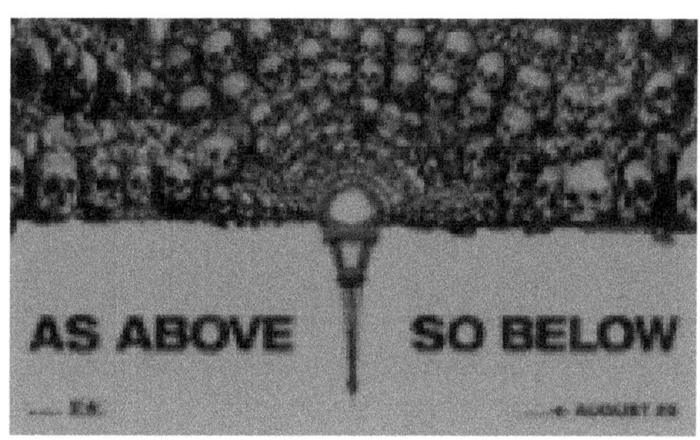

Conhecida como "Cidade Luz", Paris também é escura e misteriosa: sob a cidade se estende uma vastíssima rede de mais de 300 quilômetros de túneis e labirintos. São as chamadas "catacumbas de Paris" ou "cidade dos mortos" onde jaz os restos de seis milhões de pessoas, além de vestígios de cultos celtas, franco-maçons, gravuras e sinais ritualísticos sagrados. Nessa atmosfera claustrofóbica e sombria se movem os arqueólogos urbanos do filme "O Reflexo do Medo" ("As Above, So Below", 2014), misturando terror com thriller psicológico no estilo falso documentário ou "found footage". Como informa o título original, a narrativa explora o princípio alquímico da Correspondência, repleto de referencias ao chamado esoterismo cristão presente na obra de Dante Alighieri "A Divina Comédia", na qual o diretor John Erick Dowdle se inspirou para escrever o roteiro.

Há duas cidades de Paris: a da superfície, agitada, viva, móvel e cheia de cores e contrastes; e a outra subterrânea, imóvel, quieta e repleta de mistérios que desafiam o tempo. Fala-se em "cidade dos mortos", mas também são conhecidas como "catacumbas de Paris", uma rede vastíssima de caminhos com mais de 300 quilômetros de extensão onde apenas uma pequena parte é aberta à visitação pública.

São galerias labirínticas, por vezes com três níveis de caminhos, que se estende horizontalmente, mas em certas partes mergulha mais profundo no subsolo o que faz até hoje ser um mistério inexplorado por razões técnicas. Muitos aventureiros desapareceram nessas galerias labirínticas, razão pela qual a exploração é proibida por lei.

De construção anterior ao século XVII, desde então são feitas sucessivas cartografias e, mesmo assim, continuam mal conhecidas. A maioria desses subterrâneos foram transformados em ossário municipal com a transferência para aí de seis milhões de parisienses, retirados dos cemitérios superlotados por razões de saúde pública.

Vítimas do regime do Terror pós Revolução Francesa todos atirados e esquecidos nas catacumbas necrotéricas, inclusive famosos como Danton, Robespierre e Marat.

Suas galerias estão ligadas a vestígios de cultos celtas, franco-maçons com registros e inscrições de passagem humana desde há mais de dois mil anos: esculturas, gravuras e sinais ritualísticos e sagrados.

Pois essa Paris, que é o oposto da modernista imagem que temos da "Cidade Luz", é o tema do filme *O Reflexo do Medo* (*So Above, As Below*, 2014). O título em português não faz jus ao filme, parecendo pelo título mais um filme de terror sobre indefesos jovens que são massacrados em série por alguma força diabólica. Ou seja, seria mais do mesmo.

Pelo contrário. Embora seja mais uma produção ao estilo falso documentário (*mockumentary*), o filme não só é ambientado nessa Paris subterrânea como a associa seus mistérios com a Alquimia, Hermetismo e o Inferno tal como descrito por Dante Alighieri.

Porém, paga seu tributo às convenções do gênero terror: acaba interpretando de forma moralista alguns princípios da alquimia como a corrosão e retificação, associando-os à punição por pecados no melhor estilo do Inferno católico.

O Filme

A narrativa acompanha Scarlett, uma arqueóloga que tenta dar continuidade ao trabalho da vida de seu pai que acabou sendo considerado louco, após seu suicídio por enforcamento. Scarlett está à procura da Pedra Filosofal e da lendária tumba do alquimista Nicolas Flamel, que acredita que esteja nas catacumbas de Paris. Todas as imagens são captadas com uma câmera na mão de um cinegrafista chamado Benji, um norte-americano que está fazendo um documentário sobre a arqueóloga.

Scarlett monta uma expedição formada por um velho amigo chamado George (especializado em mitologia, teologia, linguista e tradutor talentoso) e três exploradores urbanos que atuam como guias para as profundezas da cidade: o líder Papillon, o montanhista Zed e uma garota gótica chamada Souxie.

Se por si mesmo as galerias das catacumbas já são assustadoras, a câmera em grande angular enquadrando os apertados espaços de angustiante escuridão cria uma constante atmosfera claustrofóbica: paredes forradas com caveiras, tetos gotejantes e osso espalhados por toda parte só fazem aumentar o clima de terror.

Mas aos poucos a expedição arqueológica começa a dar estranhamente errado: o grupo começa a perceber que cada vez mais estão descendo, por caminhos que não constam no mapa. Na medida em que descem, percebem que estranhamente o design das galerias se repetem, porém de forma invertida: todos os detalhes são exatamente opostos como fossem espelhados.

O Princípio da Correspondência

Perdidos, nada mais resta a fazer do que seguir em frente. "Temos que seguir em frente" é o comando mais repetido ao longo do filme. Esse é o aspecto mais importante, cujo título original do filme faz ligar ao mais importante princípio da Alquimia: o Princípio da Correspondência de Hermes Trimegisto – "As Above, So Below", o que está acima corresponde ao que está abaixo, e o que está abaixo corresponde ao que está em cima, ilustrado na imagem ao lado e que aparece também em uma cena do filme gravado em uma das paredes.

Com exceção dos pesquisadores Scarlett e George, o trio de guias está motivado pela busca dos supostos tesouros de Flamel, principalmente a pedra filosofal que supostamente transformaria tudo em ouro. Porém, o célebre alquimista dos séculos XIV e XV buscou a fabricação do ouro filosófico, que expressava as transformações menos físicas e mais de iluminação interior.

Essa ambição que faz quase todos imaginar riquezas materiais irá conduzir a todos aos portais do próprio Inferno. "Deixai, vós que entrais, toda a esperança", leem a certa altura uma inscrição em uma parede, associando à entrada do Inferno como descrito na Divina Comédia de Dante Alighieri.

Aos poucos percebemos que cada um carrega sentimentos de culpa íntimos – Scarlett de não ter atendido o telefonema do pai um pouco antes do seu suicídio, George de não ter ajudado o seu irmão morto em uma caverna e assim por diante.

Alquimia e esoterismo cristão

O filme acertadamente associa a referência da obra de Dante com uma outra inscrição: "V.I.T.R.I.O.L.", termo arcaico para o ácido sulfúrico, mas também um lema acrônimo da Alquimia: *Visita Interiora Terrae Rectificando Invenfies Occultum Lapidem* – "Visite a parte interior da Terra; por retificação encontrarás a pedra escondida".

A alquimia é a ciência da transmutação. Toda Alquimia seria um complexo conjunto de práticas experimentais e místicas que simbolizariam os estados de transmutação da consciência: diferente de muitas linhas neo-platônicas ou cabalistas, a matéria não pode ser simplesmente transcendida ou desprezada. Ela deve ser redimida, transmutada por meio do caos e da morte.

O ácido sulfúrico é aquilo que literalmente corrói as coisas, revelando o que está por baixo.

Ao vermos em outra sequência um cavaleiro templário morto em um pedestal em uma das câmaras das catacumbas, percebemos a coerência da mitologia explorada pelo filme: o esoterismo cristão ou "tradição Joanita", do qual fizeram parte os templários com secretos estudos em Astrologia, Alquimia, Magnetismo e ciências herméticas. A alquimia cristã não tratava de produzir ouro sólido, mas sim fazer que o homem pudesse morrer para se transmutar em uma imitação de Cristo.

Nascido em 1265, Dante Alighieri penetrou nesse mundo iniciático tornando-se importante guardião do Esoterismo Cristão em meio à perseguição da Igreja. Dante legou esse esoterismo templário na sua obra "A Divina Comédia".

Assim como os personagens do filme *Reflexo do Medo*, Dante realiza uma viagem espiritual em que conhece o Inferno, o Purgatório e o Céu onde busca a retificação de todos os seus pecados para poder conhecer os Céus. Como no Princípio da Correspondência, busca os Céus descendo cada vez mais até chegar ao Centro da Terra para subir em direção à saída – o filme segue o mesmo princípio paradoxal.

Porém, em Dante a retificação é alquímica, num processo de corrosão que alcança a transmutação – a iluminação interior.

Para obedecer às convenções do gênero, Reflexo do Medo acaba transformando a retificação em punição no sentido tradicional dos filmes de terror: a punição daqueles que cometem pecados – Papillon, arrogante e hedonista é enterrado de ponta cabeça; a garota gótica e também hedonista morta de forma violenta e assim por diante.

Essa talvez seja a única concessão de conteúdo. Narrativamente fará o espectador lembrar da trilogia Indiana Jones, o filme espanhol de terror *REC* (2007) e até *Os Goonies* (1985).

7

Série "Breaking Bad":
quando a Química se transforma em Alquimia

Temas: Estados Alquímicos, Simbologia das Cores, Transformação
Criador: Vince Gilligan
Roteiro: Vince Gilligan, Sam Catlin, George Mastras
2008-2013

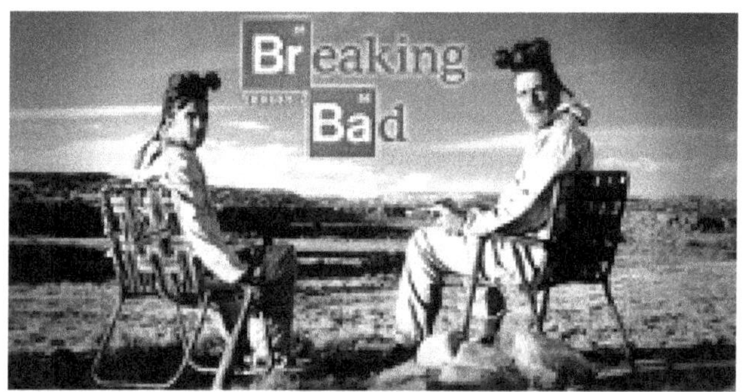

Após cinco temporadas, a premiada série televisiva de dramas, crimes e thriller "Breaking Bad" (2008-2013) ingressou na lista de filmes de diversos gêneros que exploram simbologias alquímicas de transformação como "Blue Velvet" de David Lynch ou "Beleza Americana" de Sam Mendes. Narrativas que exploram as possibilidades de transformações íntimas em nossas vidas através de elementos que tradicionalmente tomamos como negativos: caos, trevas e morte. Um professor de Química confronta a morte, o câncer e um vida fracassada por meio de uma jornada radical de redenção no submundo do narcotráfico. A metanfetamina azul se transforma na série em simbologia alquímica ao mesmo tempo de redenção espiritual e destruição de um mundo de aparências. Por isso, "Breaking Bad" também foi um "experimento sociológico", segundo seu criador Vince Gilligan.

Dostoiévsky num deserto do Oeste dos EUA. Dessa maneira muitos críticos sintetizaram as cinco temporadas da série *Breaking Bad*: um professor de Química do ensino médio (Walt White) em um canto empoeirado dos EUA (Albuquerque, Novo México), labuta em seu desespero silencioso por saber que já é um condenado pelo câncer no pulmão. Com um filho deficiente físico e a esposa grávida, sabe que um possível tratamento o levará à banca rota. Junta-se a um ex-aluno rebelde (Jesse) para, com seus conhecimentos de química, fazer a metanfetamina mais pura do mercado do submundo das drogas, para ganhar muito dinheiro rapidamente e, assim, garantir a segurança financeira da sua família após a sua morte.

Tudo levava a crer que teríamos uma história tragicômica de um protagonista que pateticamente tentava salvar uma vida que falhara, mostrando que a existência é desprovida de qualquer sentido ou propósito. Mas as cinco temporadas mostraram que não era isso: a jornada de Walt White converteu-se numa épica batalha de transformação íntima onde um velho modo de vida baseado em aparências e farsas é levado ao caos para que o novo renasça, mesmo com o custo da própria morte.

As pistas já eram dadas pelo criador da série, Vince Gilligan, onde nos créditos iniciais vemos a tabela periódica estilizada e em movimento: mais do que Química, Gilligan mostrou simbolismos da Alquimia – *Breaking Bad* tratou das possibilidades de dissoluções e transmutações em nossas vidas, encorajando meditações sobre como o poder das trevas, caos e morte, elementos tradicionalmente pensados de forma negativa, podem se converter em elementos positivos: agentes catalizadores de iluminações, novas ordens e vidas.

A simbologia alquímica

Gilligan explorou a imagerie do cinema alquímico presente em uma tradição de filmes como Blue *Velvet* (1986) de David Lynch, *Beleza Americana* (1999) de Sam Mendes e *Sinédoque, Nova York* (2008) de Charlie Kaufman.

Prática antiga que combina elementos da Química, Metalurgia, Matemática, Cabala, Gnosticismo, Magia e Astrologia, a Alquimia busca, através de sucessivas operações (Nigredo, Albedo e Rubedo), reproduzir as etapas de criação do cosmos físico pelo Demiurgo para redimir a matéria – elevá-la do estado da "ignorância" (como a pedra, por exemplo) para estágios superiores de "consciência" (como o ouro).

Portanto, toda Alquimia seria um complexo conjunto de práticas experimentais e místicas que simbolizariam os estados de transmutação da consciência: diferente de muitas linhas neo-platônicas ou cabalistas, a matéria não pode ser simplesmente transcendida ou desprezada. Ela deve ser redimida, transmutada por meio do caos e da morte.

Nas entrevistas onde procura esclarecer o processo de criação da série *Breaking Bad*, Vince Gilligan afirma que nunca levou Química e Matemática à sério na escola e se arrependia desse desprezo. Isso teria sido o principal motivador para o argumento da série, que o fez devorar revistas Popular Science e contar com uma especialista da Universidade de Oklahoma.

Esse mix de fascínio, ciência popular e consultoria técnica parece confirmar como a cultura de massa com a sua subliteratura de HQs, magazines, filmes B, sci fi, horror e fantasia, acabou criando uma espécie de "sub-zeitgeist" esotérico-religioso que faz renascer arquétipos que dão uma leitura mística de fenômenos científicos.

Por que a metanfetamina é azul?

O primeiro exemplo é a cor azul da metanfetamina de Walt: Gilligan procurava uma cor para o produto que representasse o grau de pureza do produto que conotasse também a própria busca de redenção de Walt. A consultoria técnica ponderou que se aplicamos uma cor ao produto, quimicamente ele se tornaria menos puro. Gilligan ignorou a evidência científica (para Gilligan a cor amarela que seria a quimicamente correta lembraria urina e vergonha) e optou pelo azul que simbolizaria pureza. Para reforçar, sua esposa chama-se Skyler numa referência ao céu azul e a suas roupas da mesma cor.

Outro ponto interessante da *imagerie* alquímica da série é o câncer pulmonar de Walt. A palavra pulmão vem de pleumon (fluir, fluturar) provavelmente porque, ao contrário das outras vísceras, lançado à água o órgão flutua. Na tradição esotérica, o pulmão está associado ao ar e a espiritualidade, o pneuma (a alma racional). Mais um simbolismo da redenção e transformação buscada pelo protagonista.

Além disso, temos o codinome escolhido por Walt para ser reconhecido no submundo do narcotráfico: "Heisenberg". Sabemos que o físico Werner Heisenberg foi o formulador do conhecido Princípio da Incerteza na física quântica: quando se tenta estudar uma partícula atômica, a medição da posição necessariamente perturba o momentum de uma partícula. Em outras palavras, Heisenberg queria dizer que você não pode observar uma coisa sem influenciá-la.

Esse codinome não seria mais perfeito para um protagonista alquímico como Walt White. Diferente do cinema tradicional onde o protagonista é "extrovertido" (tenta intervir e alterar o mundo) ou "introvertido" (contemplativo), no cinema alquímico o protagonista pratica a "centroversão": a sua transformação íntima acaba afetando involuntariamente a todos ao redor (na série, em uma sucessão de mortes, tragédias e dramas familiares em cascata), num processo holístico semelhante ao sugerido por Heisenberg onde o observador não consegue ficar à parte do objeto.

As etapas alquímicas de transformação

A narrativa e as sucessivas temporadas de *Breaking Bad* parecem acompanhar os três estágios de transformação alquímica:

(a) *Nigredo (enegrecimento):* o caos primário da indiferenciação. Sob a influência de Saturno, Walt é melancólico em seu desespero silencioso. Nas duas primeiras temporadas, tal como os filmes noir dos anos 1940-50 não má mocinhos e bandidos, ninguém é o que aparenta ser: Rank, o cunhado de Walt e investigador da Departamento de Narcóticos da Polícia, por trás da sua aparência de superxerife, é inseguro e busca reconhecimento e promoção encobrindo seus problemas conjugais; um cidadão benemérito da polícia local na verdade é um narcotraficante implacável e cruel (Gus Fring); Skyler trai Walt com um antigo amante etc.

A melancolia de Walt só poderia ser atraída para o submundo e para um personagem loser como Jesse: no cinema alquímico, personagens como o do Estrangeiro (aquele que possui uma relação de estranhamento com sua família e cidade) sempre é atraído para o submundo – o protagonista vê que a única forma de redenção é mergulhando no caos para redimir a matéria.

(b) *Albedo (embranquecimento):* Sr. White (branco) encontra um estado ideal de estabilização, abstrato e ideal. Sob a assistência do impagável advogado porta-de-cadeia Saul Goodman, cria canais de lavagem de dinheiro da metanfetamina. Ele quase consegue conciliar a vida familiar com o submundo do narcotráfico. Na alquimia o estágio do Albedo é regido pela Lua: nesse estágio sonhos e fantasias de um mundo ideal torna-se perigoso, podendo tornar o protagonista "lunático". Walt começa a tomar gosto pelo seu personagem Heisenberg (careca com um chapéu estiloso preto). Essa idealização e a aparente regressão do câncer pode criar um ilusório estado de estabilização.

(c) Rubedo (erubescimento): a esse estado ideal que acompanhamos na temporada 3 e 4, é necessário injetar o Sol, a Vida e o Sangue na última temporada. Como Vince Gilligan afirmou, era necessário encontrar uma forma de Walt pagar pelos seus pecados e, ao mesmo tempo, encontrar sua redenção. Paradoxalmente, o protagonista renascerá do caos das relações humanas por meio da morte.

O banho de sangue final (que faz lembrar outra narrativa alquímica de transformações no filme *Taxi Driver* de 1976 com Robert De Niro) e a emblemática imagem final de Walt mortalmente ferido passando sua mão ensanguentada em um dos recipientes do laboratório de produção de metanfetamina marcam imageticamente a transmutação do rubedo: num laboratório em meio do deserto (elemento Sol) o laboratório é marcado pelo vermelho do sangue – tanto em filmes com *Blue Velvet* como em *Beleza Americana*, sangue e flores vermelhas são as imagens desse momento culminante de redenção do protagonista.

Um experimento sociológico

Nas entrevistas Gilligan afirmou diversas vezes que *Breaking Bad* era um verdadeiro experimento sociológico pela forma como os espectadores interagiram com Walt White ao longo da série ao acompanhar suas transformações.

Mas esse experimento foi além: ao mostrar como as transformações íntimas de Walt foram revelando a realidade por trás do teatro das aparências sociais, passamos a colocar sob suspeita alguns acontecimentos que muitas vezes figuram na mídia:

(a) Quando você ver notícias de pessoas que misteriosamente desapareceram sem deixar vestígios (abduzidas por ETs?) desconfie: como na série, deve ter sido algumas daquelas pessoas azaradas que apareceram no lugar errado e na hora errada. Assassinadas por serem testemunhas, são dissolvidas em caldos químicos em laboratórios de narcotraficantes;

(b) Correntes de donativos na Internet para causas humanitárias e para o tratamento de pessoas com doenças exóticas, também desconfie: pode ser uma forma cibernética de lavagem de dinheiro sujo através de algum laranja;

(c) Se ouvir falar de uma empresa ou negócio praticamente falido que foi vendido e, repentinamente, prospera e em pouco tempo começa a abrir filiais, pode ter certeza: é um instrumento de lavagem de dinheiro. Afinal, como dizia Balzac, por trás de toda fortuna se esconde um grande crime.

ter certeza: é um instrumento de lavagem de dinheiro. Afinal, como dizia Balzac, por trás de toda fortuna se esconde um grande crime.

8
Trilogia "Toy Story":
a Gnose de Buzz Lightyear

Temas: Teurgia, Gnose
Diretor: John Lasseter
Roteiro: John Lasseter, Pete Docter
1995

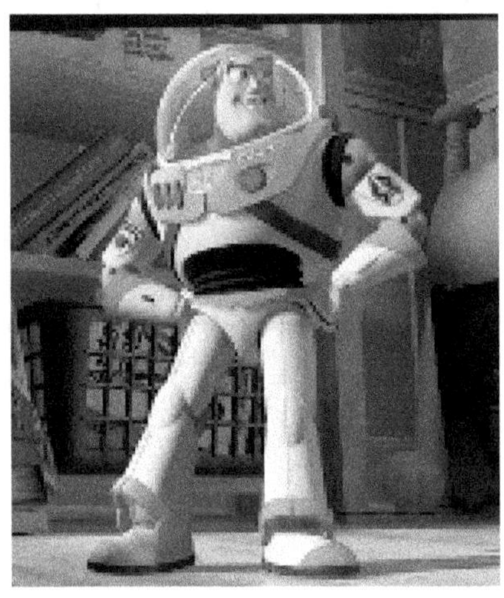

A trilogia Toy Story explora uma rica simbologia sagrada cujas origens estão na antiguidade com a Teurgia e Alquimia que envolve a gnóstica relação com os simulacros humanos (bonecos e fantoches e, na modernidade, autômatos, replicantes e androides). Porém, de forma ambígua onde a Gnosis é dominada pela Episteme.

Certa vez o Prof. Marcelo Tassara, em uma das aulas do Mestrado em Comunicação da Universidade Anhembi Morumbi, falou sobre a habilidade das animações norte-americanas, voltadas para o público infantil, de tornar divertidos temas trágicos, pesados e adultos.

Desde Bambi (onde o protagonista perde a mãe de forma cruel) até *Wall-E* (ficção científica cínica e dark) as animações dos estúdios norte-americanos exercitam essa capacidade de fazer crianças rirem do cruel e do trágico.

A trilogia *Toy Story* não é diferente. Brinquedos desesperados em não perder o amor e a atenção do seu dono Andy (o mítico plot freudiano da relação da criança com a mãe na primeira infância), crianças sádicas que destroçam cruelmente brinquedos (outro plot freudiano, a crueldade infantil do drama edipiano ainda não resolvido) e um personagem, Buzz Lyghtyear, que acredita plenamente no script inserido nos seus chips pela indústria fabricante, a identidade de herói intergalático. Buzz não se acha um brinquedo, mas um herói dentro de uma narrativa espacial épica.

Até que, numa sequência rica em simbologias, Buzz vê a si mesmo (ou para mais um exemplar da sua série) numa propaganda na televisão, onde o fabricante anuncia o produto Buzz Lightyear com suas especificações, embalagem e as falas pré-programadas que Buzz repete como suas. Em destaque no comercial uma frase que decisivamente desconstrói Buzz: "esse produto não voa". Perplexo, desiludido e impotente, mesmo assim Buzz tenta voar saltando do alto de uma escada para se esborrachar em seguida. Uma sequência triste, assim como a perda da inocência da infância, uma metalinguagem forçosa que toda criança terá que fazer ao descobrir que os scripts de seus jogos infantis estão contidos num mundo ainda maior e incompreensível.

Toy Story explora uma simbologia arquetípica dos bonecos e fantoches, isto é, a simbologia mística e sagrada dos simulacros humanos onde, na atualidade, temos a continuação com Replicantes, Ciborgues e personagens humanos híbridos. Uma simbologia essencialmente gnóstica onde o homem projeta, no seu simulacro, a sua própria condição de prisioneiro na realidade física criada por um Demiurgo ou Titereiro. Na cultura popular do século XX temos um aumento do fascínio por autômatos e bonecos com o surgimento do conceito marionete-mestre (humana ou divina) inserida dentro de uma cosmologia gnóstica das relações entre homem/autômato e homem/deus. Esse fascínio por autômatos ou marionetes dentro desse gnóstico esquema simbolizaria a maneira pela qual podemos avaliar a própria experiência humana, ou seja, como nos vemos como prisioneiros dentro de um cosmos hostil.

Teurgia e Alquimia

O fascínio humano por bonecos, fantoches (que, mais tarde, se tornariam brinquedos infantis) e demais simulacros humanos têm sua origem nos filósofos e sacerdotes helenísticos. Platão falava em um ser chamado Demiurgo, criador do mundo visível, personagem largamente usado na antiguidade para explicar a origem da alma humana a partir de uma forma Divina e Original: Anthropos. Do Mundo das Formas Anthropos desceu ao mundo material, originando o homem.

Apesar de ser uma forma inferior, o ser humano teria dentro de si fagulhas divinas da sua origem (Anthropos). Portanto, objetivo da sua existência seria galgar os degraus que o façam retornar às suas origens divinas. Nós, humanos, não passaríamos de simulacros do Humano Primal, assim como o mundo dos nossos sentidos é um simulacro do Mundo das Formas. Através do autoconhecimento ou gnose poderíamos então retornar à Luz é à vida eterna possuída por Antropos, esse humano essencial.

A Teurgia surge no mundo helenístico como a primeira forma de alcançar isso através da manipulação da matéria onde, assim como o Demiurgo, podemos dar vida e alma a uma forma material e inferior. Se temos dentro de nós uma parte desse Anthropos, podemos retornar a ele exercendo as mesmas habilidades reservada aos deuses: *imitatio dei por generatio animae*, imitar Deus criando vida.

Para Victoria Nelson, essa é a origem secreta do fascínio atemporal por bonecos e fantoches ao longo da história. Para a autora, é na Alquimia que temos esse encontro decisivo entre *gnosis* e *epistemis*, entre a ciência experimental e a prática religiosa através de sucessivas operações que reproduzem as etapas da criação do cosmos físico pelo Demiurgo até a redenção da matéria representado pela criação da "Pedra Filosofal" ou da "criança/homunculus" ("pequeno homem", também chamado como "mannikin").

Na modernidade, essas origens sagradas são relegadas ao mundo da infância e, na literatura e cinema, ao gênero do terror: Frankenstein, bonecos assassinos e fantoches que ganham vida própria e dominam seu criador, bonecos de vodu etc.

Na infantil fusão entre brinquedo e criança, onde a alma do objeto absorve as melhores qualidades do seu dono (ternura, bondade, coragem etc.) temos esse simbolismo atemporal da dimensão sagrada dos simulacros humanos. Se no mundo adulto a *espisteme* reprime a *gnosis* (a racionalidade supera o Sagrado), será na infância o último e transitório reduto dessa dimensão perdida.

Como vimos em postagem anterior, são nos jogos infantis que a criança ri do Mal (acaso, aleatório, acidente) presente no cosmos físico. Da mesma forma, a atualização da manipulação dos simulacros humanos na infância é a sobrevivência desses mitos teúrgicos e alquímicos da antiguidade. A fusão boneco/criança (a projeção na matéria inanimada das manifestações das partículas de Luz divina presentes em cada um de nós) repete, para a visão do adulto, de forma pueril e inconsequente, todo o drama mítico dos passos a serem galgados para a gnose.

Simulacros Humanos na Indústria do Entretenimento

Voltando à sequência em que Buzz Lightyear descobre-se como um brinquedo, *Toy Story* explora e atualiza este fascínio gnóstico pelos simulacros humanos: assim como no Gnosticismo o ponto de partida da gnose é a descoberta que o mundo real não passa de um véu de ilusões, Buzz descobre que toda a sua existência não passava de um programa pré-fabricado pela indústria de brinquedos.

Mas há uma ambiguidade nessa gnose de Buzz Lightyear.

Sabemos que, desde *Toy Story* de 1995, os roteiros das animações dos Estúdios Wall Disney são orientados pelo chamado "Memorando de Vogler": um memorando corporativo escrito por Christopher Vogler propondo uma estrutura de formulas para um roteiro de sucesso baseado nas ideias do historiador de mitos Joseph Campbell como solução para o estúdio superar os sucessivos fracassos das animações do estúdio nos anos 80. A partir daí originou-se o bem sucedido "Paradigma Disney" de roteiro baseado na arquetípica "Jornada do Herói".

Mas apenas isso não sustenta uma estrutura-clichê de um produto de entretenimento. É necessário mais: conteúdos arquetípicos que falem fundo para a alma humana. Assim como a gnose de Buzz que trás o fascínio atemporal pelo drama de fantoches e bonecos que lutam pela liberdade (veja, por exemplo, em *Blade Runner* – 1982 – e *Quero ser John Malkovich* – 1999).

Na verdade, uma gnose governada pela episteme (toda a tecnologia de produção de imagens digitais e a estrutura-clichê dos roteiros). Se na Teurgia e Alquimia Gnose e Episteme buscam o encontro, aqui na indústria do entretenimento temos a submissão da Gnose, do Sagrado e de toda dimensão mística à Episteme: a busca por resultados financeiros do estúdio, o cálculo científico das reações emotivas do público etc. Brinquedos que não são mais manufaturados pela criança, mas pela indústria do entretenimento que, tal qual o Drama de Buzz, impõe um script à fantasia infantil.

TEMAS QUÂNTICOS

'Primer'

'Interestelar'

'Coherence'

'Em Algum Lugar do Passado'

'Arq'

'Synchronicity'

'The Man in The High Castle'

'Einstein's God Model'

'Out of Blue'

1

"Primer":
atratores estranhos e
paradoxos da viagem no tempo

Temas: viagem no tempo, atratores estranhos, recursão
Diretor: Shane Carruth
Roteiro: Shane Carruth
2004

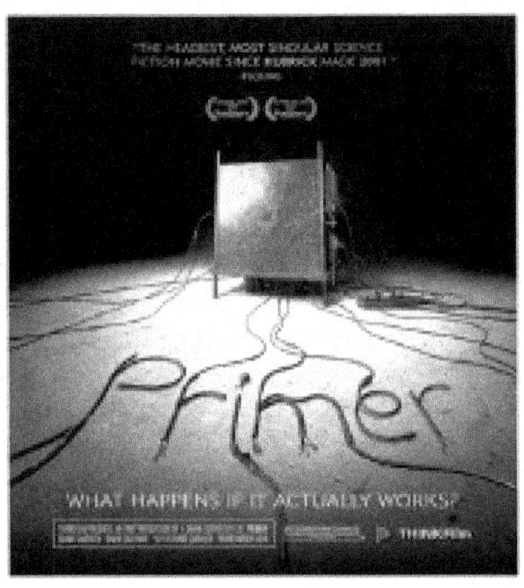

Vencedor no Festival de Sundance e odiado por aqueles que vão ao cinema apenas para comer pipoca e se divertir, o filme "Primer" (2004) do diretor Shane Carruth é um quebra-cabeça sobre questões lógicas sobre a viagem no tempo: paradoxos, lacunas, pontas soltas, causalidade. Esqueça o famoso "paradoxo dos gêmeos" (Paradoxo de Langevin) sobre a relatividade das viagens no tempo. Esse é o menor dos problemas nesse filme. Influenciado pelo ocultismo de Aronofsky de Pi e os "warmholes" de Donnie Darko, o filme se defronta com as grandes interdições estruturais do contínuo tempo-espaço que impedem o homem se libertar do Tempo: as noções de atratores estranhos e da geometria recursiva da Teoria do Caos.

Primer se insere em um subgênero dos filmes de ficção científica que poderíamos chamar de low sci-fi como *Another Earth, Sound of My Voice, Safety Not Guaranteed* etc. Filmes de baixíssimo orçamento (Primer foi realizado com sete mil dólares) onde os temas científicos são pretextos e muitas vezes apenas um cenário para questões éticas e morais sobre relacionamentos humanos.

Carruth obviamente foi influenciado pela intensidade ocultista de Darren Aronofsky do filme *Pi* e os "warmholes" de *Donnie Darko*. Primer mostra como jovens engenheiros, com poucos recursos em uma pequena garagem, constroem alguma coisa que envolve campo magnético e manipulação da gravidade em pequenos objetos, mas que produz um inesperado efeito colateral de possibilidade de viagem no tempo.

Como todo bom filme *low sci-fi*, essa possibilidade não é mostrada em tom épico em cenas tensas, trilha musical de suspense ou closes em rostos perplexos. Há um fascínio na maneira de falar uns com os outros, de forma rápida, em tom baixo, mas com entusiasmo. Os diálogos são repletos de jargões técnicos com referências a gases inertes e metais que conseguem retirando catalisadores de automóveis para obterem palladium ou roubar uma geladeira para extrair freon.

Em muitos momentos, o espectador perde o fio da meada tendo que retomar o que foi perdido no caminho para juntar as peças do quebra-cabeça. Sem dúvida Primer é um filme para nerds, geeks e CDFs, assim como os protagonistas da narrativa. Mas é justamente isso que instiga os espectadores: há algo muito maior por trás dos diálogos intimistas e introvertidos. Isso é o que fez muitos fãs do filme elaborarem verdadeiros mapas do roteiro do filme e diagramas da máquina do tempo para tentar juntar as linhas soltas – veja um desses diagramas na ilustração acima.

Seguindo os filmes *Pi* e *Donnie Darko*, o diretor Carruth explora a estrutura paradoxal tempo/espaço não apenas relativística, mas caótica marcada por atratores estranhos, recursividade e dependência hipersensível às condições iniciais, também conhecido como "efeito borboleta".

Ao mesmo tempo o Carruth parece explorar a simbologia ocultista dos metais e gases que envolvem o experimento dos engenheiros – sincronicamente na simbologia ocultista o palladium simboliza o guardião dos níveis mais altos, o metal da estabilidade e segurança em viagens muito distantes.

O Filme

Quatro engenheiros (Abe, Aaron, Robert e Philip) buscam financiamento para uma máquina que estão construindo na garagem. Nos diálogos nunca fica muito claro do que se trata, mas parece ter a ver com manipulação da gravidade. Logo Aaron e Abe percebem estranhos fenômenos envolvendo os gases inertes e o campo magnético no interior da máquina: um fungo que leva cinco anos para se desenvolver cresce em cinco minutos, um relógio que funciona para trás e assim por diante. Sim! Descobriram uma máquina do tempo. Abe e Aaron escondem essa possibilidade dos outros dois engenheiros da equipe e decidem sozinhos levar adiante o experimento.

Depois de alguns testes, Abe secretamente constrói uma máquina protótipo grande o suficiente para caber um homem e decide retornar algumas horas no passado. Lá encontra Aaron e os dois veem o "duplo" de Abe entrando na máquina protótipo, localizada em um depósito. Ou seja, a máquina tem uma estranha propriedade de unir os pontos A e B no tempo em looping: presente, passado e futuro podem criar um contínuo vai e vem. Aparentemente muito simples, não fosse um problema: a coexistência com seus duplos, que farão constantemente novas máquinas, criando um efeito recursivo. O tecido temporal exponencialmente começa a ficar instável, devido à hipersensibilidade às condições iniciais: cada novo duplo vai produzir novos efeitos, sempre exponenciais.

Como bons engenheiros que são, tentarão fazer uma engenharia reversa, quer dizer, "ressetar" o sistema caótico e recursivo. Tentam criar uma "máquina sem falhas", secretamente, sem seus duplos saberem. Tentam retornar a um ponto onde sequer cogitavam a possibilidade da viagem no tempo. Algo como quando um sistema operacional em um computador tenta se recuperar de um catastrófico erro de programação, tentando retornar a um ponto anterior da instalação.

Tempo e atratores estranhos

Para os gnósticos o tempo é a principal falha do cosmos físico, aquilo que prenderia o homem nesse cosmos. O tempo seria uma seta que tende inexoravelmente para o futuro. Todos os eventos são irreversíveis tendendo para um estado de dissipação de energia, caos, inércia – a entropia.

Mas os cientistas Michael Feigenbaum e Benoit Mandelbrot descobriram que essa tendência à entropia em um suposto caos e desordem esconderia uma estranha simetria: os "atratores estranhos". Regularidades geométricas e contornos altamente irregulares, estruturas recursivas como redemoinhos dentro de redemoinhos ou os dormentes de estradas de ferro que desaparecem no horizonte. Uma escala de repetição que faz certos fenômenos tender a uma constante universal. Assim como o número pi, presente em eventos tão distintos: do movimento das ondas numa praia ao trajeto diário das estrelas no céu.

Isso significa que a viagem no tempo, o secreto e arquetípico desejo humano pelo anseio de se libertar da entropia do tempo que nos prenderia a esse cosmos físico, é interditada pela censura da geometria recursiva dos atratores estanhos: Abe e Aaron irão cair na cilada do lopping temporal, sendo condenados ao vai e vem entre os pontos A e B (presente e passado), produzindo indefinidamente duplos que conspiram entre si, tentando produzir secretamente novas máquinas do tempo "sem falhas" para tentar reiniciar o sistema, produzindo ainda mais caos e recursividade.

É uma espécie de censura estrutural tempo-espaço: a impossibilidade de auto-cancelamento, isto é, de retornar a um ponto anterior do momento em que a máquina do tempo foi inventada. Nisso o filme Primer aproxima-se da relatividade de Einstein: é impossível existir algo além da velocidade da luz. A misteriosa caixa onde está um dispositivo com metais e gases inertes conseguiu, de algum modo, intervir na gravidade a tal ponto de curvar o espaço-tempo criando um warmhole entre passado e presente.

Mas acabou criando um atrator estranho, uma geometria recursiva que à certa altura do filme lembrará o filme *O Feitiço do Tempo* onde revisitarão diversas vezes uma mesma festa para desarmar um homem armado e, dessa forma, impressionar o pai de uma mulher – um importante capitalista de risco que pode torná-los milionários.

Ética e viagem no tempo

Primer retoma o mesmo tema do filme Pi de Aronofsky: a manipulação do tempo e da matemática como forma de conseguir não só informação privilegiada, mas conseguir prever os complexos e caóticos movimentos dos mercados financeiros.

Mas se por um lado Abe e Aaron estão cientificamente comprometidos, por outro lado, eticamente são deficientes. Ao se defrontar com efeito colateral de tamanha magnitude da pequena invenção de garagem, a primeira coisa que pensam é escondê-la dos demais companheiros e tentar fazer dinheiro, muito dinheiro: ver o comportamento das cotações das ações na Bolsa de Valores para retroceder horas antes com informações privilegiadas.

Aos poucos a amizade e o poder de cooperação entre Abe a Aaron entram em colapso com a paranoia e a desconfiança mútua: cada um tenta interferir no duplo do outro.

Primer apresenta o velho sonho americano de que a criatividade, o conhecimento aliado ao empreendedorismo fez do capitalismo e do liberalismo o grande motor do progresso e da liberdade. De fato, uma das grandes virtudes do filme é mostrar que as grandes descobertas científicas surgem por acaso, quando paradoxalmente os métodos científicos falham e são superados.

Porém, a ciência parece libertar grandes forças com muita rapidez, para além da capacidade do amadurecimento ético e moral se equiparar a essa velocidade.

2

"Interestelar":
amor e entrelaçamento quântico

Temas: Entrelaçamento Quântico, Física e Gnosticismo
Diretor: Christopher Nolan
Roteiro: Christopher Nolan, Jonathan Nolan
2014

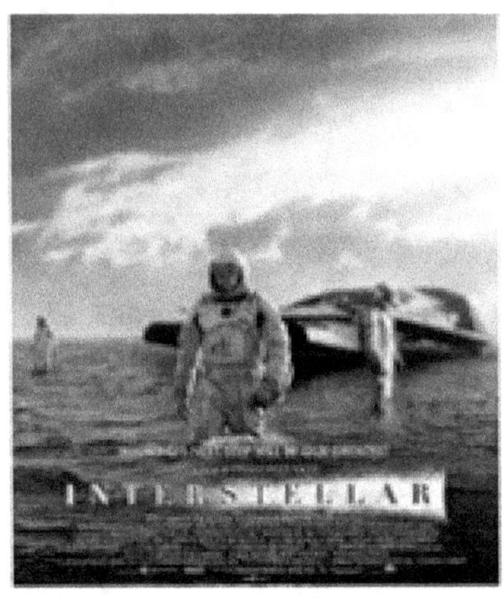

Depois de desafiar os espectadores com desconstruções narrativas como "Amnésia" e articular sucessivas camadas de mundos oníricos em "A Origem", agora Christopher Nolan em "Interestelar" ("Interstellar", 2014) nos desafia com os paradoxos da mecânica quântica e relatividade. Aqui não há mais heróis tentando salvar a Terra, mas pessoas que se sacrificam na procura de um caminho para a humanidade abandonar um planeta agonizante. E a única saída será através de buracos negros e "buracos de minhoca" cósmicos. Porém, as equações falham em tentar conciliar a dimensão quântica e a relatividade. Qual a solução proposta por Nolan? Amor e Comunicação, os únicos elementos que atravessam os diferentes espaços-tempos e que resolveriam o enigma do chamado "entrelaçamento quântico". Tudo com muitas alusões gnósticas e religiosas, criando uma poderosa atmosfera mística.

John Smith trabalha como projetista em um cinema nos EUA. John fez um curioso relato no início desse mês: ao receber a cópia do filme Interestelar percebeu que ela veio embrulhada e rotulada como "Flora's Letter" – The Hollywood Reporter, 22/10/2014.

Já é bem conhecida essa estratégia onde os filmes são distribuídos ou mesmo produzidos com títulos falsos a fim de dificultar a pirataria ou roubo.

Mas também é conhecido que muitos produtores não resistem à tentação de deixar nesses falsos rótulos pistas inteligentes e sugestões. É o exemplo de filmes anteriores de Nolan que foram distribuídos dessa maneira, com intrigantes pistas: "Backbreaker" para o filme *Batman - O Cavaleiro das Trevas* (*The Dark Knight*, 2008) e "Be Kind, Rewind" para *Amnésia* (*Memento*, 2000).

Ora, "Flora's Letter" oficialmente seria uma alusão a uma das quatro filhas de Nolan, Flora. Mas também poderia ser uma sincrônica referência a "Carta para Flora" ou "Epístola para Flora", texto gnóstico atribuído a Ptolomeu, discípulo do professor gnóstico Valentino no cristianismo primitivo, onde assume que Jesus fora enviado não para destruir a Lei Mosaica (materializada nos Dez Mandamentos), mas para completa-la. Por ser obra não de Deus mas de um Demiurgo, a Lei era imperfeita e necessitava ser completada.

Simbolismos religiosos

Coincidência ou Sincronismo? O fato é que Interestelar de Nolan lida com os paradoxos das leis da Mecânica Quântica e da Teoria da Relatividade. Passamos as quase duas primeiras horas do filme acompanhando todo o esforço de um projeto que tenta salvar a raça humana da extinção baseado nas equações do Professor Brand (Michael Caine). Porém, as equações do professor falham por não encontrar a solução para aquilo que toda a Física até agora não conseguiu: achar o chamado "Campo Unificado" que conciliaria a relatividade com a dimensão quântica.

Porém, assim como no texto gnóstico "Carta para Flora", um Salvador deve chegar para completar a Lei imperfeita, acrescentar o componente que falta na equação. E para Nolan, aquilo que ultrapassaria o Tempo e o Espaço, conciliando as dimensões relativísticas e quânticas, seria o Amor – Jesus?.

Assim como essa sincrônica referencia gnóstica, Interestelar possui uma série de simbolismos religiosos: os doze apóstolos (Dr. Brand teria enviado anteriormente através do buraco de minhoca cósmico "doze bravas almas" que lá estariam à espera do salvador da humanidade); lá existe uma espécie de Arca de

Noé; o primeiro planeta com ondas gigantescas (dilúvio bíblico?); há um anjo caído (Dr. Mann que vira um demônio em uma espécie de Jardim do Éden invertido); todo o projeto secreto da NASA se chama "Lázaro" (referência ao personagem bíblico que ressuscitou dos mortos); a heroína salva a humanidade aos 33 anos de idade (a idade de Jesus).

Nolan parece espalhar esses simbolismos na narrativa para fazer a delícia dos críticos de cinema. Porém, o filme vai mais além do que essa lista de simbolismos mais evidentes: Interestelar lida com o tema do amor de uma forma bem peculiar – como o elemento mais importante da equação, capaz de atravessar o contínuo tempo/espaço, ir além da atração gravitacional. Para tanto, veremos como Nolan introduz o conceito de entrelaçamento quântico, conceito que curiosamente Jim Jarmusch também introduz no seu último filme *Amantes Eternos - Only Lovers Left Alive*, 2013.

O Filme

A maioria dos filmes de Hollywood baseia-se em narrativas sobre o amor romântico ou sexo. Mas Interestelar quase não tem casais para se obter o tradicional par romântico que salvará o mundo. Ao invés disso, vemos diferente formas de amor, de geração em geração, ao longo do tempo e espaço.

O filme começa em uma fazenda onde vemos o amor do avô Donald (John Lithgow) pelos seus netos e o amor dos filhos pelo pai viúvo e astronauta aposentado da NASA Cooper (Matthew McConaughey). Eles estão metidos em uma crise ambiental global onde os alimentos desaparecem e tempestades de areia arrasam com plantações.

Por meio de uma estranha anomalia gravitacional que a filha Murph (Jessica Chastain) descobre em um cômodo da casa (ela pensa que há algum fantasma derrubando livros da estante) , eles descobrem coordenadas que levam a um laboratório subterrâneo e secreto onde a NASA planeja uma forma de salvar não o planeta, mas a humanidade: Dr. Brand desenvolve equações para solucionar problemas relativísticos e quânticos para levar a humanidade para um novo planeta do outro lado do Universo por meio de um "buraco de minhoca" (wormhole) encontrado nas cercanias de Saturno. E tudo leva a crer que esse buraco cósmico foi uma criação artificial de alguma outra civilização disposta a nos ajudar.

Cooper é convocado para o Projeto Lazaro para ser o piloto de uma espaçonave que atravessará o "buraco de minhoca" em busca de uma nova Terra. Com isso, a narrativa passa a ser movida pelo amor mesclado com raiva da filha

Murph, ressentida pelo pai abandonar a família por décadas. Para ela, o pai abandonou a família em um planeta à beira da extinção.

Há ainda outra forma de amor: doze "apóstolos" ou astronautas saíram sozinhos na vanguarda do Projeto Lázaro, sacrificando suas vidas para serem congelados e renascerem em algum lugar do outro lado do Universo.

Parece que o tempo inteiro Nolan quer nos mostrar a força magnética que liga pessoas que estão distantes; como pessoas separadas por longas distâncias no Universo podem ainda exercer uma força gravitacional. Todos no filme anseiam por reencontros, assim como no outro filme do diretor, A Origem (Inception, 2010), o protagonista Cobb tentava retornar para casa.

E assim como em A Origem, Nolan lida com camadas de realidades no tempo e espaço que funcionam em diferentes cronologias. Quando o protagonista Cooper vai para o espaço deixa para trás os paradigmas da vida terrena para entrar nos paradoxos da mecânica quântica e relatividade: a gravidade torna-se variável em diferentes planetas, o espaço dobra sobre si mesmo, astronautas voam por buracos de minhocas que conectam um ponto a outro distante no Universo e naves ganham impulsos gravitacionais em horizontes de eventos de um buraco negro.

O entrelaçamento quântico

Com isso, Nolan introduz o conceito de entrelaçamento quântico: como duas partículas que se interagem, ao serem separadas continuam a ter estranhos padrões como se ainda estivessem conectados a distâncias imensas. Interestelar mostra como pessoas que se amam adquirem alguns desses mesmos recursos e reagem da mesma forma, ao mesmo tempo para as mesmas coisas.

Baseado nas ideias do físico Kip Thorne, Insterestelar mostra como Ciência e emoção podem se misturar criando uma poderosa atmosfera mística. De início, Nolan opta por um pressuposto narrativo gnóstico: a ideia de uma Terra seca e devastada da qual o homem deve fugir, assim como Dorothy no filme clássico O Mágico De Oz, é a metáfora da condição humana no Gnosticismo – prisioneiro em um cosmos imperfeito e decadente do qual somente poderá escapar por meio da gnose, a busca da iluminação interior.

E no filme essa gnose é a descoberta de que vivemos em um Universo onde o entrelaçamento quântico faz tudo parecer emergente e interligado. A vida parece menos como uma máquina e mais com padrões infinitamente complexos de ondas e partículas.

Em Interestelar, os personagens estão frequentemente experimentando transversais e conexões místicas que transcendem o tempo e o espaço. Parece que tanto Nolan como Jarmusch em Amantes Eternos parecem ter se inspirado na obra-prima "My Bright Abyss" do poeta norte-americano Christian Wiman:

> *"Se o entrelaçamento quântico for verdade, se as partículas relacionadas reagem de maneiras semelhantes ou opostas, mesmo separadas por distâncias enormes, então é óbvio que o mundo inteiro está vivo e se comunica por diversas maneiras que não compreendemos totalmente. E nós somos parte dessa vida, dessa comunicação" WIMAN, 2014).*

A solução do entrelaçamento quântico: amor e comunicação (spoilers à frente)

Levamos quase duas horas do filme para compreendermos qual o elemento que falta para a equação do professor Brand unificar relatividade e mecânica quântica, o que possibilitaria trazer Cooper de volta para casa dobrando o tempo-espaço no sentido inverso: amor e comunicação, aquilo que resolveria o enigma do entrelaçamento quântico.

Numa alusão ao filme *2001* de Kubrick, ao entrar no buraco negro Cooper descobre que seres da quinta dimensão prepararam para ele um espaço tridimensional de onde observa o quarto da casa na Terra onde está a filha Murph em tempo-espaço simultâneos na infância e na atual vida adulta. O presente dobra-se no passado: através de quantuns de energia em código morse, Cooper se comunica com Murph simultaneamente no passado e presente.

O suposto fantasma da estante na infância era o próprio pai no futuro tentando se comunicar, trazendo a solução que retirará a humanidade de um planeta agonizante.

Nessa sequência final, Nolan faz também uma curiosa alusão às comunicações dos espíritos do início do Espiritismo do século XIX com os fenômenos de batidas no chão e mesas girantes como formas de comunicação tiptológica dos mortos com os vivos.

Seriam os espíritos não apenas pessoas que já morreram, mas na verdade seres interdimensionais tentando se comunicar conosco através de diferentes tempo-espaços? Seriam seres do futuro ou do passado? Assim como os seres da quinta dimensão que, por algum motivo misterioso, tentam ajudar a humanidade em Interestelar, os espíritos também tentam se comunicar conosco?

Será que assim como os seres da quinta dimensão, é o amor por nós que move os espíritos a tentarem a comunicação?

3

"Coherence":
a mecânica quântica nas relações humanas

Temas: Sobreposição, Entrelaçamento, Decoerência, Gato de Schrödinger
Diretor: James Ward Byrkit
Roteiro: James Ward Byrkit
2013

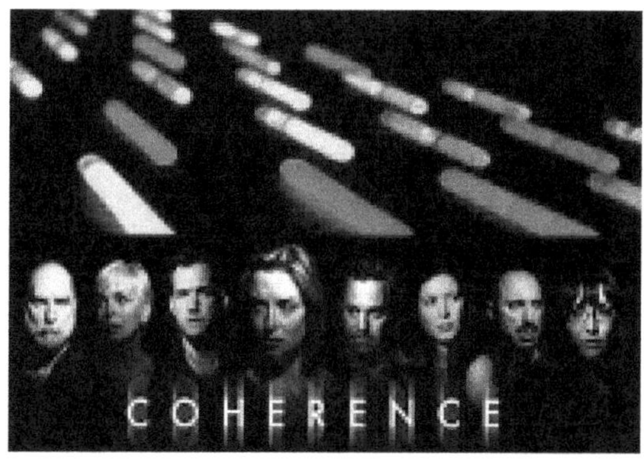

Em uma noite amigos se reúnem para um jantar regado a vinho. Um cometa cruza o céu. O físico austríaco Schrödinger em 1935 imaginou a famosa experiência do gato preso em uma caixa para ilustrar os paradoxos da mecânica quântica. O filme "indie" "Coherence" (2013) junta esses três elementos para criar um dos mais inventivos roteiros dos últimos anos. Complexos conceitos da física quântica como "sobreposição", "entrelaçamento" e "decoerência" são transferidos do mundo subatômico para as tensões das relações humanas. E se todos naquela noite estiverem na mesma situação angustiante do gato de Schrödinger? Mas também pode ser a oportunidade de realizar o sonho da segunda chance e corrigir as escolhas erradas de uma vida.

A Teoria da Relatividade e a Física Quântica foram descobertas científicas que não só transformaram o cenário do mundo mecânico e linear da física newtoniana. Abriram uma brecha na Razão para a possibilidade de, em algum lugar no tempo e no espaço, existir a possibilidade de a vida nos oferecer uma segunda chance: em algum universo paralelo, em alguma realidade alternativa, seja no passado, presente ou futuro, a possibilidade de corrigir erros, voltar no tempo e fazer a coisa certa.

A exploração desse tema no cinema através de lapsos temporais ou emaranhados quânticos é constante e a lista é extensa: *De Volta Para o Futuro* (1985), *Peggy Sue: Seu Passado A Espera* (1986), *Feitiço do Tempo* (*Groundhog Day*, 1993), *Contra o Tempo* (*Source Code*, 2011) *Efeito Borboleta* (2004), *Click* (2006), *Deja Vu* (2006), *About Time* (2013), só para ficar em alguns mais recentes.

O tema da segunda chance já estava presente desde a literatura do século XIX com o Sr. Scrooge de "Christmas Carol" de Charles Dickens ou na jornada interdimensional de Alice de Lewis Carroll. Mas ainda o tema ainda estava restrito ao Fantástico e o Sobrenatural. Com Einstein, Heidenberg e Bohr, finalmente esse tema passou a ter uma verossimilhança científica.

A ficção científica indie *Coherence*, dirigido e escrito por James Ward Byrkit, é outro filme que se aventura por essa senda temática. Mas nesse caso, de forma inventiva, mostrando como é possível fazer muito com tão baixo orçamento: um mix do espírito sci fi e terror da série original *Além da Imaginação* (*Twilight Zone*, 1959-1964) com a famosa experiência imaginária do gato de Schrödinger de 1935 que tentava de interpretar a mecânica quântica aplicada aos objetos do cotidiano.

O Filme

Um grupo formado por casais e conhecidos chega para participar de um jantar em uma bela casa em algum subúrbio do norte da Califórnia, na noite em que um cometa passará na proximidade da Terra e será visível a olho nu. Apresentam-se uns aos outros, bebem, conversam, dão risadas. Mas aos poucos as coisas começam a ficar estranhas – os celulares perdem o sinal e as telas racham, Internet fica inacessível e, por fim, acaba a energia.

Toda a vizinhança alcançável pela vista está na completa escuridão. Tudo parece ser efeito da passagem do cometa. Mas estranhamente somente uma casa está com as luzes acesas. Ela tem um gerador? Será que lá haveria um telefone fixo para poderem contatar o mundo?

Uma dupla de amigos decide ir até a casa iluminada encontrar respostas. Mas retornam com questões ainda mais perturbadoras: trazem uma caixa com as fotos de todos com uma numeração correspondente na parte de trás. E o que é mais insólito: viram através da janela daquela única casa iluminada o que seria os seus próprios duplos em uma outra versão alternativa daquele mesmo jantar.

É o máximo que podemos dizer sobre a narrativa do filme para evitar um grande *spoiler*.

A Física e o Cometa

A grande sacada do filme é que o sci fi de *Coherence* muitas vezes parece se aproximar do terror ou de um thriller, mas não há violência – a grande fonte de inquietação é filosófica: os personagens começam a ficar assustados com o que eles não sabem e depois com as implicações do que descobrirão. Não o medo pela integridade das suas vidas (embora haja um risco), mas as incertezas sobre a identidade de cada um.

O espectador perceberá que a narrativa aos poucos irá se aproximar da personagem Emily, uma bailarina cuja carreira sofreu um revés que não é muito bem especificado – ela parece frustrada pelas escolhas profissionais e amorosas que fez na vida.

Em meio à paranoia e tensões pessoais que naturalmente crescem numa situação dessa, um alto e barbudo chamado Hugh tenta entrar em contato com seu irmão que é físico e está familiarizado com os efeitos terrestres da passagem do cometa. Sem Internet ou celular encontra um livro de Física dele, com apontamentos para uma aula na Universidade. As anotações versam sobre a célebre experiência imaginária do gato do físico austríaco Schrödinger.

O gato de Schrödinger

O físico austríaco tentou através dessa experiência visualizar as implicações do estranhíssimo e aparentemente ilógico mundo das partículas subatômicas – uma mesma partícula pode estar em dois lugares ao mesmo tempo. Schrödinger quis trazer esse paradoxo subatômico para uma situação fácil de ser visualizada: um gato está preso numa caixa que contém um recipiente com material radioativo e um contador Geiger. Se o material soltar partículas radioativas e o contador detectar, acionará um martelo que, por sua vez, quebrará um frasco com veneno, matando o bichano.

De acordo com as leis da física quântica, a radioatividade pode se manifestar tanto como onda quanto partícula. Ou seja, na mesma fração de segundo, o frasco de veneno quebra e não quebra, produzindo duas realidades probabilísticas simultâneas. Segundo o raciocínio, as duas realidades aconteceriam simultaneamente dentro da caixa, até que fosse aberta – a presença de um observador e a entrada da luz intervindo nas partículas acabariam com a dualidade.

Ambas realidades existem simultaneamente dentro da caixa. Mas existe a chamada "decoerência quântica" que garante que essa situação "decaia" para um dos resultados: vivo ou morto. Isso impede que os "dois gatos" das situações diferentes interajam entre si.

O que faz todo o grupo no filme chegar a uma hipótese perturbadora: todos ali (será que o planeta também?) estão dentro de uma espécie de caixa de Schrödinger. E eles são o gato!

Mas o pior pode estar por vir: eles talvez tenham infringido o princípio da decoerência quântica: situações simultâneas podem estar involuntariamente interagindo naquele momento, resultando na tensão existencial: afinal, quem eles são? O grupo original ou duplicatas? Se é que no universo quântico haveria essa diferença.

Decoerência e a segunda chance

Sem querer fazer um *spoiler*, o que podemos dizer é que o espectador perceberá o porquê da narrativa (e inclusive o pôster promocional do filme) focarem na personagem Emily: frustrada pelas opções feitas, a desobediência ao princípio da decoerência quântica poderá proporcionar inesperadamente a tão esperada segunda chance na vida.

O fascínio por essa experiência quântica imaginária contamina filmes, séries e animações na TV e no cinema. *Um Homem Sério* (2009) dos irmãos Cohen mostra o protagonista fazendo uma alusão ao gato de Schrödinger para ilustrar a imprevisibilidade do futuro; em *O Grande Truque* (2006) Nikola Tesla usa um gato para demonstrar o que sua máquina de teletransporte era capaz; na sci fi espanhola *Crimes Temporais* (2007) onde o paradoxo quântico é transposto para uma história de crimes e viagem no tempo. Além de alusões em episódios de séries como *Futurama, Doctor Who, Stargate SG-1, CSI: Crime Scene Investigation, The Big Bang Theory*, entre outros em uma longa lista.

Mas de todas essas produções, o filme *Coherence* de longe é o que mais tem fôlego para explorar conceitos tão complexos da mecânica quântica como sobreposição, emaranhamento e decoerência. O diretor James Byrkit abraça corajosamente o desconhecido, o implícito e o misterioso, com um roteiro repleto de linhas de diálogo que prendem o espectador e não deixa a linha condutora cair – além do extremo didatismo como é explicada a experiência de Schrödinger.

Se o físico austríaco pensou na angustiante experiência do gato como maneira didática de trazer para a escala do nosso mundo os paradoxos do mundo subatômico, o filme *Coherence* leva didaticamente a experiência de Schrödinger para o mundo das relações humanas: a angústia da necessidade das tomadas de decisões e a ansiedade da segunda chance.

4
"Em Algum Lugar do Passado":
Amor e paradoxos quânticos

Temas: Paradoxos Temporais, Closed Timeline Curve, Fita de Möbius, Entrelaçamento
Diretor: Jeannot Szwarc
Roteiro: Richard Matheson
1980

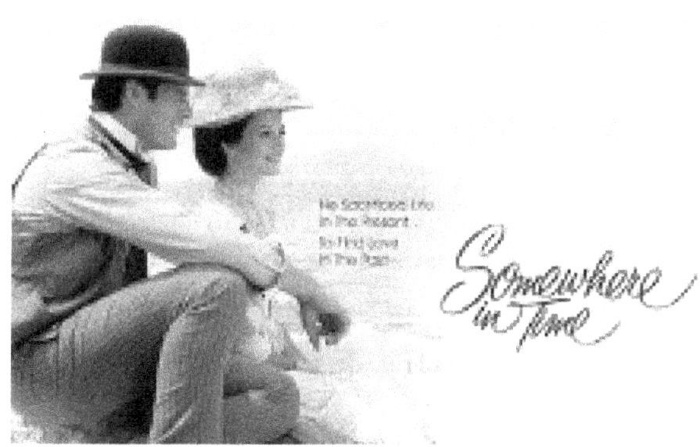

Por que um filme tão odiado pela crítica especializada na sua época como "Em Algum Lugar do Passado" (Somewhere in Time, 1980) em pouco tempo tornou-se um novo clássico e um fenômeno cult? Diferente de outros filmes sobre viagem no tempo com forte ênfase social, "Em Algum Lugar do Passado" é uma tragédia amorosa, melodramática sob a trilha onipresente de Rachmaninoff. Porém, há algo mais pulsando por trás de camadas e camadas de romantismo hollywoodiano: o primeiro filme a aproximar o tema do amor aos paradoxos quânticos do tempo, assim como hoje fazem filmes como "Interestelar" de Nolan ou "Amantes Eternos" de Jarmusch.

Massacrado pela crítica e amado pelo público, o filme Em algum Lugar no Passado é um desses fenômenos cult: produções que na época foram mal vistas pela crítica especializada, depois de uma década tornam-se novos clássicos. Exemplos parecidos não faltam: *Ghost, Curtindo A Vida Adoidado, A Vingança dos Nerds* etc.

Era um filme sobre amor e viagem no tempo, mas sem tornar-se uma ficção científica. Ao contrário de *A Máquina do Tempo* (*The Time Machine*, 1960) ou *Um Século em 43 Minutos* (*Time After Time*, 1979), produções com abordagens mais sociais, *Em Algum Lugar do Passado* é uma tragédia amorosa, uma produção de época com toda pompa e circunstância. Um filme bem conservador, que abre uma década de forte acento de conservadorismo moral e político (era Thatcher-Reagan) marcado pela AIDS e o retorno aos valores tradicionais. O auge dessa década foi o filme *Atração Fatal* (*Fatal Attraction*, 1987) – a traição pode ser punida pela ameaça de uma solteirona enlouquecida.

Mas se *Em Algum Lugar do Passado* fosse apenas isso cairia facilmente no esquecimento. Por que em pouco tempo o filme tornou-se um novo clássico? Para além da onipresente música "Rapsódia sobre um Tema de Paganini" de Rachmaninoff (em nove de cada dez restaurantes da época era possível, a qualquer momento, ouvir essa música) e o drama de um amor impossível com direito a um final estilo Ghost, o filme apresenta curiosas ambiguidades e paradoxos sobre a viagem no tempo.

Além disso, é um dos poucos filmes que aborda o tema da viagem no tempo sem o recurso de máquinas ou tecnologias avançadas – tudo que temos é a auto-hipnose e a caixa preta da mente. O que tornou ainda mais ambígua a experiência no tempo do protagonista.

O Filme

A narrativa inicia em 1972 acompanhando a estreia de uma peça do jovem dramaturgo Richard Collier (Christopher Reeve) na pequena Millfield. Ele é abordado por uma mulher idosa e misteriosa que aperta em suas mãos um antigo relógio de bolsa e implora: "volte para mim!".

Richard passa então a ficar obcecado em descobrir a identidade daquela mulher, até descobrir que era uma famosa atriz do início do século XX chamada Elise McKenna (Jane Seymour).

Hospedado no clássico Grand Hotel, Richard descobre uma antiga foto da atriz exposta no salão histórico e que ali esteve apresentando uma peça teatral em 1912, o que faz aumentar ainda mais a paixão e obsessão. Mas a maior surpresa foi descobrir que aquele relógio que possuía na verdade era dela.

Intrigado, Richard começa a empreender uma pesquisa sobre as reais possibilidades de se fazer uma viagem no tempo, até conhecer um professor de Filosofia que lhe passa um método simples, baseado em auto-hipnose: tudo que Richard precisa fazer é se isolar em um quarto e remover todos os objetos modernos que lembrem o presente. Vestido com trajes de época e deitado em uma cama, Richard é transportado para aquele momento da apresentação da jovem e radiante Elise, 60 anos atrás no tempo.

A viagem no tempo através da mente abre a primeira grande discussão para os aficionados do filme: será que houve de fato um transporte real para o passado ou tudo não passou de um sonho? Ou, de fato, houve um deslocamento no tempo, mas através de uma auto-hipnose de regressão a vidas passadas.

Essa hipótese teosófica é ainda corroborada com o episódio da moeda de 1972 que Richard acha em seu bolso em 1912, quebrando abruptamente o transe temporal fazendo-o retornar involuntariamente ao presente, abandonando a mulher amada. A consciência da moeda lembra as técnicas de sonho lúcido (indução de metalinguagem no próprio sonho). Porém, aqui a meta-consciência quebrou o "encanto" ou a crença que de fato está em 1912.

O paradoxo do relógio

A história de *Em Algum Lugar do Passado* parece ser auto-consistente, sem o chamado "paradoxo do avô" das viagens no tempo – Richard apenas cumpre a predestinação. Todas as informações que descobriu em 1972 sobre o passado, cumpre em 1912: hospeda-se no mesmo número de quarto, a mesma assinatura no livro de hóspedes do hotel e... devolve o relógio para Elise que voltará a entregar a Richard 70 anos depois.

Essa é a questão que assombra os fãs do filme: onde foi fabricado o relógio? Se o leitor considerar a linha do tempo do relógio, irá formar um circuito fechado muito parecido com um bambolê – Elise teria o "primeiro" relógio em 1912, e em seguida entregaria para Richard em 1972, de modo que poderia dar-lhe de volta em 1912. O relógio existiria sem nunca ter sido criado. Estaríamos diante daquilo que em Física chama-se CTC – Closed Timelike Curve – linha de tempo fechada.

O relógio viaja através de uma CTC e, portanto, carece de qualquer início ou final. Assim parece ter surgido do nada, *criatio ex nihilo*. A melhor imagem para ilustrar esse conceito tão abstrato são as figuras geométricas paradoxais como a fita de Möbius (que não possui uma lado de dentro e de fora como uma fita normal) ou as imagens recursivas como as escadas ascendentes e descendentes de MC Escher (veja figura abaixo) onde não conseguimos afirmar se os monges estão subindo ou descendo as escadarias do mosteiro.

Por isso, Em Algum Lugar do Passado talvez seja o primeiro filme a fazer uma abordagem, por assim dizer, quântica do amor – o relógio foi o objeto que uniu pessoas tão distantes no tempo. O relógio parece ter sido criado por pura magia – ou pelo amor?

O "nada" quântico

Pode-se obter algo do nada? As leis da mecânica quântica permitem fazer uma partícula (e sua anti-partícula correspondente) a partir do "nada" (ou o que os cientistas poderiam chamar de "vácuo"). A criação de um elétron (e a sua anti-partícula o pósitron) seria um exemplo. Mas aplicar esse "entrelaçamento quântico" da microfísica para um mundo macro, onde relógios de bolso poderiam simplesmente aparecer do nada é muito improvável.

Filmes recentes como *Interestelar* (*Interstellar*, 2014) de Nolan ou *Amantes Eternos* (*Only Lovers Left Alive*, 2013) de Jarmuch são exemplos dessa aproximação do amor com a mecânica quântica – assim como partículas distantes interagem criando padrões como se estivessem conectadas, pessoas distantes que se amam adquirem alguns desses recursos e reagem da mesma forma, ao mesmo tempo para as mesmas coisas.

Um amor eterno que, assim como o relógio de bolso, contraria a segunda lei da Termodinâmica: a Entropia – o Tempo é uma seta que aponta somente para o futuro, logo tudo se deteriora e se decompõe e que, eventualmente, tudo deve morrer. Vamos dizer que de alguma forma o relógio possui uma auto-existência: certamente a ação de 60 anos desgastará o relógio (riscos, batidas, oxidação etc.). O relógio de 1972 retorna para 1912 novinho em folha – deve haver alguma forma de energia que obtenha a reparação do relógio, fechando a curvatura do tempo e abolindo a lei da entropia.

Esse talvez sejam os motivos secretos que ajudaram a tornar Em Algum Lugar no Passado um cult e um novo clássico dentro da história do cinema. Por trás das camadas e camadas de romantismo hollywoodiano, está lá pulsando uma antiga mitologia gnóstica que a mecânica quântica parece ter atualizado: a diferença entre criação e emanação – todo o cosmos jamais foi criado. Simples foi "emanado" em um Eterno Presente.

Talvez aí esteja o espírito da contestação atual ao clássico modelo do Big Bang feita por muitos físicos atuais como Saurya Das (Universidade de Lethbridge, Canadá) que afirma que a matemática e a teoria do Big Bang se anulariam por conta dos infinitos.

O Universo sempre existiu e qualquer questão sobre início ou fim é meramente religiosa ou escatológica. E o cinema acrescentaria: assim como o Universo, o amor também é eterno.

5
"Arq":
A armadilha quântica do tempo

Temas: paradoxos temporais, Interpretação dos Muitos Mundos
Diretor: Tony Elliot
Roteiro: Tony Elliot
2016

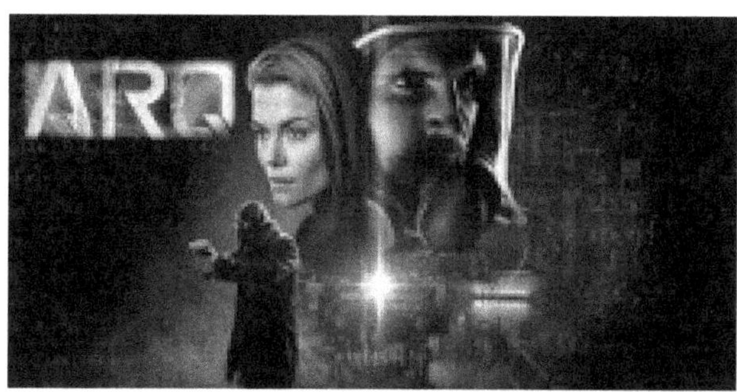

Em um cenário distópico num mundo em crise energética e ambiental, um engenheiro cria uma máquina que produz energia ilimitada. Mas que também produz um efeito colateral imprevisto: o tempo ilimitado – um loop temporal que aprisiona todos os personagens em uma torsão tempo-espaço. Esse é a produção Netflix "Arq" (2016), um inteligente mix de "Feitiço do Tempo", "Contra o Tempo" e "Efeito Borboleta". Mas o moto-contínuo de "Arq" é muito mais do que uma máquina do tempo: os personagens são prisioneiros da própria "gravidade quântica" – o mesmo acontecimento repetido diversas vezes cria uma "nuvem" de possibilidades, assim como elétrons em torno do núcleo de um átomo. E somente a memória e "déjà-vus" poderão tirar os protagonistas dessa nuvem, fazendo emergir a seta do tempo nesse filme CronoGnóstico.

Para o espanto dos cientistas, a mecânica quântica mostrou que as leis fundamentais da física não seguem apenas uma direção – no mundo microfísico, partículas podem tanto ir para frente ou para trás no tempo. No entanto no mundo macrofísico, não importa quantas vezes se olhe no espelho, você nunca ficará mais jovem. Se no mundo quântico, o tempo é uma variável tão flexível, por que experimentamos a realidade como uma seta do tempo estritamente apontando para o futuro?

Para muitos físicos, a resposta está que o próprio tempo se relaciona diretamente com a natureza do observador. Mais precisamente com a sua memória – a capacidade de preservar informações sobre eventos experimentados. Lembrando e aprendendo, fazemos o tempo andar do passado para o futuro.

Porém há algo mais além do observador: lá fora não há um tempo tiquetaqueando do passado ao futuro. Há a "gravidade quântica" e o "colapso da função da onda" que continuam sendo o maior mistério não resolvido da ciência – conceitos que, segundo a famosa "interpretação de Muitos Mundos" de 1957, abririam as portas para a existências de realidades alternativas ou mundos paralelos. Além de tornarem incompatíveis o mundo macro da teoria da relatividade e o mundo micro da mecânica quântica.

O moto-perpétuo

Agora imagine alguém que construa uma máquina originalmente planejada para criar uma forma de energia alternativa em um mundo em ruínas por algum tipo de catástrofe nuclear-ambiental. A realização do velho sonho da Ciência: a descoberta do moto-perpétuo, cuja energia é sempre renovada.

Mas ocorre um imprevisto efeito colateral: um loop tempo-espaço foi criado, prendendo todos em um dia que se repete *ad infinitum*, onde todos se confrontarão com a "gravidade quântica" que governa o mundo microfísico, mas que agora se manifesta, diante deles, na realidade macro.

A princípio, o filme Arq lembra um mix de *Feitiço do Tempo* (*Groundhog Day*, 1993) com o filme *Contra o Tempo* (*Source Cod*, 2011): o inventor de uma máquina revolucionária de produção de energia vê dois grupos rivais invadirem sua casa para roubá-la. Eventualmente ele morre no final dessas tentativas, para acordar depois na sua cama acreditando ter vivido um pesadelo. Até cair em si que está preso em um estranho loop temporal.

Prisioneiros do tempo, memória e déjà-vus: temos em *Arq* todos os ingredientes de um filme CronoGnóstico. Além de apresentar esse conflito do Tempo quântico com o Tempo ordinário: preso no loop, o protagonista pode reviver e experimentar as consequências de cada uma das suas opções como fosse uma "nuvem" de possibilidades sem nunca engrenar em uma direção temporal. Ou "decaimento quântico".

O protagonista está prisioneiro em um emaranhado de possibilidades. E a memória é a única esperança de fazer a seta do tempo ir para frente.

O Filme

Arq começa em plena ação: Renton (Robbie Amell) e sua namorada Hannah (Rachael Taylor) são despertados por um grupo de homens armados e com máscaras de gás. Arrastam os dois para serem amarrados em um cômodo onde se encontra uma máquina com um cilindro metálico que gira cada vez mais rápido. O grupo quer que Renton lhes dê créditos e dinheiro.

Renton tenta escapar, rola abaixo as escadas e... acorda na mesma cama outra vez. Novamente os mesmos homens com máscaras de gás invadem o quarto. Mas Renton lembra do loop anterior e está preparado para matar os invasores. Renton leva um tiro e... acorda novamente na mesma cama, pouco antes de chegar mais uma vez o ameaçador grupo mascarado.

O que está causando o loop? Aos poucos o espectador vai juntando os indícios em cada volta no tempo e criando o cenário: parece que estamos em um mundo pós-apocalipse onde não há uma crise energética num cenário de desastre econômico após algum tipo de catástrofe nuclear. E a saída da crise está nas mãos de um gigantesco conglomerado: a Torus, que privatiza, controla e vigia os cidadãos.

Mas há a resistência: o "Bloco", grupo de terroristas que enfrentam a Torus e seus soldados robôs. E no centro de tudo, a "Arq", máquina criada por Renton, engenheiro da Torus.

A certa altura, Hannah descreve de forma feliz o Arq: "uma máquina de energia ilimitada que também produz tempo ilimitado".

No início, Renton é o único que consegue lembrar dos loops anteriores e tentar tirar proveito antecipando as ações dos inimigos. Porém as coisas evoluem, quando aos poucos cada personagem começa a lembrar e a ter déjà-vus desenvolvendo as ações ao longo do tempo, mesmo que a situação seja a mesma outra vez.

Como um moto-contínuo, a máquina recicla as células de combustível que a alimentam. Mas também Arq recicla o próprio tempo ao seu redor mantendo todos prisioneiros da torsão temporal.

Tempo "em nuvem"

Mas por que a Torus e o Bloco querem roubar a invenção de Renton? Na guerra entre os dois grupos, a máquina criaria a cena perfeita de batalha: repetir a mesma situação até que todas as ações do inimigo sejam previstas.

Arq, portanto, é mais do que uma máquina do Tempo. Significa que poderíamos conhecer as consequências possíveis de cada ato ou escolha. Veríamos todas uma cena "em nuvem", da mesma maneira como na mecânica quântica vemos uma nuvem de possibilidades das posições dos elétrons em torno do núcleo do átomo.

A evolução temporal seria aquilo que a teoria quântica chama de "função de colapso da onda": dentro da nuvem de possibilidades, uma será escolhida pelo observador. Nesse momento temos a "decoerência" que supera o emaranhado de possibilidades.

Uma teoria do déjà-vu

Para entender o problema, pense na luz de seu quarto. O senso comum nos diz que a luz pode estar ligada ou desligada, mas não ambos ao mesmo tempo. No entanto, no mundo microfísico a mecânica quântica permite essas situações bizarras de sobreposição de dois estados – ligado e desligado.

Essa situação bizarra é a torsão temporal vivida pelos personagens do filme *Arq*. O espectador perceberá que surge no filme uma interessante teoria do déjà-vu como a lembrança de uma outra opção realizada dentro da nuvem de possibilidades que, repentinamente, se sobrepõe a um outro estado.

O que abre a possibilidade da existência de mundos paralelos, como feita por Hugh Everett em 1957 na Universidade de Princeton – a chamada "Interpretação de Muitos Mundos" (Many Worlds Interpretation – MWI). Mundos novos se abrem constantemente a cada leque de opções que se abre: todas essas opções coexistem "em nuvem". Às vezes poderiam se sobrepor, criando um déjà vu. O efeito colateral do Arq é sobrepor em loop esses mundos paralelos.

O que acaba criando uma armadilha para os personagens.

Um filme CronoGnóstico

Mas *Arq* insere o elemento complementar ao Tempo: a memória. Tema recorrente dos filmes gnósticos, em particular nos CronoGnósticos: o esquecimento nos aprisiona, condenando-nos à repetição, erro e encarceramento em um mundo inautêntico.

A seta do tempo (do passado para o futuro) só poderá emergir se Renton lembrar e aprender. Mas outra coisa ameaça o nosso herói de *Arq*, o mesmo perigo que o filme Efeito Borboleta (2004) apresenta ao protagonista: tirar proveito do conhecimento apenas para si mesmo pode criar consequências exponenciais e catastróficas.

6
"Synchronicity":
Uma viagem quântica e noir no tempo

Temas: Topografia Quântica, Física e Gnosticismo
Diretor: Jacob Gentry
Roteiro: Jacob Gentry
2015

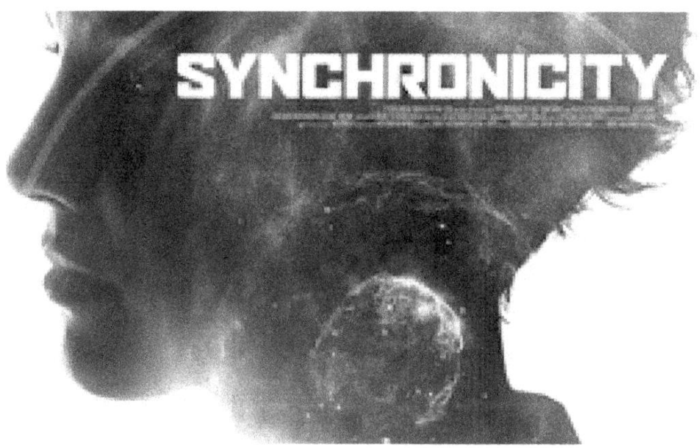

Nos últimos anos, os filmes sci-fi de baixo orçamento estão apresentando uma verdadeira revolução na abordagem do tema viagem no tempo: caros efeitos especiais digitais são substituídos por roteiros desafiadores e inteligentes; e a abordagem relativística (Einstein) do tempo é trocada pelos desafios e paradoxos do tempo quântico: dimensões paralelas com um número infinito de possibilidades coincidindo simultaneamente. O filme "Synchronicity" (2015) é mais um exemplo dessa tendência no gênero. O tema da viagem no tempo com referencias ao "sci-fi noir" do clássico "Blade Runner", de Ridley Scott. Como nos filmes "noir" clássico, "Synchronicity" faz a narrativa girar em torno da mulher fatal, que é a encarnação cinematográfica do mito gnóstico de Sophia – uma mulher que serve de ponte para o protagonista atravessar os diversos mundos dimensionais em busca de si mesmo, enfrentando seus diversos "duplos".

Nos últimos anos acompanhamos, no campo da filmografia de ficção científica, uma revolução na abordagem do tema viagem no tempo. Notadamente, nas produções de baixo orçamento, compensadas com roteiros criativos e desafiadores.

Filmes como *Primer* (2004), o mais intricado roteiro já feito sobre o tema, *Arq* (2016), *Crimes Temporais* (2007), *Coherence* (2013) entre outros, desenvolvem uma noção, por assim dizer, quântica da possibilidade de viajar no tempo. O fato é que, até recentemente, os filmes dentro desse verdadeiro subgênero sci-fi sempre foram tributários de uma noção relativística (Einstein) sobre o tempo. Na concepção clássica da viagem no tempo como, por exemplo, a série clássica *O Túnel do Tempo* (1966-67), os protagonistas só podem testemunhar eventos passados ou futuros, sem poder alterá-los.

A partir da trilogia *De Volta Para o Futuro* (1985-1990), os fatos tanto passados quanto futuros podem ser alterados, tendo o protagonista que enfrentar os perigos dos paradoxos e catastróficos efeitos exponenciais, como no filme *Efeito Borboleta* (2004).

Mas ainda esses roteiros lidam com uma única linha do tempo: o mesmo protagonista avança ou recua, enfrentando paradoxos, em uma única linha do tempo.

Mas a partir de *Primus* percebemos uma intensificação de filmes cujos roteiros pretendem enfrentar agora os desafios do tempo quântico. Inspirados em conceitos da mecânica quântica como "emaranhado", "decaimento", "colapso da função de onda" etc. Cada evento cria uma "nuvem" de possibilidades, abrindo, como um hipertexto, infinitos links de opções possíveis: o mesmo protagonista convive em múltiplos universos alternativos, em time-lines diferentes.

Uma possível viaje no tempo quântico consistiria em saltar de uma time-line para outra: paradoxalmente, a viajem pelo tempo é substituída por um deslocamento espacial, através de uma topografia quântica.

Baixo orçamento

O filme *Sinchronicity* (2015) é mais uma produção sci-fi de baixo orçamento cujos efeitos especiais e pirotécnicas visuais são substituídos por um roteiro intrigante e desafiador: o protagonista que se defronta com seus "duplos" entre os diversos futuros ou passados alternativos, até chegar ao paradoxo em que chegam todos os filmes que exploram essa nova abordagem do tema:

"Dimensões paralelas. Não existe um universo único, mas um número infinito de possibilidades coincidindo simultaneamente e eternamente, com toda versão imaginável de cada ser, persistindo em uma realidade concorrente. Sua excursão pelo espaço-tempo não foi ao passado do seu universo presente. Pelo contrário, foi simplesmente uma migração do seu plano de existência para outro adjacente. Trabalhando independentemente de você, em uma linha de tempo alternativa".

Essa é a linha de diálogo chave para compreender a intrincada narrativa de *Synchronicity*, uma experiência em torno de uma máquina que pretende viajar no tempo a partir da abertura de um "buraco de minhoca" no tecido do tempo-espaço desse Universo.

Mas a complexa narrativa do filme não é apenas tributária da mecânica quântica: vai buscar a própria estrutura do filme noir clássico (gênero de filme dos anos 40-50 notabilizado por narrativas policiais com detetives particulares perdidos em mistérios intrincados em um universo paranoico).

E qual o melhor filme da história do cinema que conseguiu unir o estilo noir com o gênero ficção científica? *Blade Runner* (1982) de Ridley Scott. Se nesse filme, o protagonista tentava descobrir quem era replicante, em *Synchronicity* o protagonista vai transitar pelas diversas "cópias" dele mesmo em diferentes time-lines para tentar salvar o seu experimento... mas qual é o "verdadeiro"? Aquele que conseguirá salvar o experimento, pelo menos em um mundo alternativo?

E, como em todo filme *noir*, a mulher fatal será a ligação entre esses mundos. A mulher fatal, a encarnação contemporânea do arquétipo gnóstico de Sophia, a divindade que transmite vitalidade e sentido a esse mundo – e que conduz o herói à Verdade.

O Filme

O filme começa em plena ação em um laboratório em que não sabemos o local e o ano – típico dos filmes de baixo orçamento. Mas percebe-se que há um ambicioso experimento científico.

Depois de dias trabalhando duro, um trio de cientistas está com os nervos desgastados e a motivação alimentada por cafeína e anfetaminas. Mas os riscos são enormes: o líder é Jim Beale (Chad McKnight) e seus associados Matty (Scott Poythress) e Chuck (AJ Bowen) que tentam criar um buraco de minhoca e abrir uma fenda no espaço-tempo. A ideia é enviar alguma coisa através dele, provando a viabilidade da viagem no tempo. Mas, se algo der errado, potencialmente poderá mandar o Universo inteiro pelo ralo.

Na primeira tentativa, surge uma dália intocada através do wormhole (uma referência ao filme *noir* clássico, como o filme *Blue Dhalia* de 1946).

As complicações surgem quando sabemos que os esforços de Jim estão sendo financiados por Klauss (Michael Ironside), um rico capitalista de negócios de alto risco cuja motivação pode ser qualquer uma, menos altruísta.

Mas as perplexidades começam a surgir diretamente do próprio experimento quando, ao sair do laboratório, se depara com Abby (Brianne Davis): por algum motivo, Jim acredita conhecê-la, em um típico déjà-vu.

Em busca de uma saída para a dependência do financiamento de Klauss e o seu interesse em se apropriar da máquina, Jim atravessa o buraco de minhoca tentando corrigir o passado uma semana antes. Lá encontrará seu duplo vivendo um tórrido romance com Abby e as relações suspeitas dela com Klauss: tudo pode ser uma conspiração contra o trio de cientistas.

Aos poucos, o que era para ser um filme sobre viagem no tempo, transforma-se em um conto doppelgänger, mas sem aprofundamento psicológico-simbólico: aqui, tudo é especulativo-científico.

Synchronicity apresenta fotografia (cheio de sombras de persianas, luzes prateadas e fortes contrastes), uma paleta de cores sombria e elegante, e cenários que remetem a um sci-fi-tech-noir - o apartamento de Abby é repleto de referências do apartamento do policial Deckard no filme Blade Runner.

Sophia e a "mulher fatal"

E tal como no gênero noir clássico, o filme é marcado por duas características: primeiro, nenhum personagem é confiável, nem o protagonista, cercado pelos seus duplos (qual é o "verdadeiro"). O que transforma a narrativa intrincada, movediça, repleta de aparências tão etéreas como as sombras e névoas da fotografia noir de *Syncronicity*.

E segundo, a presença da mulher fatal (Abby), personagem ambíguo que hora parece apaixonada pelo protagonista, hora parece fazer parte de uma conspiração arquitetada por Klauss.

Mas, como em todo filme noir, a mulher fatal é a peça-chave para a trama por trazer o enigma ao detetive. Enigma que, aos poucos, se volta para o próprio protagonista - sua identidade, sua alma e destino.

A mulher fatal é a encarnação moderna do mito gnóstico de Sophia – na tradição gnóstica simboliza simultaneamente o aspecto feminino de Deus e a alma humana. O "aeon" responsável pela transição do imaterial para o material por causa de uma falha – uma paixão que produziu um filho: o Demiurgo, Yaldabaoth, o "filho do caos".

Por isso a natureza ambígua do arquétipo de Sophia: caiu sob o jugo do Demiurgo e empresta vitalidade e sentido ao mundo inautêntico criado por ele. Mas, secretamente, ajuda o homem, por meio da sabedoria e inspiração, a encontrar a luz espiritual interior e descobrir a inautenticidade desse mundo. E escapar dele.

Em Synchronicity, Abby será a ponte que conduzirá os diversos duplos de Jim entre os universos paralelos das possibilidades infinitas. E a descoberta do verdadeiro Jim no final do *wormhole*.

7

Série "The Man in The High Castle": mundos quânticos se encontram com I Ching

Temas: Interpretação dos Muitos Mundos, Decoerência, Física e Gnosticismo
Criador: Frank Spotnitz
Roteiro: Frank Spotinitz
2015-2019

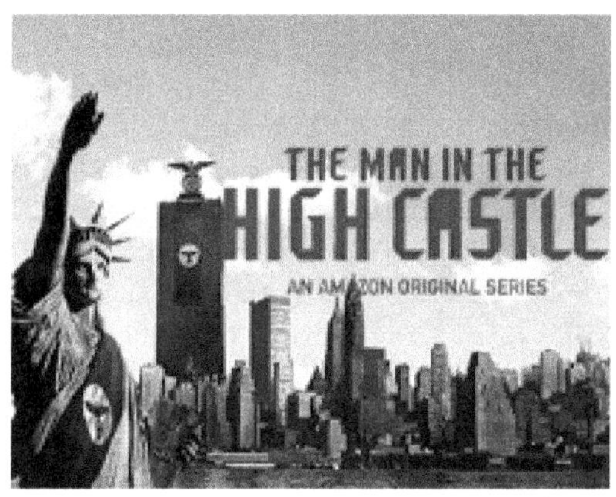

Qual a relação entre o milenar livro-oráculo "I Ching", o Cinema no século XX e a hipótese dos Múltiplos Mundos da Física Quântica? A busca dessas conexões é o desafio para o espectador que assiste à série da Amazon Studios "The Man In The High Castle" (2015 -19) livremente inspirado no livro do escritor sci-fi gnóstico Philip K. Dick de 1962. Um mundo invertido no qual os países do Eixo (Alemanha, Japão e Itália) ganharam a Segunda Guerra Mundial e os EUA, destruídos pela Grande Depressão, foram conquistados pelo Reich e o Império do rei Hirohito. Porém, a posse de estranhos rolos de filmes de procedência misteriosa passa a ser politicamente importante tanto para Resistência como para Hitler: neles, outros mundos são revelados. Tal como no I Ching, devemos encontrar o imutável em mundos fugazes e em constante mutação. Mas pode tornar-se uma arma política: o controle do Tempo, passado e futuro de toda a humanidade.

Todos historiadores sabem que Hitler era obcecado pelo cinema. Muitos até especulam que a sua performance cênica em comícios tinha um quê de Chaplin e dos galãs canastrões dos filmes da época. Portanto, sua obsessão pelos filmes seria muito mais do que ver neles uma ferramenta de propaganda ou diletantismo estético.

Mas, e se Hitler tivesse um interesse pela arte cinematográfica muito mais específico e secreto? Não apenas como mera estratégia de propaganda, mas o interesse por certos tipos de filmes que apresentassem futuros alternativos os quais deveria evitar, ajudando a formar o sonhado Reich de mil anos sobre a Terra.

Livremente inspirado no livro do escritor gnóstico sci fi Philip K. Dick, a série da Amazon Studio *The Man in The High Castle* (2015-19) mescla o aspecto fundamental da obra de K. Dick (o que entendemos por "realidade" como um contínuo de muitos mundos que se interpenetram) com muitos aspectos da chamada "parapolítica" – o Poder pensado muito além do campo tradicional da economia e política, mas também por motivações esotéricas e ocultistas.

No livro homônimo de 1962, K. Dick mostrava uma História alternativa do pós-guerra pela lente da distopia, do romance e da ficção-científica. A estória se desenrolava nos Estados Unidos de 1962: quinze anos depois das potencias do eixo (Alemanha, Itália e Japão) terem derrotados os Aliados na Segunda Guerra Mundial, os EUA foram divididos – da Costa Oeste até as Montanhas Rochosas ficou sob domínio japonês; e a Costa Leste sob o domínio do Império Nazista. E no Meio Oeste e Sudoeste, a chamada Zona Neutra sob forte tensão entre forças nazistas e do império japonês.

Um estranho mundo invertido

A realidade descrita por K. Dick parece um estranho mundo invertido. Os EUA não conseguiram superar a Grande Depressão dos anos 1920, tornando-se isolacionista e evitando envolver-se com a Segunda Guerra Mundial. O começo do fim foi a derrota naval para o Japão em Pearl Harbor e a explosão nuclear sobre Washington.

No livro, Hitler fica incapacitado pela sífilis e o novo chanceler nazista prossegue com o Império Colonial Nazi, massacrando as raças consideradas inferiores – massacram judeus em todo o mundo e comete genocídio maciço na África.

Nesse cenário conturbado surge um livro considerado proibido, cujo autor é o "Homem do Castelo Alto", mostrando um futuro alternativo sobre como seria a História conforme a conhecemos – o Dia D, a derrota do Eixo e a vitória dos Aliados. O I Ching, o milenar oráculo chinês, tem papel fundamental na vida das pessoas e até mesmo na narrativa desse livro proibido. Uma verdadeira "ficção" dentro de outra obra de ficção.

Se no romance original o pivô é um livro que conta como seria a História se Hitler tivesse perdido, na série criada por Frank Spotnitz o Homem do Castelo Alto coleta estranhos rolos de filmes que são entregues por membros da Resistência. Ocasionalmente, agentes e espiões da SS conseguem roubar esses filmes para entrega-los diretamente a Hitler, em Berlim.

A natureza desses filmes e o motivo pelo qual Hitler e o Homem do Castelo Alto têm não só interesse por eles, mas também o porquê de mantê-los em segredo do público é o mistério por trás das, até aqui, duas temporadas. Membros da Resistência são aconselhados a não assistirem o conteúdo dos rolos de filmes, mas apenas passarem para frente, escondendo-os dos nazistas até chegarem ao Homem do Castelo Alto.

A série altera o conteúdo do livro de K. Dick de três formas cruciais: o livro é substituído por rolos de filmes de natureza misteriosa coletados tanto por Hitler como pelo Homem do Castelo Alto; na série Hitler ainda continua vivo, porém com a saúde abalada pela idade; e, principalmente, a aproximação entre I Ching, Cinema e a existência de mundos alternativos capazes de interagirem mutuamente.

A Série

Juliana Crain (Alexa Davalos) mora em São Francisco e acaba se envolvendo com a Resistência ao tentar descobrir o destino de sua meia-irmã Trudy, desaparecida logo depois de dar a Juliana um carretel de um filme intitulado "O Gafanhoto Torna-se Pesado" que retrata a história alternativa em estilo documental mostrando um mundo no qual os Aliados ganharam a guerra.

Esse rolo pertence a uma série de filmes coletados por alguém conhecido como "O Homem do Castelo Alto". Juliana acredita que essas fitas retratam uma realidade alternativa que esconde uma verdade maior sobre como o nosso mundo deveria ser.

Juliana deverá levar o filme para um contato da Resistência na Zona Neutra. Lá conhecerá Joe Blake, um agente duplo sob o comando do Obergruppenführer da

SS John Smith – Rufus Sewell. Sua missão é roubar esse filme para a SS entregar a Hitler, além de delatar nomes-chave da Resistência.

Paralelo a isso, desenrola uma conspiração envolvendo traição e espionagem entre o Império Japonês e o Nazista: Nobusuke Tagomi (Joel De La Fuente), Ministro do Comércio japonês em São Francisco, se encontra em segredo com Rudolph Wegener (Carsten Norgaard), oficial nazista sob o disfarce de um empresário em um encontro supostamente comercial. Ambos estão preocupados com o vácuo de poder depois da morte de Hitler e o ataque nazista contra o império japonês que viria imediatamente – os nazistas tecnologicamente estão muito à frente dos japoneses. Enquanto a aviação comercial alemã é feita por imponentes aviões à jato, parecidos com Concordes e a conquista espacial já tenha alcançado a Lua e Marte, os japoneses ainda se deslocam em navios e aviões convencionais.

Wegener que passar secretamente o *know how* da bomba nuclear para os japoneses. O plano é equilibrar militarmente as duas potencias, criando uma espécie de Guerra Fria que impeça a deflagração de um conflito bélico.

A partir daí a série enreda-se em uma sequência de conspirações na disputa de poder no interior do comando do Reich, os planos japoneses em secretamente criar uma bomba nuclear ainda mais potente e destruir Nova York, o atentado ao príncipe herdeiro em São Francisco e a suspeita da SS estar por trás, a triste constatação de a Resistência ser ainda mais cruel do que os próprios nazistas, a tentativa de transformar a morte natural de Hitler em um atentado japonês como pretexto para deflagrar o ataque nuclear final contra o império japonês etc.

Muitos Mundos quânticos

"O Gafanhoto Torna-se Pesado", título do misterioso rolo de filme, é uma alusão ao capítulo 12 do livro bíblico do Eclesiastes sobre a fugacidade da vida e a chegada à velhice quando as coisas pequenas podem se transformar em grandes fardos. A própria existência desses filmes representa a fugacidade do que compreendemos como realidade – a possível existência de muitos mundos alternativos que se abrem como bifurcações a cada momento-chave histórico ou pessoal.

A marca registrada da obra de K. Dick é certamente influência da chamada Interpretação dos Muitos Mundos (MWI em inglês), interpretação da mecânica quântica feita em 1957 por Hugh Everett – múltiplos mundos estariam nascendo a cada momento em múltiplas ramificações a cada escolha, incorrendo na chamada "decoerência quântica". A questão é: a MWI permitiria a hipótese que esses mundos possam interagir ou que sinais possam ser trocados entre os mundos? No âmbito da Física Quântica há uma discussão em torno da hipótese dos Mundos em Choque (MC).

Em The Man In The High Castle essa possibilidade é o ponto chave do controle político em jogo. Cinema é propaganda (a principal ferramenta usada pelos nazis na História). Mas é apenas uma narrativa construída para as massas aderirem ao Estado. Porém, de onde vem o Poder real?

I Ching e o Tempo

Na obra de K. Dick essa resposta é clara: no controle do Tempo e da Teleologia – a imposição de metas, fins e objetivos últimos para a Natureza e a humanidade. Todo poder, seja religioso ou estatal, tem que criar tanto uma Cosmogonia quanto uma Escatologia – mitos sobre de onde viemos e para onde iremos, a Origem e o Fim de tudo: seja o Paraíso (o Catolicismo), o Apocalipse (os Neopentecostais), a sociedade sem classes (o Comunismo) ou o fim da História no mercado (o Capitalismo).

Não é à toa que a sede do Reich em Berlim é apresentada como uma espécie de gigantesco Vaticano, cuja imensa cúpula abriga um colossal espaço para milhares de pessoas assistirem aos discursos do Führer.

Os filmes de origem misteriosa são coletados tanto por Hitler como pelo "Homem do Castelo Alto" com um objetivo que fica bem claro ao longo das duas temporadas: estudar as informações dos diversos mundos alternativos, estudando as causas e os efeitos possíveis nas tomadas de decisão.

Além dos filmes, o I Ching é outro canal de contato aos mundos desse multiverso imaginado por K. Dick. Além de fonte de sabedoria com seus aforismos, o milenar livro chinês é também um oráculo que busca a ordem em um mundo em constante mutação. Vemos na série o ministro do Comércio japonês fazendo consultas ao I Ching por meio do jogo das 50 varetas para obter respostas.

O problema do I Ching é formular a pergunta correta. Essa aproximação inicial exige meditação prévia. O que fará, em uma dessas profundas meditações, o ministro Tagomi ser acidentalmente transportado para o mundo alternativo no qual os japoneses foram derrotados.

No mundo apresentado pela série onde realidade e ficção se misturam também não é à toa que os japoneses são obcecados pela busca da "historicidade", pela busca da essência da verdade – muitos são clientes da loja "American Artistic Handcrafts" do personagem Robert Childan (Brennan Brown) em São Francisco: loja de relíquias da história americana que promete peças autênticas "com historicidade". Na verdade, muitas delas são fakes e produzidas pelo marido de Juliana (Frank Frink, membro da Resistência) cujo dinheiro será entregue à máfia Yakuza.

Sophia em um mundo sem mocinhos e bandidos

Outra grande virtude da série é a impossibilidade para o espectador distinguir mocinhos e bandidos. A Resistência cada vez mais demonstra ser tão cruel quanto os nazis e mesmo o mais sanguinário dos oficiais da SS, John Smith, é um marido dedicado aos filhos e à família.

Aqui entra o recorrente tema da obra de K. Dick: a protagonista feminina encarnando o mítico personagem de Sophia – o aeon que busca o melhor na natureza humana para despertar a luz espiritual esquecida em cada um de nós para nos reconectarmos à Plenitude perdida.

Juliana será o ponto constante em um mundo em mutação, como o I Ching. Ela reconhece a humanidade em cada um dos lados, procurando a verdade por trás do jogo de sombras da política. Por isso, a certa altura, passa a ser perseguida tanto pela Resistência como pelos nazistas e a polícia secreta japonesa, a Kempeitai.

Já no final, o próprio Homem do Castelo Alto reconhecerá em Juliana a constante, sempre presente nos diversos rolos de filmes em múltiplos personagens nos diferentes mundos alternativos. Como uma autêntica narrativa gnóstica, Juliana é a chave, o elemento constante em inúmeras variáveis. O ponto imutável buscado na série tanto pelo I Ching como nos filmes que revelam a fugacidade desse multiverso.

Por isso, *The Man In The High Castle* se assemelha a uma casa de espelhos dentro da qual vemos apenas imagens que se refletem e se invertem, sem conseguirmos distinguir o reflexo daquilo que foi refletido.

Seria o Universo uma realidade dentro de outra realidade alternativa e assim por diante? Uma ficção dentro de outra ficção? Será que a realidade que conhecemos nos livros de História e filmes documentários que vemos na TV e no Cinema não passam de estratégias para esconder uma estranha realidade?

Estratégias políticas e religiosas de controle do Tempo e da Cosmogonia? Controle do passado e do futuro?

8

"Einstein's God Model":
Relatividade Quântica contra Deus e a morte

Temas: Relatividade, Física e Gnosticismo, Princípio da Incerteza, Teoria de Tudo, Einstein versus Bohr
Diretor: Philip Johnson
Roteiro: Philip Johnson
2016

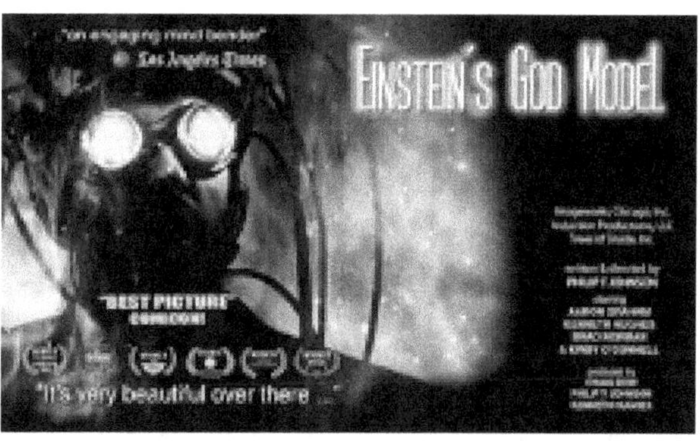

Imagine um thriller tecnocientífico que contasse com a consultoria de cientistas como Einstein, Thomas Edison, Niels Bohr e Nikola Tesla. Mas não há colisores de partículas ou fórmulas matemáticas. Há avançados experimentos na busca pela vida pós-morte. Esse é o curioso filme indie "Einstein's God Model" (2016) do diretor Philip Johnson: como a busca de existências após a morte por meio de um Spectrographic EMF Receiver construído por Edison nos anos 1920 revive o velho conflito entre o modelo divino de Einstein contra o modelo ateu quântico de Bohr. Um grupo bizarro de "cientistas" (um físico renegado, um anestesista e um médium cego) irá confrontar Relatividade, Mecânica Quântica e Teoria das Cordas

para buscar o mito da "segunda chance" (corrigir em mundos paralelos erros cometidos nesse mundo) e uma interpretação gnóstica da Física que empurra os modelos teóricos para além da maior falha da Criação: a seta do Tempo.

É conhecida a aporia de Einstein em relação à física experimental quântica de Neils Bohr e o princípio da Incerteza de Heisenberg. A descoberta de um mundo subatômico, ondulatório, descontínuo, probabilístico e incerto, questionando o Universo monista de Einstein (unido geometricamente num tempo-espaço curvo), fez ele reagir: "Deus não joga com dados".

Para o filme sci-fi independente *Einstein's God Model* esse era o modelo "divino" do famoso físico. Einstein ainda acreditava em Deus e achava que todo o conhecimento científico seria o percurso em direção a Ele, o limite de todo o conhecimento universal.

Einstein concebia um Universo onde o tempo seguiria uma única direção, como demonstra o conceito de entropia da termodinâmica – perda de energia, desorganização, morte. Em síntese: a ideia de seta do tempo.

Mas a mecânica quântica suscita a possibilidade de multiversos e o comportamento ondular do tempo permitiria pensarmos para além dos limites que nos obrigam a vermos uma única parte do tempo, sem percebermos as "ressonâncias" (Teoria das Cordas) de outros tempos e dimensões.

Colisores de partículas e o pós-morte

Einstein's God Model (estreia do diretor Philip Johnson) entra nesse debate contando a estória de físicos independentes que fazem uma exótica parceria com médicos anestesistas: cansados de verem a comunidade de físicos estudarem o mundo subatômico em grandes colisores de partículas para tentar comprovar as teses das cordas e da mecânica quântica, decidem partir para outro campo – a existência da vida pós-morte.

Para eles, no momento da morte o cérebro humano pode perceber muito além da seta do tempo na qual nos limitamos quando estamos vivos: do outro lado poderíamos perceber o mundo subatômico, o universo quântico.

Einstein's God Model é mais um filme sci-fi independente que faz uma leitura gnóstica da física moderna, ao lado de produções recentes como *Coherence* (2013), *Mr.   Nobody* (2009), *Primer* (2004), *Don't   Blink* (2014), *The AO* (2016), *Synchronicity* (2015) entre outros em uma grande lista.

E a companhia teórica (que o filme inclusive cita nos créditos iniciais como fossem "consultores técnicos") é de peso: Thomas Edison e o sua invenção Spectrographic EMF Receiver, A. Einstein ("presidente em relatividade"), N. Bohr ("Chefe em Operações Quânticas"), E. Witten ("Cartógrafo de Membranas Dimensionais"), J.G. Wright ("Ótica Multiverso"), W.O. Neil ("Técnico em Telefonia Gravitacional") e N. Tesla ("Design do Spectrografic EMF Receiver").

E por que uma leitura gnóstica da física? Se o princípio da incerteza de Heisenberg veio comprovar a suspeita do Gnosticismo de que a Criação é imperfeita e obra de um Demiurgo, por outro lado potencialmente confirma a cosmologia gnóstica (a pluralidade de mundos) e a também a possível transcendência da principal falha que nos mantém prisioneiros nesse cosmos: a entropia.

A morte não existira porque, através da gravidade (ou "grávitons", as partículas das forças gravitacionais), a morte significaria apenas o deslocamento de uma "membrana" para outra através dos multiversos.

Como veremos, apesar de toda ambição teórica do filme de pretender fazer uma espécie de "Teoria de Tudo" (a velha ambição de Einstein da "Teoria do Campo Unificado" em unir o mundo macro e micro) *Einstein's God Model* tem timing de humor, thriller e didáticas sínteses das principais teses da física moderna.

O Filme

A estória começa em 2002 num experimento no qual dois cientistas conectam um estudante voluntário ao que parece ser um scanner cerebral a um sistema de som antiquado com uma série de leitores e dials analógicos. A máquina foi construída por nada menos do que Thomas Edison, um "Spectrographic EMF Receiver feita dentro de um projeto secreto chamado "God Model Project" nos anos 1920. Um dispositivo projetado para entrar em contato com os mortos através de um velho telefone preto.

A experiência parece ter sido dolorosamente mal-sucedida. Pulamos então para os dias atuais e encontramos um jovem anestesista, Brayden Taylor (Aaron Graham), se defrontando com a morte da sua namorada, Abbey – Kirby O'Connell.

Uma conversa casual com um colega, leva-o a saber de experiências com uma droga chamada Cetamina (que induz a percepções similares a pós-morte) e experiências anti-éticas realizadas com elas por um físico brilhante chamado Carl Meinsehoff (Darryl Warren) que, desde então, desapareceu.

Demora um pouco para os personagens principais se unirem para novos experimentos com a velha máquina de Edison: Craig (Brad Norman, a cobaia da experiência inicial) que ficou cego e transformou-se em um médium capaz de contatar os mortos em uma emissora de rádio evangélica; o físico Mastenbrook (Kenneth Hughes), remanescente da experiência inicial e que tenta melhorar a máquina de Edison conectando-a a um computador quântico – serão dele as principais linhas de diálogo com as elucidações científicas sobre todo o processo.

Os efeitos especiais são bastante impressionantes e criativos para uma produção independente com um orçamento tão limitado. E apesar de todos os diálogos discursivos em torno de relatividade, física quântica e teoria das cordas, o filme segue em ritmo de thriller. Um verdadeiro thriller técnico-científico.

A Segunda Chance

Mas como em todo filme que trata sobre a possibilidade da existência da sobrevivência da alma (no filme fala-se em "sobrevivência da personalidade") a curiosidade científica é a menor motivação: tanto Craig como Brayden são movidos pelos sentimentos de culpa, remorso e arrependimento – Craig involuntariamente teria sido responsável pela morte de sua pequena irmã e Brayden acreditando que poderia ter salvo a sua noiva, deprimida por ter sofrido um aborto involuntário.

Como no filme *The Discovery*, ambos buscam a oportunidade de, pelo menos, se despedirem de uma forma digna para se libertarem da culpa e elucidar os fatos.

Mas o que é o "Modelo Divino de Einstein" que a bizarra equipe de cientistas (um físico renegado, um anestesista e um médium cego) tenta compreender para superar?

O Modelo Divino de Einstein

Há 60 anos, Einstein foi questionado se acreditava em Deus. Então, o físico fez um diagrama em uma lousa: um quadrado que representava todo o conhecimento ("Deus") e um quadrado menor, interno, que representa tudo o que aprendemos até a gora. Einstein dividiu esse quadrado em quatro seções. No lado esquerdo, as coisas que se movem acima e abaixo da metade da velocidade da luz; e do outro lado, tudo o que é superior ou inferior ao tamanho de um átomo.

Seriam as áreas distintas da Física: a Clássica, Relatividade, Quântica e a Relatividade Quântica. A cada descoberta, empurramos o quadrado para próximo do limite do quadrado maior. E quanto tempo levará para o quadrado maior ser preenchido pelo menor? O tempo que levará para o homem se tornar Deus!

Mas para o intrépido grupo de cientistas, as pesquisas pós-mortes levarão esse quadrado menor para além dos limites do quadrado maior supostamente representando "Deus". Meisehoff e Mastenbrook revivem no filme a velha aporia entre Einstein (crente em Deus) e Bohr (ateu): o confronto entre o modelo cósmico monista da seta do tempo e entropia contra o modelo do multiverso e de realidades multifacetadas nas quais o princípio entrópico não existe – ou pelo menos é tomado em outro nível.

Esses multiversos são chamados de "membranas" para as quais a "personalidade" do morto se desloca por meio da força gravitacional.

Muito mais do que outros filmes sobre a onda atual de produções sobre o tema do pós-morte, *Einstein's God Model* faz uma estimulante combinação entre o tema da "segunda chance" (a possibilidade de mundos alternativos nos quais corrigimos nossos erros) com uma abordagem gnóstica da Física: o caminho do conhecimento não é o de preencher o quadrado da Criação e encontrar Deus. Trata de transcender, superando o maior defeito de toda a Criação – o Tempo.

9
"Out of Blue":
O detetive diante dos mistérios quânticos

Temas: Gato de Schrödinger, Decoerência
Diretor: Carol Morler
Roteiro: Carol Morley
2018

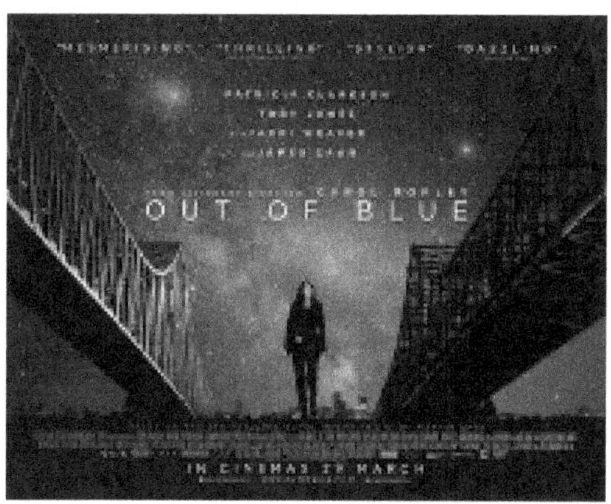

Se o gato da experiência do físico austríaco Schrödinger pode estar simultaneamente morto e vivo dentro de uma caixa selada, haveria mesmo um assassinato para resolver? Se alguns astrofísicos acreditam que haveria um número infinito de universos com diversas variações possíveis das nossas vidas, ocorrendo todas simultaneamente, então qual a importância de encontrarmos uma resposta definitiva no presente? Se o detetive numa narrativa policial é aquele que tenta resolver enigmas com a racionalidade, como então lidar com um caso que parece imerso nesse conjunto de paradoxos quânticos? Esse é o filme "Out of Blue" (2018): uma policial tenta resolver o enigma da morte de uma astrofísica em um observatório astronômico. O problema é que a racionalidade da detetive e a sua condição de ex-alcoólatra serão confrontadas com os dois principais mistérios da física quântica: como o observador sempre altera o próprio objeto observado e o paradoxo de Schrödinger – pode um ser estar simultaneamente vivo e morto?

O escritor e diretor Joseph Mankiewicz disse certa vez que a diferença entre a vida e os filmes é que nos filmes os acontecimentos fazem sentido – um enredo com começo, meio e fim com causas e consequências. Enfim, o cinema em si seria uma forma de colocar ordem no caos.

Porém, o revival das mitologias gnósticas no século XX (da literatura até chegar ao cinema) e o impacto das teses da física quântica no cenário cultural até chegar também ao cinema, ajudaram a embaralhar as coisas e trazer para a narrativa fílmica as mesmas incertezas do mundo real – principalmente, a desconfiança quanto a consistência daquilo que chamamos de realidade.

Por exemplo, a famosa experiência do gato do físico austríaco Schrödinger (na qual o gato preso numa caixa está simultaneamente vivo e morto e somente a presença do observador e a entrada da luz acabariam com a dualidade) e paradoxos quânticos como "sobreposição", "entrelaçamento", "decoerência" e a impossibilidade do observador deixar de influenciar aquilo que observa, inspiraram nos últimas duas décadas uma sequência alucinante de filmes: *Efeito Borboleta* (2004), *Deja Vu* (2006), *Crimes Temporais* (2007), *About Time* (2013), *Amantes Eternos* (2013), *Interestelar* (2014), *Coherence* (2015), *Triângulo do Medo* (2016), entre tantos outros numa extensa lista.

O que unifica todos esses filmes é que nada é o que parece ser para os protagonistas, e que caos e ordem (assim como partícula e onda convivem simultaneamente no mundo microfísico, o que garante que o gato de Schrödinger esteja vivo e morto ao mesmo tempo) são dois lados simultâneos, cuja busca de resolução trás ainda mais incertezas.

O detetive e os mistérios quânticos

As coisas ficam ainda piores em uma típica narrativa policial, na qual o crime é uma perturbação da ordem e o detetive é o agente da Razão – aquele que tenta impor através do método racional de investigação e da Lei resolver a tensão da desordem.

Tente então imaginar o leitor um filme no qual o investigador está imerso em um mundo de paradoxos quânticos como os descritos acima, onde a resposta parece ser é que não há nenhuma resposta. Pelo menos não no sentido procurado pela lógica cartesiana.

Esse é o filme *Out of Blue* (2018), uma adaptação da diretora Carol Morley do livro policial "Trem Noturno" (1997) de Martin Amis. Se o gato de Schrödinger pode estar simultaneamente morto e vivo dentro de uma caixa selada, haveria mesmo um assassinato para resolver? Se alguns astrofísicos acreditam que haveria um número infinito de universos com diversas variações possíveis das nossas vidas, ocorrendo todas simultaneamente, então qual a importância de encontrarmos uma resposta definitiva no presente?

A morte de uma famosa astrofísica, cujo corpo é encontrado em cenário suspeito num observatório na cidade de New Orleans, faz a narrativa de Out of Blue criar uma série de analogias entre citações da Astrofísica e física quântica ("A morte catastrófica de uma estrela traz vida nova ao universo" ou "o observador sempre interfere no objeto observado") e o trabalho de uma investigadora da polícia que tenta desvendar o mistério policial.

O Filme

Os detetives chegam em uma cena de morte em um observatório astronômico. O corpo que jaz no chão com o rosto totalmente desfigurado por um tiro a queima roupa, é de uma famosa astrofísica chamada Jennifer Rockwell – Mamie Gummer.

"Ela é uma Rockwell?", pergunta um dos investigadores. Sim, ela é filha de uma proeminente família cujo patriarca é um veterano herói de guerra que se tornou um magnata da indústria eletrônica, o Coronel Tom Rockwell (James Caan) e sua esposa, Miriam – Jacki Weaver.

Seus filhos gêmeos assumiram a direção dos negócios da família, mas Jennifer tornou-se uma cientista que busca respostas nas estrelas.

O filme começa com uma pequena reunião noturna de Jennifer com um grupo de estudantes na cobertura do observatório: "Para vivermos, uma estrela deve morrer... somos todos resultantes do pó das estrelas. Você sabe qual o seu lugar no Universo?", filosofa Jennifer, sob o céu estrelado. Poucos momentos depois, ela será encontrada morta é a detetive Mike Hoolihan (Patricia Clarkson) será a responsável pelas investigações.

Hoolihan é uma ex-alcoólatra em recuperação que diz não se lembrar de nada do que aconteceu na sua vida desde que se juntou à força policial e se livrou do vício.

Aqui começa a primeira analogia astrofísica: assim como Jennifer pretendia encontrar o "coração negro" que revelará todos os paradoxos de um buraco negro, também Hoolihan tentará encontrar o coração negro no interior de um suposto assassinato. Suposto, pois as evidências começam a apontar para um suicídio. Mas por que? Jennifer era uma mulher linda, de uma família rica, além de ser uma cientista idealista, bem-sucedida e de renome.

A narrativa de *Out of Blue* é tipicamente "slowburn", isto é, num ritmo lento, labiríntico, que lembra um mix de David Lynch com o intrincado mistério do filme Chinatown (1974) de Roman Polanski.

Um caso de homicídio (ou suicídio) tão excepcionalmente perturbador que levará a detetive à beira de um colapso. Este é um filme puramente cerebral – um quebra-cabeça, um enigma e uma miragem que parece indefinidamente não ter solução.

Isso porque há algum sentido oculto e transcendental: os paradoxos astrofísicos e quânticos parecem ser imanentes ao mistério da morte de uma astrofísica, como se o caso fosse uma força cósmica escura em cuja órbita gravitacional a vida de Jennifer esteve à deriva. E agora, a própria vida da detetive Hoolihan.

O gato de Schrödinger

Mas o principal paradoxo é o do observador e da "decoerência quântica" da caixa com o gato de Schrödinger.

O físico austríaco tentou através dessa experiência visualizar as implicações do estranhíssimo e aparentemente ilógico mundo das partículas subatômicas – uma mesma partícula pode estar em dois lugares ao mesmo tempo. Schrödinger quis trazer esse paradoxo subatômico para uma situação fácil de ser visualizada: um gato está preso numa caixa que contém um recipiente com material radioativo e um contador Geiger. Se o material soltar partículas radioativas e o contador detectar, acionará um martelo que, por sua vez, quebrará um frasco com veneno, matando o bichano.

De acordo com as leis da física quântica, a radioatividade pode se manifestar tanto como onda quanto partícula. Ou seja, na mesma fração de segundo, o frasco de veneno quebra e não quebra, produzindo duas realidades probabilísticas simultâneas. As duas realidades aconteceriam simultaneamente dentro da caixa, até que fosse aberta – a presença de um observador e a entrada da luz intervindo nas partículas acabariam com a dualidade.

Ambas realidades existem simultaneamente dentro da caixa. Mas existe a chamada "decoerência quântica" que garante que essa situação "decaia" para um dos resultados: vivo ou morto. Isso impede que os "dois gatos" das situações diferentes interajam entre si.

O olhar do observador altera a experiência observada. Esses paradoxos quânticos abriram, por assim dizer, uma brecha na Razão e nos métodos cartesianos de investigação da realidade. Isso, tanto a detetive Hoolihan quanto o espectador descobrirão – o detetive. Não consegue ficar neutro, pois aos poucos o arco da morte de Jennifer vai se abrir e finalmente se fechar no próprio passado que a detetive tenta esquecer, num clássico mecanismo freudiano de negação psíquica.

Definitivamente, *Out of Blue* não é para espectadores que esperam de uma trama policial um final que termina com a clareza cartesiana de um romance de Agatha Christie ou Raymond Chandler.

Duas pequenas pistas que talvez ajudem o leitor a resolver o enigma quântico: por que uma policial como Mike Hoolihan tem medo do escuro? E também: por que ela pintou o cabelo de castanho para esconder seus cabelos naturalmente loiros?

CULTURA POP

História Secreta do Rock'n Roll'

Viajantes, Detetives e Estrangeiros

'Liquid Sky'

Gnosticismo na 'MAD TV'?

Drogas, Discoteca e 3D

'Jovens Titãs em Ação'

O Sabor Gnóstico dos 'Muppets'

'O Mágico de Oz'

A História Secreta da Moda e dos Manequins

1
A História Secreta do Rock 'n' Roll

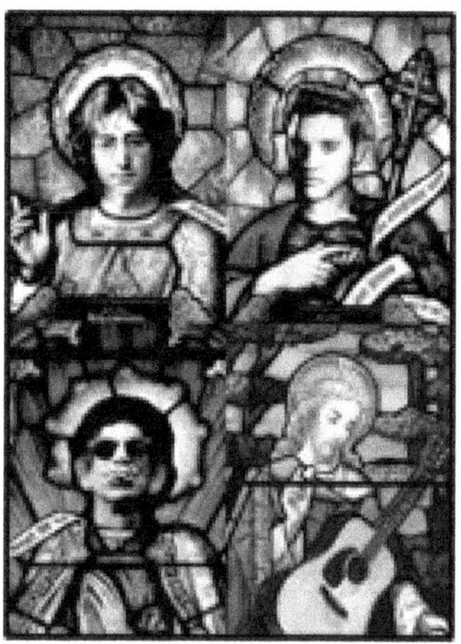

O rock 'n' roll seria uma expressão renovada de mistérios antigos profundamente enraizados na cultura contemporânea, como os de Orfeu, Cibele, Átis, Isis, Mitra, Druidas e todo um conjunto de escolas antigas herméticas. Essa é a premissa do livro "The Secret History of Rock 'n' Roll" do pesquisador e editor de comic books Christopher Knowles. O autor vai além dos estereótipos sobre a presença do ocultismo e esoterismo na cultura pop como expressões da megalomania e hedonismo dos astros do rock. O autor vai encontrar uma linha de transmissão dos mistérios herméticos da antiguidade até a modernidade, demonstrando como um gênero musical marcado pelo descompromisso e rebeldia juvenil evoluiu para formas estéticas simultaneamente introspectivas e críticas.

Há uma história de um repórter que entrevistou Jim Morrison (vocalista da banda "The Doors") depois que ele havia gravado "Dionysus": "Mr. Morrison, você está tentando imitar Dionísio?", perguntou o repórter que teria ouvido a seguinte resposta: "Não. Eu sou Dionísio!"

Do rock progressivo ao hardcore, do punk ao psicodélico, do *glam rock* ao heavy metal existiria um traço comum que uniria todos os subgêneros que explodiram na história do rock and roll: um especial tipo de introspecção onde músicos e fãs sentir-se-iam como iniciados em algum tipo de escola de mistérios e a audição e performance musicais seriam como ritos religiosos onde seria recriada a sensação de transcendência para entrar em um mundo diferente, cheio de mistério e perigo.

O rock and roll seria uma expressão renovada de mistérios antigos profundamente enraizados na cultura contemporânea, como os de Orfeu, Cibele, Átis, Isis, Mitra, Druidas e toda uma miríade de escolas antigas herméticas. Essa é a premissa do livro "The Secret History of Rock 'n' Roll" de Christopher Knowles, escritor e editor de comic books e pesquisador sobre simbologias na cultura pop, com diversos trabalhos publicados nessa área.

As conexões entre ocultismo e o rock são bem conhecidas e já se tornaram lugar-comum nas lendas que envolvem astros pop: Ozzy Osbourne e as referências ao mago Aleister Crowley em suas músicas, símbolos ocultistas associados a cada integrante do Led Zeppelin nas capas dos seus discos, etc., isso sem falar nos famosos boatos de mensagens subliminares com evocação ao demônio que poderiam ser ouvidas se o disco fosse girado no sentido inverso...

Mas o que Christopher Knowles propõe é algo bem diferente: primeiro, o autor vê semelhanças entre o rock e os ritos religiosos de muitas seitas iniciáticas da antiguidade:

> *"O que os Mistérios podiam oferecer que outros cultos do passado não fizeram? Quase exatamente o que o rock and roll pode oferecer, milhares de anos mais tarde: bebidas, drogas e sexo. A música alta. Selvagem pirotecnia. A sensação de transcendência, deixando sua mente e seu corpo e entrar num mundo diferente, cheio de mistério e perigo. A ligação pessoal com algo profundo, estranho, e incrivelmente atemporal. Uma oportunidade para escapar da monotonia da vida diária de chatices e quebrar todas as regras da sociedade educada. Um lugar para se vestir com trajes selvagens e dançar e beber e viajar a noite toda."* (KNOWLES, 2010).

Knowles descreve essencialmente o que poderia ser considerado um "antigo delírio": música alta e drogas incluídas. Em sua busca, o autor cita autoridades antigas, como Heródoto, Diodoro da Sicília, Estrabão e Plutarco tentando demonstrar a evidência de sua tese desde os tempos antigos, reunindo muitos elementos importantes das escolas de mistérios e doutrinas.

Em segundo lugar, Knowles propõe a hipótese do sincromisticismo de que a prática artística e toda a indústria cultural canalizariam e dariam vazão a Formas-Pensamento e arquétipos poderosos do vasto material do psiquismo da humanidade. De certa maneira, músicos e artistas seriam como médiuns: "Quase todos os artistas que foram aqui discutidos canalizaram os arquétipos antigos e estavam completamente alheios ao que eles estavam trazendo para o mundo. David Bowie: lia e relia livros ocultistas nas suas turnês".

E em terceiro lugar, a constatação de que muitos artistas dentro do rock fazem referências ao ocultismo não apenas como tática mercadológica para estimular lendas e boatos, mas são assumidamente praticantes e estudiosos de filosofias herméticas e mistérios antigos.

Um dos exemplos lembrados por Knowles é o de David Bowie de que nas suas viagens pelo mundo dentro das suas turnês, sempre levava consigo uma enorme biblioteca de textos ocultos que lia e relia constantemente.

Aliás, sobre isso Valdir Montanari em seu livro "Rock Progressivo" (Papirus, 1985) relata que no início da década de 1970 músicos como Peter Gabriel (Gênesis), Robert Fripp (King Crimson), Peter Hammill (Van Der Graaf Generator) e o próprio David Bowie reuniam-se constantemente formando um grupo de estudos de textos ocultistas. O resultado era perceptível nas letras de suas músicas como a épica batalha entre o bem e o mal contada na suíte "Supper is ready" do álbum "Foxtrot" do Gênesis ou as reflexões gnósticas de David Bowie na longa música "The Width of a Circle".

Saindo do rock art de Bowie e Gênesis, mesmo em bandas de um subgênero marcado pela crueza como o punk rock, muitos integrantes estreitaram suas ligações com o ocultismo como o caso do vocalista e compositor Jaz Coleman que abandonou a banda Killing Joke em 1982 para se dedicar aos estudos herméticos na Islândia.

Rock e a condição humana de "Estrangeiro"

O gnosticismo do Van Der Graaf Generator de Peter Hammill (terceiro da esquerda): o homem é um peregrino exilado em um mundo hostil.

E por que essa atração pelo místico, pelo Oculto e o Hermético em um gênero tão popular quanto o rock and roll? Como explicar que um gênero identificado com o total descompromisso, namoros no banco de trás dos carros e festas colegiais acabou criando uma legião de roqueiros interessados em temas tão filosóficos e metafísicos?

Talvez a explicação esteja na mitologia contemporânea que o rock incorpora – o roqueiro como o arquetípico personagem do Estrangeiro: Rebeldes sem causa, "heroin heroes", punks gritando "no future", ácido e música XXXlbumXXX em "raves" associadas ao "trance" (transe) com conotações espiritualista ou "new age" são representações midiáticas dessa sensação de alienação, estranhamento e deslocamento em relação ao país, família e amigos. Essa sensação de estranhamento e alienação experimentada pelo jovem periodicamente é renovada por tendências místicas ou catártica do rock (darks, góticos, punks, grunges etc.).

É visível a aproximação dessa experiência do Estrangeiro com a percepção gnóstica de que somos exilados em um mundo ao qual não pertencemos em músicas como "Pilgrims" ("Peregrinos") composta por Peter Hammill do Van Der Graaf Generator:

> *"Algumas vezes você se sente tão longe,*
> *Distante de toda a ação do jogo*
> *Impossibilitado de compreender significados,*
> *Marcando a trama com uma reservada tristeza*
> *Preso no centro do palco,*
> *Procurando pelo seu diário por uma página perdida:*
> *Incerto do sonho (...)*
> *Eu escalo pela noite*
> *Vivo e acreditando*
> *Que ao tempo todos deveremos saber nossos objetivos*
> *E então, nosso lar*
> *Por enquanto, tudo é secreto –*
> *Mas como eu poderia dizer,*
> *Permita-me o sonho no meu olho!*
> *Eu estive esperando por tanto tempo*
> *Só para ver, finalmente, todas as mãos firmemente apertadas,*
> *Todos nós peregrinos*
> *Andando em silêncio pela costa,*
> *Meramente por uma jornada – aqui a esperança é a maior,*

Meramente para saber que há um fim; (...)"
("Pilgrims" – XXXlbum "Still Life", 1975)

E como esses mistérios antigos e ocultos da antiguidade chegaram ao século XX e encontraram sua renovação dentro do rock? Knowles vai descrever os acontecimentos que acabaram formando uma linha de transmissão dos mistérios da antiguidade até a América moderna: ela começa com influência do Egito para o Yorubans na África, que depois se tornaram escravos americanos, introduzindo o vodu e criando o que é conhecido como "Santeria".

O autor também mostra como os mistérios druidas ocultos poderiam ter sido preservados através dos maçons e servos das Ilhas Britânicas.

Idolatria e Megalomania

Jaz Coleman: abandonou a banda Killing Joke em 1982 para dedicar-se aos estudos em ocultismo.

Os deuses da antiguidade eram receptores do tipo de adoração e adulação reservada nos tempos modernos sobretudo estrelas do rock em sua época áurea. Para concretizar esta comparação, a expressão "deuses do rock and roll" passa a assumir um significado totalmente novo, especialmente quando olhamos para o significado esotérico dos antigos mitos e mistérios.

Como Knowles assinala, os mitos e mistérios foram muitas vezes baseada no culto a natureza, incluindo as observações das estações, que também incorporou o que é conhecido como "astroteologia", isto é, a reverência ao sol, a lua, planetas, estrelas e constelações.

Portanto, a grande virtude do livro "The Secret History of Rock 'n' Roll" é imbuir de maior significado a evolução estética e musical de um gênero que a indústria de entretenimento sempre identificou com o desperdício hedonista e a megalomania. Essa talvez seja a beleza dos mistérios das escolas iniciáticas e herméticas: você começa a expressar sua rebeldia sem ter que ficar o tempo inteiro embriagado ou sóbrio... talvez com um pouco de ressaca.

2
Somos Todos Viajantes, Detetives e Estrangeiros

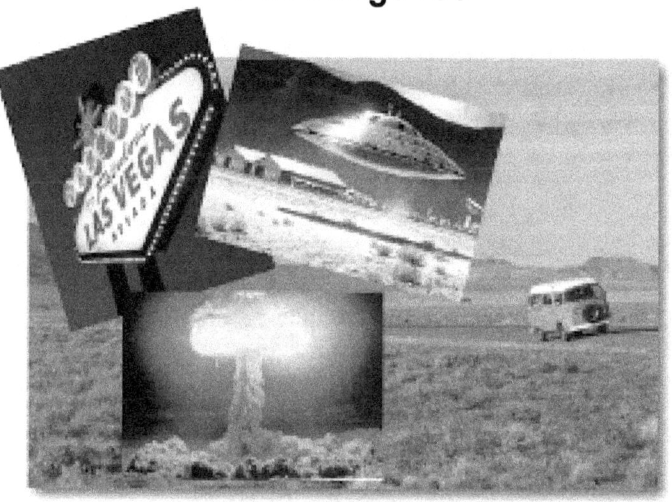

Las Vegas, Área 51 e a Bomba Atômica foram eventos inaugurais da cultura pop irradiada pela indústria do entretenimento para todo o mundo. Emoldurados pela mítica paisagem desolada do deserto de Nevada, foram fatos simbólicos que se transformaram no centro espiritual da cultura contemporânea por representarem os três protagonistas que melhor expressam a condição humana: o viajante, o detetive e o estrangeiro.

Esta semana comecei a desenvolver com os alunos em Comunicação Visual da Universidade Anhembi Morumbi o que chamo de "repertório visual por décadas", procurando resgatar a identidade visual de cada década através do levantamento dos principais ícones que formam a cara de cada período em moda, comportamento, design, capas de discos, filmes, ou seja, a própria cultura pop.

O ponto de partida foi a década de 1950. Resgatando com os alunos a paisagem icônica desse período, começamos a perceber três características recorrentes: a paranoia da guerra fria e o medo da conspiração comunista; a contaminação radioativa geradora de monstros (Godzila, espumas assassinas e formigas gigantes) ao lado da ficção científica mesclada com utopias futuristas; e o sonho da classe média americana em torno da figura do homem bem sucedido não tanto pelo seu talento, mas pelo charme, magnetismo e sex appeal.

Essas três características claramente são expressões visuais de três eventos que, acredito, foram acontecimentos inaugurais da atual cultura pop irradiada pelos EUA para todo o mundo: a institucionalização dos grandes cassinos-hotéis em Las Vegas, o incidente de Rosswell envolvendo um suposto OVNI que foi levado secretamente à Área 51 e as experiências com a bomba atômica.

Mais do que coincidência: todos esses eventos emoldurados pelas desoladas paisagens do Deserto de Nevada. Las Vegas e os hotéis-cassinos, OVNIs e as teorias conspiratórias em torno da Área 51 (mítica área de testes da força aérea dos EUA onde supostamente estão escondidos desde tecnologia alienígena até cadáveres extraterrestres), a bomba atômica e, finalmente, o deserto. Esse conjunto forma a matriz da imagerie pop, o centro espiritual da civilização norte-americana, os novos arquétipos irradiados pela indústria do entretenimento.

Como arquétipos modernos, são, na verdade, atualizações ou novas recorrências de antigos mitos partilhados pelo inconsciente coletivo da espécie. Certa vez o psicanalista Carl G. Jung interpretou a onda de avistamentos de discos voadores a partir do final da Segunda Guerra Mundial como uma tentativa da psique do inconsciente coletivo em encontrar nos céus uma salvação para a época apocalíptica em que vivemos. Para Jung as pessoas sempre olharam para o céu em busca da salvação do perigo. Em tais momentos no passado as pessoas tinham visões de deuses, santos, anjos, etc., que supostamente iriam resgatá-los do desastre. (JUNG, Carl G., 2013).

Mas Jung diz que a ciência moderna tornou as pessoas muito céticas para crer em seres sobrenaturais ou imagens mitológicas tradicionais. Como vivemos em uma era de ciência e tecnologia, nós interpretamos os novos sinais no céu como máquinas de alienígenas provenientes de um mundo com tecnologia mais avançada que a nossa.

Em Jung os arquétipos são símbolos do inconsciente coletivo, símbolos atualizados por diversos meios (misticismo, religião, lendas, mitos até chegar à forma mais mística da publicidade contemporânea) onde são aglutinadas aspirações, desejos e grandes questões metafísicas e existenciais da espécie humana. Vivenciar um arquétipo é se sintonizar nessa rede inconsciente de nem que seja por breves flashs, como num déjà-vu.

Essa é o centro espiritual e verdadeiro do arquétipo que, ao ser instrumentalizado pela indústria do entretenimento, transforma-se em clichê, isto é, numa estrutura repetitiva que fascina pelo seu componente espiritual, mas se dilui na linguagem midiática.

E qual o centro espiritual desses eventos inaugurais que criaram a matriz arquetípica de toda a cultura pop atual?

Viajantes, Detetives e Estrangeiros

Brissac Peixoto (PEIXOTO, 1987) faz um verdadeiro inventário da imagerie arquetípica cinematográfica de filmes derivados de antigas novelas policiais, filme noir, western e literatura de best-seller. Seu objetivo é o de descrever "os três modos de constituição da subjetividade e do mundo na cultura contemporânea" a partir das estórias míticas dos três tipos de protagonistas: o Detetive, o Viajante e o Estrangeiro.

Peixoto observa que esses três personagens são os protagonistas da pós-modernidade. Em suas narrativas aparecem, em geral, como prisioneiros em um universo hostil, estrangeiros dentro do seu próprio país, uma estranha sensação de deslocamento, de não fazer parte de um mundo decadente e corrompido.

O Viajante é o "man out of nowhere", aqueles que vêm do nada e partem para lugar nenhum. Não tem passado ou futuro, só direções e orientações. Tudo começa na estrada, no deserto, procuram a imensidão para que possa ficar longe. O imaginário de Las Vegas corresponde a este personagem: lugar de passagem, todos estranhos entre si vindo dos lugares mais distantes em busca da sorte. Cowboys pós-modernos em um mito da fronteira renovado. O filme *Medo e Delírio em Las Vegas (Fear and Loathing in Las Vegas*, 1998) é um bom exemplo de uma narrativa centrada nesse protagonista.

O Detetive é aquele que transforma a sensação de estranhamento com esse mundo em mistério que precisa ser desvendado. O mito da Área 51 e as teorias conspiratórias alimentadas pelas HQs e Hollywood crescem proporcionalmente à sensação do indivíduo em perder o controle do mundo em que vive. Crenças conspiratórias sobre sociedades secretas que dominam o mundo permeiam a mentalidade de uma sociedade atomizada, passiva diante de uma complexidade tecnológica incompreensível que domina o cotidiano.

O Estrangeiro é aquele que não se sente em casa em lugar algum. Procura sempre esquecer o seu passado, sua história, o que é. Passa a maior parte do tempo em silêncio, fechado no seu drama, tenso, crispado. Quieto observa o mundo cair em pedaços. A experiência apocalíptica da bomba atômica vai incendiar esse imaginário apocalíptico de fim de um mundo que, afinal, não nos pertence. A onda de filmes-catástrofes atuais analisada na postagem anterior é um exemplo.

O centro espiritual do arquétipo

Os eventos Las Vegas, Área 51 e Bomba Atômica correspondem, respectivamente, aos personagens Viajante, Detetive e Estrangeiro na imagerie pop pós-moderna. Mas aprendemos com Jung que todo arquétipo tem o seu momento de verdade. Nenhuma explicação unicamente política ou econômica justifica o poder da indústria norte-americana em irradiar para todo o planeta a sua cultura pop centrada nesses eventos inaugurais.

Retirando as camadas de clichês, linguagem estandartizada e repetições, encontramos o núcleo espiritual, o "momento de verdade" (como diria Theodor Adorno) da ideologia pop norte-americana.

A busca pela verdade por esses personagens arquetípicos tal como descrito por Brissac Peixoto corresponde aos três estados alterados de consciência (suspensão, paranoia e melancolia) que possibilitariam a busca pela iluminação (gnose) espiritual apresentados pelos três maiores pensadores do Gnosticismo na História: Basilides, Valentim e Mani. Essa conexão entre esses protagonistas da cultura pop do século XX e a filosofia gnóstica do início da era cristã pode parecer a princípio surpreendente e arbitrária. Isso apenas reflete a condição humana de estranhamento e alienação em relação à existência que permanece a mesma ao longo da História.

Cada um desses pensadores gnósticos propôs a sua forma de gnose, isto é, formas de retirar a si mesmo das ciladas da realidade material que, simbolicamente, estão contidas na ânsia por verdade desses protagonista pós-modernos:

O Viajante (suspensão): o estado mental de suspensão proposto por Basilides (o silêncio melancólico) como forma de fugir da prisão da linguagem e do pensamento. As coisas devem ser apreendidas sem a linguagem através das estratégias do lúdico, jogo, paradoxo, ironia. Las Vegas com os seus hotéis-cassinos é a instrumentalização comercial dessa ânsia espiritual pelo jogo e o lúdico como formas de transcendência. Mas o arquétipo aprisionado pela indústria do entretenimento reverte-se em clichê, repetição, vício e auto-destruição;

O Detetive (paranoia): Se o iniciado começa a suspeitar de que os objetos ao redor são ilusórios, como, então, poderá discernir entre a sanidade das suas percepções e a insanidade que o mundo pretende rotulá-lo? Como separar o desejo do medo? Através da paranoia. Diferente da estrita concepção narcísica de paranoia – a ideia de que o sujeito tem de que o mundo está focado em uma perseguição contra si próprio – a concepção valentiniana está no limite entre a sanidade e a loucura, através de uma desconfiança radical em relação ao mundo ao redor que está dado. Vivendo nesta espécie de limbo, corre o risco de cair para um lado ou para o outro: tornar-se irremediavelmente insano ou preparar-se para ocultar-se em uma lúcida loucura habitando um espaço entre a claridade e a instabilidade emocional. As teorias conspiratórias em torno de sociedades secretas, alienígenas e governos invisíveis mundiais alimentados pela indústria do entretenimento capturam esse núcleo espiritual (a paranoia como chave de iluminação espiritual) para, mais uma vez, converter em clichê;

O Estrangeiro (melancolia): Rebeldes sem causa, "heroin heroes", punks gritando "no future", ácido e música techno em "raves" associadas ao "trance" (transe) com conotações espiritualista ou "new age" são representações midiáticas dessa sensação de alienação, estranhamento e deslocamento em relação ao país, família e amigos. O pensador Mani tematizou a melancolia como a percepção que desafia as tentações conciliadoras e consoladoras como a religião e o hedonismo (a renúncia religiosa ou a busca desenfreada pelo prazer). A sensação de ser estrangeiro e perceber o estranho e o bizarro naquilo que é aparentemente normal e rotineiro é o núcleo espiritual de toda tendência midiática que explora a melancolia adolescente (dark, punk, gótico, emo etc.), talvez o momento da vida onde essa percepção é mais aguçada, até ser domada pelo princípio de realidade adulto.

3
'Liquid Sky': A mitologia pop de aliens, sexo, drogas e euforia

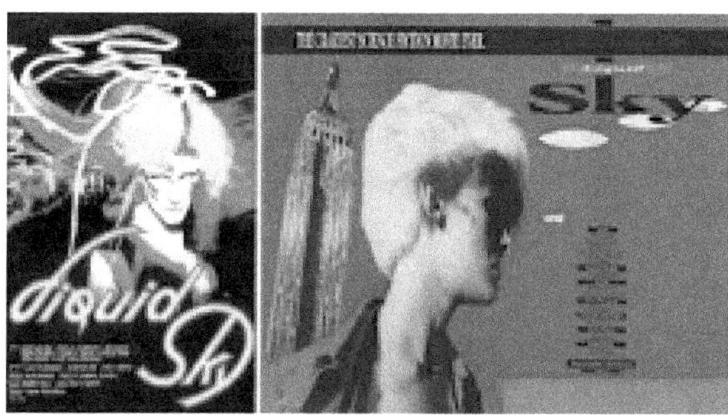

Em meio a euforia da onda Punk e New Wave no mundo da Moda do começo dos anos 1980, turbinada pela heroína e cocaína, um pequeno disco voador pousa na cobertura de um prédio em Nova York. Aliens invisíveis estão em busca de uma substância única liberada pelo cérebro humano durante a euforia lisérgica. Mas descobriram que a mente humana também produz a mesma substância durante o orgasmo. Sexo torna-se mortal naquele pequeno mundo de artistas e modelos. Após cinco anos nos EUA, o russo Slava Tsukerman decidiu fazer um filme independente que explorasse a mitologia pop contemporânea sobre sexo, euforia, drogas e alienígenas do espaço sideral. É "Liquid Sky" (1982), um filme sobre exilados e estrangeiros, assim como ele. Um olhar sobre a condição humana contemporânea dominada pelo sentimento de desamparo e alienação em um mundo governado por novos Demiurgos: alienígenas e a indústria do entretenimento.

Um exilado soviético chega em Nova York na segunda metade dos anos 1970 e encontra a uma incipiente cena punk e new wave abastecida com drogas, androginia, euforia, fúria e sexo. Passados cinco anos imerso no estilo de vida norte-americano, reúne um grupo de amigos e baixo orçamento para produzir um filme cuja sinopse pode ser resumida dessa forma:

"Alienígenas invisíveis vêm a Terra num disco voador minúsculo em busca de heroína. Pousam no topo de uma cobertura em Nova York, onde moram uma traficante e sua amante andrógina, ninfomaníaca e bissexual, que também é modelo. Os alienígenas logo descobrem os feromôneos criados no cérebro durante o orgasmo e os preferem à heroína, e então os amantes da modelo ninfomaníaca começam a desaparecer. Este cenário incrivelmente bizarro é observado por uma mulher solitária que mora do outro lado da rua, um cientista alemão que está seguindo tanto alienígenas quanto o igualmente andrógino modelo masculino viciado em drogas."

Esse é o cult, pós-punk e mix de sci fi e new wave *Liquid Sky* (1982) do diretor Slava Tsukerman (do recente filme "Perestroika" - 2009) que acabou se tornando um modelo tanto de linguagem como de produção para o cinema independente. O que torna o filme interessante no bizarro enredo é que o diretor é um documentarista (após sair da URSS filmou documentários em Israel) e, ao mesmo tempo, um estrangeiro dentro da cultura norte-americana. Revendo "Liquid Sky" percebemos um olhar etnográfico de Tsukerman, um mix de ironia, humor negro, documentário e olhar de um estrangeiro que pretendia dissecar o imaginário e os personagens que pareciam ser tão estrangeiros quanto ele.

O que se percebe na narrativa de *Liquid Sky* é que se trata de um filme sobre "estrangeiros": alienígenas de outros mundos, personagens deste mundo perdidos na noite como fossem replicantes melancólicos e o próprio diretor, um soviético tentando compreender os EUA.

O argumento do filme foi inspirado na mitologia pop americana, como afirmou Tsukerman: "Eu inclui todas as lendas e mitos da época, que ainda estão por aí. Acho que é por isso que o meu filme ainda funciona, como os mitos sobre sexo, drogas, euforia, relações entre sexos e alienígenas do espaço sideral. Minha ideia era que eu precisava uma trama que incorporasse de forma divertida toda essa mitologia, e parece que é por isso que meu filme tenha sobrevivido a tanto tempo" - "Aliens, Acid, Androgyny, Oh My! Interview with Liquid Sky's Slava Tsukerman" disponível em: http://www.openingceremony.us/entry.asp?pid=653

O Filme

Visualmente brilhante e cativante, o filme é pontuado pelo ponto de vista da criatura espacial com imagens com alto contraste em vermelho, roxo e verde, culminando com uma explosão como fosse uma almôndega eletrônica. Aparentemente significa que a criatura está tendo prazer intenso decorrente da absorção da heroína e, depois, ao assassinar os parceiros sexuais da protagonista Margaret, extraindo deles os feromôneos e a endorfina do orgasmo.

Toda a estória gira em torno da atriz Anne Carlise que interpreta dois personagens: Margaret (interiorana de Connecticut que abandonou os "EUA profundos" em busca de fama e sucesso na metrópole) e Jimmy (um modelo masculino com um bigode penteado para trás e cabelo andrógino ao estilo Andy Warhol). A aparência dessa dupla muda constantemente, como tudo ao redor sempre cercado de detritos, garrafas de cerveja e iluminação neon.

Exilados e abduzidos

Em postagem anterior discutíamos que a mitologia contemporânea promovida pela indústria do entretenimento está centralizada em três personagens que expressariam a condição humana contemporânea: o detetive, o viajante e o estrangeiro. Em síntese, as antigas novelas policiais, "film noir", "western" e literatura "pulp fiction" criaram um mix imaginário que serviu de base para toda uma espécie de "sub-zeitgeist" da cinematografia independente que acabou alimentando roteiros e produções de muitas produções "mainstream" (videoclipes e longas metragens).

Nessa mitologia contemporânea é recorrente a percepção humana de estranhamento e alienação: é sobre aquele protagonista que nunca se sente em casa em lugar algum. Procura sempre esquecer o seu passado, sua história, o que é. Passa a maior parte do tempo em silêncio, fechado no seu drama, tenso, crispado. Quieto observa o mundo cair em pedaços. É como se a própria casa, o país e o mundo fossem um lugar hostil e ele próprio fosse um exilado abandonado por Deus ou como se o próprio Deus conspirasse contra ele.

O personagem Margaret é a última palavra em passividade: quando não está mudando de roupa é espancada, estuprada, abusada de várias formas ao longo da narrativa. É uma exilada dentro de uma mitologia gnóstica que descreve o cosmos como um sistema dominado por demiurgos que abusam do ser humano para extrair dele o que tem de mais precioso: vitalidade, brilho, luz, inocência e bondade. De um lado os alienígenas que abduzem humanos quando alcançam o orgasmo e, por outro, a indústria do entretenimento e da moda que, em troca da juventude e espontaneidade, oferece as ilusões das drogas e diversão fáceis.

Dentro dessa mitologia contemporânea inspirada na antiga mitologia gnóstica, o mito de aliens e discos-voadores é a atualização do arquétipo do Demiurgo e do Exílio. Abusos, abduções e contatos imediatos do terceiro grau são narrativas insistentes, eventos simbólicos que expressam como o ser humano enxerga sua própria condição nesse mundo, tal como um exilado, capturado por forças superiores que o exploram para lhe arrancar a alma, espírito ou energia. Filmes como *Matrix* (1999) ou *Cidade das Sombras* (*Dark City*, 1998) e as lendas urbanas de pessoas "chipadas" no interior de estranhas naves espaciais confirmam essa subjetividade contemporânea.

Toda essa condição de exílio e desamparo pode ser percebida nesse monólogo de Margareth após mais um abuso ao ser obrigada a fazer sexo oral com Jimmy. Ele morre abduzido pelos aliens após o orgasmo. Após se achar responsável por mais uma vítima, Margaret desabafa:

> *"Margareth: Você quer saber o que e quem sou? Sou uma matadora. Mato com a minha boceta. Você pode escrever sobre isso... na Midnight Magazine ou na National Enquirer. Vai ser a nova sensação. Você quer saber de onde eu sou? Sou de Connecticut, Mayflower Stock. Me ensinaram que um príncipe viria... e que ele seria advogado e eu teria filhos com ele. E nos finais de semana prepararíamos churrasco e todos os outros príncipes e princesas viriam e eles diriam 'que delíca', 'que delicía'. Ou ... que saco! Me ensinaram... que eu deveria vir para New York e me tornar uma modelo independente e que meu príncipe viria como um agente. E ele me arranjaria um papel... e eu levaria a vida servindo atrás de um balcão... e eu esperaria trinta, quarenta, cinquenta anos. E me ensinaram que para ser atriz eu deveria estar na moda... e estar na moda é ser andrógina e não sou menos andrógina que o próprio David Bowie. Me chamam de bonita e eu mato com a minha boceta. Não é super fashion?"*

Drogas e Euforia

Liquid Sky é uma expressão para designar a heroína. Ao lado da cocaína, foram os combustíveis da Disco Music, Punk, Pós-Punk e New Wave na virada dos 70s aos 80s. Drogas euforizantes, diferentes das lisérgicas da década anterior envoltas pelo imaginário místico, religioso e espiritual: desde as conexões entre drogas como a mescalina e a abertura da percepção humana para novas realidades como em Adous Huxley ("As Portas da Percepção") até as experiências transpessoais do neurocientista Thimoty Leary com o LSD.

O filme *Liquid Sky* documenta a cena das primeiras casas noturnas multimídias da história do pop onde os efeitos tecnológicos luminosos e auditivos já dispensavam qualquer droga lisérgica ou alucinógena. O aparato mutimidiático já fazia os indivíduos imergirem numa simulação alucinatória, dispensando qualquer tipo de droga para esse fim. O importante agora era manter-se "ligado" para dançar e interagir noite à dentro numa festa que podia durar 24 horas.

A trilha musical do filme, experimental e minimalista, (realizada com o primeiro sintetizador digital, um aparato chamado Fairlight CMI) é nitidamente hipnótica (como muitas tendências atuais do tecnopop), dentro do projeto multimídia das ambiências produzirem efeitos lisérgicos. Cocaína e heroína eram as drogas euforizantes, diferentes da geração atual das "smart drugs" onde o importante não é ficar apenas "ligado" mas, também, "esperto" já que as interações tornam-se cada vez mais tecnológicas (por meio de Ipods, blackberrys etc.) e onde as "baladas" podem se virtualizar ou entrar em rede por meio do Facebook, por exemplo.

Em síntese, o olhar estrangeiro de Slava Tsukerman transformou o filme *Liquid Sky* não apenas numa espécie de documento etnográfico de uma época da cena pop, mas também se tornou Cult e atemporal por explorar uma mitologia contemporânea baseada em um sub-zeitgeist gnóstico que expressa a condição humana como exilada e dominada. Tsukerman descobriu no ocidente novos demiurgos: os aliens e a indústria do entretenimento.

4
Gnosticismo no MAD TV?

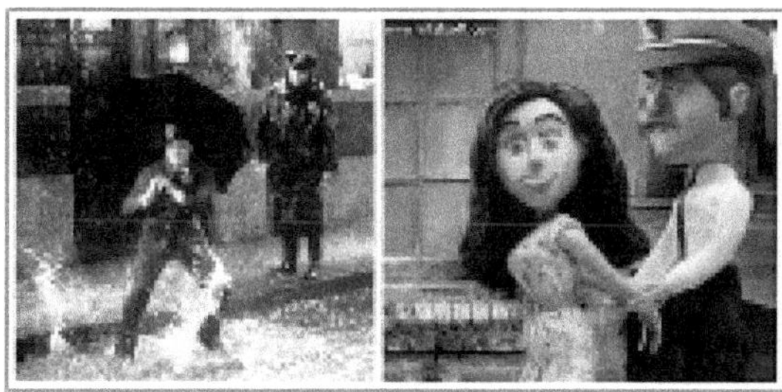

Criada nos anos 1950, a revista MAD sempre foi carregada de sátira e crítica social. Chegou a ser investigada pelo FBI na era da Guerra Fria. Mas parece que tudo ficou para trás: o vídeo-clip "Flammable" (paródia do clip "Firework" da cantora pop Katy Perry) do programa "MAD TV" do canal infantil Cartoon Network consegue ser mais conservador que o produto pop original. Para nossa surpresa exploram a mitologia gnóstica libertária da centelha divina e da condição humana prisioneira ao associá-la à situação de marionetes controladas e manipuladas. Porém, as autoridades (bombeiros e policiais) nos alertam: cuidado com o que vocês sonham. Vocês podem ser presos!

Férias com crianças em casa nos reservam sempre surpresas. Principalmente ao acompanhar junto com elas os canais infantis. Para minha surpresa deparei-me com o programa "Mad TV" no Cartoon Network. Baseado na antiga revista MAD o programa humorístico de esquetes satiriza filmes, atores e a cultura pop norte-americana.

Lia a revista "Mad" na minha adolescência nos anos 1970 que, de tão bem-sucedida no mercado brasileiro naquela época, passou a fazer sátiras de novelas, mini-séries e filmes brasileiros. Por isso, acompanhei com grande curiosidade para ver se ainda mantinha o espírito irreverente e, principalmente, contestador e anárquico da revista, sintonizada que estava com a contracultura e quadrinhos underground da época.

Um dos esquetes era um videoclipe chamado "flammable" estrelado por marionetes, uma paródia do clip "firework" da cantora norte-americana Katy Perry. O vídeo começa com uma marionete parodiando Katy Perry ("Katy Puty") caminhando até uma varanda. Ela começa a cantar sobre como as pessoas são deprimidas e sombrias porque se veem como marionetes feitas de papel reciclado, sempre controladas e contidas. No entanto, ela exorta a todos que libertem o calor e o brilho que existem dentro delas. No entanto isso acaba sendo destrutivo porque as marionetes do clip de fato são feitas de papel e cera e começam a pegar fogo e derreter. No final, Katy Perry é presa por um policial e os demais personagens terminam queimados e derretidos.

O que torna interessante não só a paródia como o próprio vídeo-clip original de Katy Perry é que utilizam uma evidente simbologia gnóstica: a centelha divina e a gnose - conhecimento profundo que possibilitaria o encontro da essência eterna no interior do homem pela via do coração. Uma realidade que embora seja sempre ativa, somente pode ser conhecida através da experiência e da vivência, jamais podendo ser assimilada de forma abstrata ou discursiva.

A "centelha divina" e o desejo por liberdade

Em ambos os vídeos essa centelha é representada por fogos de artifícios que saem do chakra cardíaco, na altura do peito. E da mesma forma, ambos os vídeos iniciam com situações de alienação e estranhamentos de seres humanos nesse mundo (tristeza e melancolia), sendo que na paródia da Mad TV essa situação de alienação aproxima-se muito mais do Gnosticismo ao associar a condição humana com a de marionete – a concepção gnóstica de que somos prisioneiros no cosmos físico como a criação de uma divindade enlouquecida (o Demiurgo) que cria dispositivos e artimanhas (culto ao poder, ambição, hedonismo etc.) para nos deter e extrair de nós essa centelha divina que trazemos.

Mas a diferença está no final: enquanto no clip original Katy Perry termina como uma mensageira das boas novas, na paródia da Mad TV ela é presa por um policial como uma espécie de terrorista por propagar ideias que geram mortes e caos.

Vejamos a letra da música "Inflammable" da paródia da Mad TV:

Você já se sentiu como não fosse realmente real?

Apenas uma marionete resultante de um torpe negócio Você sempre pensa que é apenas um adereço

Uma coisa animada feita de papel reciclado

Você sempre pensou que eles ficavam com toda a glória

Quando na verdade do que eles gostam é do seu jeito engraçado

Eu tenho novidades para você, sem precisar ficar triste

Porque há um brilho em você... Você só tem que liberar o calor, para acender a luz tão brilhante e livre

Mas tenha cuidado porque você é inflamável

Feito de argila, papel e lã

Você pode facilmente inflamar ou derreter

Quando irei aprender

A não dar mais início a incêndios

Ouça o bombeiro

Fique atento aos seus sonhos
Ou você vai destruir tudo

Os primeiros versos têm uma evidente inspiração na mitologia gnóstica primeiro ao associar a condição humana de marionete "resultante de um torpe negócio" (a prisão e manipulação no cosmos físico) e, segundo, a possibilidade de uma saída ao liberar de dentro de si o brilho e o calor (centelha divina por meio da gnose).

Mas todo esse ideário emancipador é revertido num até interessante humor metalinguístico: os protagonistas são feitos de papel reciclado e cera, altamente inflamáveis. Não suportam tanto "calor". Mas os versos finais terminam com uma advertência: "fique atento aos seus sonhos, ou destruirá tudo". Tome cuidado com os seus sonhos, pois podem ser perigosos e as autoridades (bombeiros e policiais) estão sempre atentas. No final, a mensageira das boas novas, Katy Perry, é levada presa por um policial.

Os sonhos de uma marionete se libertar são frustrados pela condição ficcional (cera e papel reciclado) e pela repressão das autoridades.

MAD: crítica e sátira social

Criada nos anos 1950, a revista "MAD" sempre foi carregada de sátira e crítica social. Chegou a ser proibida pelo governo norte-americano e investigada pelo FBI. Para MAD nada era sagrado ou tabu e fazia questão de ridicularizar a política e a religião. Por exemplo, um dos quadrinhos era "Spy versus Spy", um espião todo de branco e um todo de preto criado por Antonio Prophias. Um tentava eliminar o outro, demonstrando o ridículo da Guerra Fria da época entre EUA e URSS.

Por isso, foi surpreendente encontrar uma paródia tão conservadora de um vídeo-clip pop quanto da Katy Perry. Ironicamente "Flammable" consegue ser mais conservador do que um produto pop, uma inversão do que sempre foi no passado a revista MAD.

Ironicamente, o que é sugerido no clip "Firework" (a centelha divina gnóstica) é explicitado na paródia ao associar a condição humana como a de marionetes manipuladas e prisioneiras. Porém, a explicitação libertária da mitologia gnóstica é abatida pelo clichê da "quebra-da-ordem-e-retorno-a-ordem": forma de fixar e abater as fantasias do público de forma ritualizada pela indústria do entretenimento evitando que tais necessidades sejam experimentadas em vivências reais. Sonhos, desejos, loucuras proibidas, etc. são desenvolvidos nos produtos de massa conseguindo a fascinação, mas vão até certo ponto.

Marcondes Filho localiza uma das origens desta ritualização do desejo no público em antigos filmes musicais como Cantando na Chuva (Singin' in the Rain,1952) principalmente na famosa sequência onde Gene Kelly canta e dança na chuva simbolizando a alegria que rompe temporariamente com as normas sociais:

> *"Gene Kelly, aliás, termina de dançar, quase se desculpando, no momento exato em que aparece um guarda de rua: diante da lei, da ordem, da moral, é preciso retomar ao mundo. O ponto-limite é aquele que faz as ações convergirem para um esquema ritualizado, isto é, fantasias emocionais do receptor (ou do espectador do cinema), que foram excitadas, terminam num esquema*

convencional, outras vezes no lenga-lenga viciado das canções populares: o esquema reconstrói a ordem e devolve o receptor, neutralizado, ao seu mundo" (MARCONDES FILHO, 1988 p. 39-40)

Tempos conservadores esse em que vivemos onde cada vez mais produtos para públicos infantis (mas com linguagens que atrai igualmente adultos como no caso do humor metalinguístico de "Flammable") nos apresenta mensagens de advertências, resignação e exortações à renúncia dos próprios sonhos e desejos.

É surpreendente perceber que se a mitologia gnóstica no passado em filmes como *Show de Truman, Matrix e Vanilla Sky* foram exploradas de forma crítica e desafiadora, agora vemos um produto de entretenimento que explora a simbologia gnóstica como diagnóstico de uma realidade diante da qual devemos, afinal, nos conformar.

5
Drogas, discoteca e 3D:
o atalho pop para o Sagrado

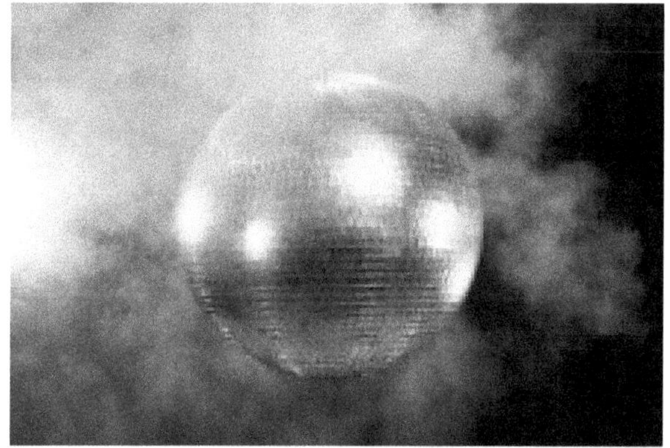

Dos primeiros espaços sensoriais multimídia das discotecas dos anos 70 ao cinema 3D da atualidade, acompanhamos diante dos nossos sentidos a materialização tecnológica de toda uma dimensão mística e sagrada: a materialização dos simbolismos arquetípicos da espécie diante dos nossos sentidos por meio da convergência das mídias através das tecnologias digitais. Se no passado era necessário a ascese e disciplina espiritual para vivenciar essa dimensão metafísica, hoje as tecnologias sensorias prometem um atalho. Qual o destino da milenar aspiração mística e religiosa por transcendência num ambiente altamente tecnologizado sob o controle de grandes corporações?

Em uma aula da disciplina Comunicação Visual na Universidade Anhembi Morumbi discutia com meus alunos as referências visuais de cada década. Em relação aos anos 70, apresentava as referências visuais da Disco Music: moda, comportamento e, principalmente, os espaços multi-sensorias que eram as discotecas. Luzes estroboscópicas, pistas de dança com luzes em movimento criando formas geométricas randômicas, gelo seco etc. Em termos de comportamento, sabemos que, ao longo das décadas as drogas acompanham cada tendência dentro da cultura pop. Na era da Disco Music acompanhamos a decadência das drogas lisérgicas e a ascensão das drogas "speed" como a cocaína. Diante de tanto estímulo sensorial, o importante era ficar ligado e dançar a noite inteira.

Um aluno levantou uma consideração importante: em ambientes como a discoteca já não eram mais necessárias as drogas lisérgicas: os aparatos multisensorias já reproduziam os efeitos das viagens dos ácidos. Portanto, o mais importante era se manter ligado para estender a "viagem" promovida pelas tecnologias sensoriais.

Essa talvez seja a questão crucial para entendermos o porquê da decadência das drogas lisérgicas e a ascensão das drogas "speed" (da cocaína ao ecstasy) que acompanhou as sucessivas tendências em moda e comportamento das últimas décadas. E mais do que isso. Nesta questão está embutida outra: se no estado alterado de consciência do lisérgico já estava presente a possibilidade de experiências místicas ou religiosas, será que a motivação secreta das tecnologias sensoriais e multimídia não seria a da materialização dessa possibilidade de uma forma mercantilizada e controlada? Em outras palavras: a virtualização das experiências místicas e religiosas através de uma catarse tecnológica multimídia.

No final de sua vida o neurocientista norte-americano Thimoty Leary (considerado o guru do LSD nos anos 60) já acreditava que os softwares dos computadores iriam substituir o LSD como meio indutor a estados alterados de consciência. Para ele, a televirtualidade era a palavra chave: com capacete e luvas de velcro, smart drugs na cabeça e programas que convertam na tela as ideias presentes no cérebro teríamos a libertação psíquica onde cada indivíduo criaria sua própria realidade.

Não é mera coincidência acompanharmos o crescimento das smart drugs paralelo ao desenvolvimento das tecnologias computacionais e virtuais, dos espaços multisensoriais de entretenimento (das danceterias habituais às raves) e da música eletrônica cujos artistas fazem constantes associações entre o som, transe e esoterismo new age.

Essa parece ser a essência da tecnognose: por meio do desenvolvimento de uma tecnologia que busca aprimorar a derradeira interface (as conexões entre as redes neuronais e redes eletrônicas), criar uma espécie de atalho para a aspiração sagrada por transcendência. Sob o pretexto de que as tecnologias oferecem um canal mais "limpo" e menos "químico" do que as drogas lisérgicas, a tecnognose cria as condições para o solipsismo (onde cada indivíduo cria seu próprio horizonte narcísico de experiências) e, ao mesmo tempo, favorece o controle por meio de sistemas de vigilância.

Essa ambição tecnognóstica criaria um sujeito facilmente permeável definido pelos pesquisadores como fractal: conectado virtualmente (e no futuro neurologicamente) às redes digitais passa a se adaptar mimeticamente ao entorno para sobreviver. Tal qual o fracta da geometria (objeto geométrico que pode ser dividido em partes, cada uma das quais semelhantes ao objeto original), é um sujeito que se torna um nódulo que apenas ratifica o que lhe é externo.

Materialidade das Imagens

Todas as tecnologias de produção de imagens, do cinema ao audiovisual, irão acompanhar esse movimento de materialização da experiência do místico e do sagrado. Por exemplo, no cinema acompanhamos uma profunda alteração no próprio dispositivo cinematográfico.

Com a evolução dos recursos digitais, croma key etc., progressivamente o cinema ou a própria câmera estão se desconectando da realidade. Se no passado, o dispositivo cinematográfico partia do objeto real (atores, cenografia, iluminação etc.), hoje, cada vez mais, prescinde de um referencial "realista". Todos os recursos digitais de edição, montagem, efeitos especiais, na medida em que se virtualizam, estão cada vez mais materializando o imaginário (mitologia, fantasias etc.). O espectador tem, à sua frente, a transformação em imagens de todos os mitos, sonhos e fantasias.

Recursos tecnológicos aprimorados como o 3D ajudam a materializar todo um universo arquetípico do nosso inconsciente coletivo. Se no passado, era necessário a ascese, a disciplina da meditação, o domínio de técnicas e filosofias herméticas ou a indução a experiências místicas por meio de drogas pesadas, agora tudo o que buscávamos por meio desses instrumentos se materializa diante de nossos olhos numa tela.

Enquanto nossos corpos jazem inertes na poltrona confortável de um multiplex, nossos olhos veem a materialização das nossas aspirações arquetípicas.

O destino do Sagrado e da transcendência

Portanto, qual o destino de toda a dimensão metafísica do sagrado e da transcendência num contexto tecnológico multimídia? Se testemunhamos uma era neo-platônica onde toda a metafísica se materializa não só para nossos olhos, mas, sinestesicamente, para todos os sentidos, qual o destino da experiência do místico e do sagrado?

Toda a euforia de Thimoty Leary, que via nas tecnologias computacionais uma estrada de libertação psíquica, o fazia desprezar um importante detalhe: as grandes corporações que, afinal, detém o monopólio tecnológico do desenvolvimento e fabricação dos softwares e hardwares.

Se o futuro do cinema aponta para o fim do próprio suporte (a película) substituído por arquivos digitais transmitidos em streaming para as salas de projeção (realizando a convergência de todas as mídias às tecnologias computacionais), temos, então, a perigosa tendência da concentração midiática em poucos gigantes corporativos.

Na medida em que todo o material simbólico arquetípico (sonhos ou aspirações por transcendência da espécie) for materializado para fins de pura catarse ou entretenimento a transcendência se perderá na imanência: o controle político e social das grandes corporações. Ou, colocado de outra forma: se as drogas pesadas e lisérgicas podiam produzir não a transcendência ou iluminação, mas a dependência e autodestruição, da mesma forma a materialização das imagens pode criar uma progressiva dependência viciosa de formas de entretenimento patrocinadas por um sistema sócio-político que a própria motivação mística e sagrada procurava transcender.

6
'Jovens Titãs em Ação':
O universo gnóstico infanto-juvenil

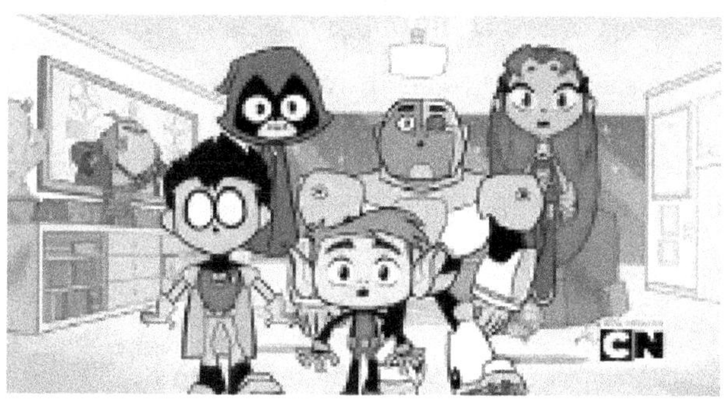

É férias e os filhos passam mais tempo em casa, festas e encontros com os amigos de escola. É o momento onde o "Cinegnose" cai de cabeça no universo da cultura infanto-juvenil: animações, games, redes sociais e canais do YouTube. Um universo cada vez mais dominado por uma sensibilidade "meta" – paródica, auto-referencial e metalinguística. Um exemplo é o episódio "A Quarta Parede" da série de animação "O Jovens Titãs em Ação" apresentado pelo Cartoon Network. Uma versão irônica da série clássica "Teens Titans" da DC Comics. O que acontece quando personagens ficcionais tomam consciência de que são apenas paródias de personagens em quadrinhos? A quebra da barreira imaginária entre personagem e espectador (a quarta parede) e a entrada da narrativa na mitologia gnóstica: o demiurgo "Freak Control" que aprisiona personagens para conquistar prêmios e reconhecimento – uma paródica analogia da condição humana.

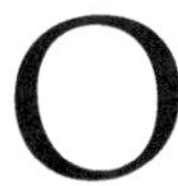

público infantil e infanto-juvenil atual não está mais diante dos velhos conteúdos midiáticos como desenhos animados, histórias em quadrinhos ou filmes. Esse público está cada vez mais lidando com mídias que propiciam experiências de entretenimento imersivas, trasmidiáticas e cross-midiáticas.

Isso significa que as velhas narrativas infantis (baseadas na estrutura dos contos de fadas ou da jornada do herói) estão dando lugar à narrativas cada vez mais irônicas, conscientemente paródicas e auto-reflexivas.

Na verdade, são meta-narrações: paródias, paráfrases, metalinguagens – um desenho como Pink Dink Doo em dado momento se transforma num quizz show com questões sobre a história que a protagonista inventou a minutos atrás; o personagem Capitão Cueca fazendo uma paródia do Super-Homem e ironizando uma peça do uniforme do herói original, a sua estranha sunga; animações como Hora de Aventura ou O Incrível Mundo de Gumball que são verdadeiros liquidificadores de referencias da cultura pop passada e atual e fusão total de gêneros reforçada pela técnica de animação que mistura colagens de fotografias com desenhos.

Podemos até afirmar que na verdade as crianças prestam somente atenção aos berros, cores, explosões, gritos e badernas. Somente os pais se divertem ao descobrir as referencias paródicas e metalinguísticas. Mas o que estamos presenciando é mais do que isso: assistimos ao desenvolvimento de uma nova sensibilidade "meta", isto é, irônica e auto-referencial.

Essa é uma tese que o Cinegnose vem desenvolvendo desde a análise do sucesso do personagem *Mister Maker*, do Discovery Kids: uma nova sensibilidade que pressente que o universo não é uma realidade estável e perene, mas uma realidade artificial, um constructo. E nessa nova sensibilidade parece cair muito bem as narrativas gnósticas.

Um bom exemplo atual é a série de animação *Os Jovens Titãs em Ação* (*Teens Titans Go!*) exibida pelo canal Cartoon Network. A óbvia referência é a animação clássica *Jovens Titãs* (*Teen Titans*, 2003-2006) criada por Sam Register e Glen Murakami cuja estilo remetia ao formato das animações japonesas onde mostra cinco super-heróis adolescentes liderados por Robin, o menino prodígio e companheiro de Batman.

O desenho era baseado na famosa equipe de heróis-adolescentes da DC Comics composto pelos personagens Robin, Estelar, Ravena, Mutano e Ciborgue.

Surrealismo e paródia

Enquanto a animação clássica era carregada no drama, com os personagens em conflitos e vilões estrategistas que sempre colocavam em risco os heróis, sete anos depois em *Os Jovens Titãs em Ação* a Warner e Cartoon Network fez uma releitura em tom de comédia surreal e paródica na mesma linha de Incrível Mundo de Gumball ou Titio Avô: os conhecidos heróis da DC Comics foram colocados em um outro nível de universo.

Assistindo aos episódios da nova série, percebemos que não é uma adaptação de nada que já tenha sido feito – os produtores parecem usar a velha roupagem conhecida pelo público para se voltar para a paródia do próprio universo da DC Comics: o que os super-heróis fazem quando não estão salvando o mundo? O que os super-heróis adolescentes fazem quando não há adultos olhando?

Robin batendo o batmóvel e perdendo a licença, Estelar tentando matar um pernilongo, Ravena preparando uma estratégia que faça todos saírem da Torre para que ela possa assistir em paz a um desenho de pôneis coloridos etc.

Mas é no recente episódio chamado "A Quarta Parede" (terceira temporada, episódio 9, 2016) que nos deparamos com um exemplo de como essa sensibilidade "meta" atual (paródias, paráfrases, alusões e ironia) permite que ocorra transversalidade da mitologia gnóstica: se o universo é artificial, o que aconteceria se os próprios personagens ficcionais descobrissem sua própria natureza artificial?

Esse episódio faz um inacreditável mix dos argumentos de filmes gnósticos clássicos como Show de Truman (Truman Show, 1998), A Vida Em Preto e Branco (Pleasantville, 1998) com uma pitada freudiana presente na Trilogia da Pixar Toy Story.

O demiurgo "Freak Control"

Os jovens titãs vão assistir TV quando eis que surge na tela o vilão Control Freak que, empunhado seu controle remoto, impede que os heróis troquem de canal – o mesmo argumento do filme *A Vida em Preto e Branco* (*Pleasantville*, 1998) onde um misterioso técnico de TV com seu controle remoto faz os protagonistas serem transferidos por uma série de TV dos anos 1950, tornando-se prisioneiros daquele universo.

Da mesma forma, o Freak Control revela para os heróis de que eles, na verdade, são prisioneiros na quarta parede da narrativa televisiva e que ele os criou para que ganhasse prêmios e fosse reconhecido pela indústria do entretenimento. Mas parece que deu tudo errado.

"Eu tornei os jovens titãs em entretenimento. Vocês são o show!", revela o Freak Control para os atônitos super-heróis. "As pessoas estão nos assistindo?", diz Robin espantado. Todos vão até a quarta parede para ver os espectadores: "Eles estão nos assistindo sem a nossa permissão... bando de bizarros!", revolta-se Ravena.

Tal como Truman, os jovens titãs descobrem-se como objetos de um show de entretenimento criado por um Demiurgo (o Freak Control, produtor e diretor do show).

Também tal como em *Toy Story* o boneco Buzz Lightyear se descobre como um brinquedo ao ver seu próprio comercial na TV, aqui os titãs também se veem na TV. A tela substitui o espelho psicanalítico (a famosa "Fase do Espelho" lacaniano) na dissolução do Édipo – a perda da inocência narcísica para o ingresso no mundo da Cultura: a descoberta de que nada temos de especial e que somos apenas mais um indivíduo numa sociedade.

Mas qual o jogo maligno do Freak Control? O programa deveria ser sua grande conquista: prêmios e reconhecimento – assim como na mitologia gnóstica o Demiurgo cria o cosmos material para ser uma pálida cópia do Pleroma, a plenitude de onde todos forma emanados.

"Reboot", morte e reencarnação

Mas tudo deu errado: "piadas de bosta, senso de humor podre e a audiência odeia vê-los atuando", acusa o Freak Control. E ameaça "dar um reboot" em todos se não melhorarem a "qualidade da animação".

Aqui o "reboot" faz uma alusão às sucessivas versões que os jovens titãs já tiveram: o Freak Control os matou outras diversas vezes ("reboot") para produzir novas "reencarnações" – adaptações ou releituras. Esse é o componente que faltava para essa sensibilidade "meta" criar um clássico universo gnóstico: a morte e a reencarnação muito mais como um eterno retorno que perpetua a prisão, do que aprendizado, evolução ou fuga de onde "partimos dessa para a melhor".

O conceito de "quarta parede" se refere a uma barreira imaginária que separa o personagem do público. O efeito de realidade produzido pela linguagem teatral ou cinematográfica cria a simulação de uma ação que se passaria dentro de uma "caixa". A quebra dessa barreira imaginária estabeleceria um nível meta a uma narrativa ficcional: personagens podem descobrir que são, eles próprios, ficções e tirarem vantagem disso e interagir com o público.

É o que os jovens titãs tentam fazer para vencer o demiurgo Freak Control: quebrar literalmente a quarta parede para acabar com a ilusão. É o mesmo desfecho de Show de Truman onde o personagem toma consciência da sua natureza ficcional (ele sempre foi dirigido pelo diretor do programa), rompendo com a quarta parede e a ilusão. É na sua essência a gnose, transposta para a linguagem cinematográfica.

Quarta parede e gnose

Muitos filmes fizeram essa quebra, desde *O Grande Roubo do Trem* (1903) onde o ator olha diretamente para a câmera e dispara um revólver; até *Os Bons Companheiros* (1990), *Alfie* (2004), *O Lobo de Wall Street* (2013) ou *A Grande Aposta* (2015) onde personagens falam diretamente para a câmera/espectador.

Mas filmes como *Deadpool* ou esse episódio dos *Jovens Titãs Em Ação* vão mais além, combinando com a metalinguagem – personagens de quadrinhos sabem que são ficcionais, ou seja, personagens em filmes sobre personagens ficcionais de quadrinhos.

Concluindo: essa crescente sensibilidade "meta" da geração infanto-juvenil atual (reforçada ainda mais pelos dispositivos móveis, games e transmídia) é a subjetividade por trás linguagem paródica e auto-referencial – a criação de universos onde personagens tomam cada vez mais consciência da sua natureza ficcional e arbitrária. Nada mais gnóstico.

7

O Sabor Gnóstico dos Muppets

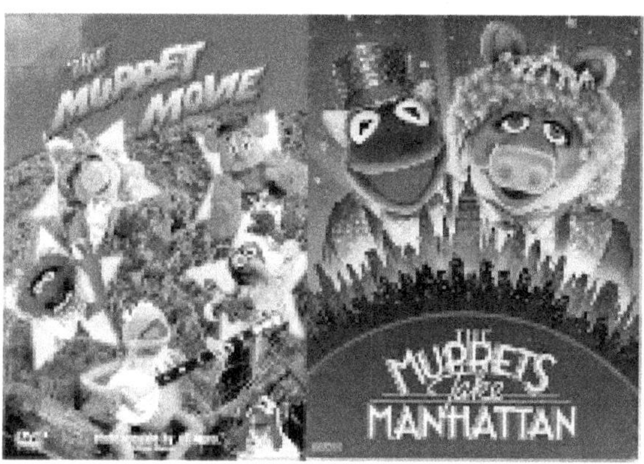

A longevidade dos Muppets, que resistiram à concorrência das modernas animações digitais, parece apontar para uma mudança da sensibilidade infantil em relação aos universos ficcionais: muito mais metalinguística, reflexiva e irônica. A percepção de que a realidade não é mais estável e perene, mas uma construção artificial, plástica, que pode a qualquer momento ser alterada pela força da imaginação. Mas os Muppets parecem atribuir um valor a mais a essa força, um sentido místico.

Nessa Páscoa resolvi inovar. Ao invés de dar ovos de páscoa para meus filhos, resolvi dar dois DVDs clássicos dos Muppets: *Os Muppets: o filme* de 1979 e *Os Muppets Conquistam Nova Iorque* de 1984. Para quem não conhece, a série "Os Muppets" é um universo ficcional criado por Jim Henson que iniciou na TV norte-americana nos anos 1970. A principal característica das narrativas é que os diversos personagens que compõem o universo Muppets (Caco, Miss Piggy, Gonzo, Urso Fozzie etc.) convivem com humanos de uma forma natural. O que já é suficiente produzir uma série de situações cômicas e inusitadas.

Assistimos juntos aos filmes: o primeiro que narra a ascensão dos Muppets, do anonimato de Caco, o Sapo, nos pântanos até o sucesso em Hollywood e o outro onde eles tentam fazer um musical de sucesso na Broadway.

A primeira questão levantada por eles: por que ninguém no mundo humano preocupa-se com o fato de os Muppets serem diferentes dos seres humanos? A questão levantada chamou-me a atenção de uma espécie de sensibilidade metalinguística ou irônica das crianças contemporâneas em relação aos filmes e animações.

Os conteúdos infantis na mídia deixam de ter uma narrativa épica (centrada na ação e heroísmo – cavaleiros, bruxas, piratas, trens a vapor etc.) para adquirirem uma narrativa metalinguística, reflexiva, irônica. "Pink Dink Doo" e "Charlie e Lola" são animações infantis exemplares dessa mudança de sensibilidade. Pink cria estórias para o seu irmão caçula, pontuando e criando a todo instante meta-narrativas.

Os Muppets: o filme impressiona não só pela metalinguagem e constantes referências irônicas ao cinema e showbizz. Ele possui uma complexa narrativa em abismo: assistimos a um filme onde é mostrado outro filme que, no final, vemos uma nova metanarrativa onde os Muppets vão iniciar a produção do filme que acabamos de assistir. Isso talvez explique a longevidade dos Muppets, bonecos fantoches que resistiram à concorrência das modernas tecnologias de animações digitais.

Na sequência final vemos os Muppets famosos e reconhecidos em um estúdio em Hollywood iniciando uma nova produção. O filme poderia ter terminado ali, no ponto que comprovaria que o trabalho duro valeu a pena, e que encontrou amigos e se tornou bem-sucedido e que também você deve seguir seus sonhos e assim por diante. Mas não termina assim. Termina com Gonzo balançando em uma corda acima do set de filmagem, caindo no arco-íris de papelão que se desfaz em pedaços, em seguida o teto explode abrindo um enorme buraco.

O que significa essa natureza metalinguística e reflexiva da sensibilidade infantil atual? Olhando em perspectiva das animações infantis em canais de TV especializados como Discovery Kids ou Cartoon Network, percebemos que a antiga narrativa épica infantil acabou: "Era uma vez um lobo muito fedorento que pegou uma criancinha para fazer seu jantar. Mas, um corajoso caçador entrou na toca do lobo, deu uma tremenda surra no bichano malvado e salvou a criancinha. E viveram felizes para sempre".

No lugar temos a percepção de que a realidade é plástica, mutável, um "constructo" artificial feito de pastiches e referências irônicas, além dos processos de produção serem cada vez mais transparentes: o que dizer da cena de pura metalinguagem quando alguns Muppets leem o roteiro do próprio filme que assistimos e que eles produzirão no futuro no interior da própria narrativa?

Isso tudo tem um sabor gnóstico: pensar que nosso universo não é uma realidade estável e perene, mas uma construção artificial que não existia desde sempre, mas obra, por exemplo, de um Orson Welles poderoso produtor/demiurgo de Hollywood que no final oferece aos Muppets o "contrato padrão de ricos e famosos" e os transforma em celebridades.

A Conexão do Arco-Íris

Particularmente gnóstico é o verso cantado por Gonzo: "Não há ainda uma palavra para velhos amigos que acabaram de se conhecer". Em sua jornada em direção a Hollywood, Caco vai encontrando com os personagens dos Muppets pelo caminho. Eles são desconhecidos até então, mas, ao mesmo tempo, consideram-se velhos amigos, como se já fossem conhecidos há muito tempo.

Por que todos são velhos conhecidos? Além da resposta óbvia (todos são Muppets), eles se reconhecem porque todos tem uma centelha interior que os une: a imaginação. A certa altura da narrativa, dentro de uma Igreja abandonada, o grupo musical de Floyd canta os seguintes versos: "Tens que procurar na sua mente/É rápido e fácil de achar/Não custa nada/Qualquer um pode fazê-lo/Consegue imaginar isso?/Use-o se precisar."

É a máxima gnóstica: "tudo o que você precisa já está dentro de você". É a "centelha divina" dos gnósticos que em todos nós estaria adormecida à espera da gnose para que voltemos a nos conectar com a nossa verdadeira morada no Pleroma.

É o sentido da música "Rainbow Conection" que abre e fecha o filme. O filme trata o poder da imaginação tanto no aspecto do aprimoramento pessoal e da autoajuda (os Muppets estão focados para o sucesso), quanto no aspecto místico com a imagem do arco-íris que fecha o filme como uma conexão divina dos Muppets com uma dimensão transcendente que vem do céu pelo buraco aberto no teto do estúdio.

Nessa música cantada por Gonzo olhando o céu noturno estrelado temos a explícita mitologia gnóstica da gnose: a centelha interior como uma conexão com uma dimensão transcendente, nossa verdadeira morada: é de lá que nós pertencemos e para onde voltaremos algum dia.

Isto parece familiar/Vagamente familiar/Quase irreal (...) O sol nasce, a noite cai/Às vezes o céu chama/Está lá uma canção/E eu pertenço lá/Nunca lá estive/Mas eu sei o caminho/Vou voltar lá/Algum dia/Vem e anda comigo/Há mais diversão para partilhar/Vamos completar-nos os dois/Um lar em pleno ar/Estamos a voar, não a andar/Com asas sem penas/Podemos manter-nos cá em cima/Como com um cordel invisível/Ainda não há palavra para velhos amigos que acabaram de se conhecer/Parte céu, parte espaço/Ou terei encontrado o meu lugar/Podes apenas vir fazer uma visita/Mas eu planejo ficar/Vou voltar para lá/Algum dia.

Caco perde a memória

Em *Os Muppets Conquistam Nova York* dessa vez eles tentam emplacar um musical na Broadway. A narrativa inverte o argumento do filme anterior: se antes os Muppets eram anônimos que alcançam a condição de celebridades, aqui Caco – a origem, o Muppet messias – esquece depois de um acidente que é o famoso Caco. Torna-se um publicitário anônimo em Nova York, preocupado apenas com os números do mercado em uma agência de publicidade formada por rãs.

É a narrativa gnóstica da Queda humana no mundo mortal. Caco esquece não só a identidade como também a centelha divina (a imaginação) dentro de si.

E no final a impagável Miss Piggy faz Caco recuperar a sua memória minutos antes da estreia do musical dos Muppets na Broadway, salvando o dia. Sempre o personagem feminino é aquele que exorta o protagonista a "acordar", despertar a centelha interior esquecida/adormecida. É o mito gnóstico de Sophia atualizado.

A virtude do desses dois filmes dos Muppets é que eles não se limitam ao script motivacional clichê do sonho americano: na terra da liberdade acredite em você e tudo conseguirá! A narrativa vai além ao investir um poder simbólico à imaginação que não se limita a gratificações materiais. Como um arco-íris é uma conexão com uma dimensão superior "vagamente familiar" para onde, um dia, retornaremos, como canta Gonzo olhando para as estrelas.

8
'O Mágico de Oz':
As raízes ocultistas

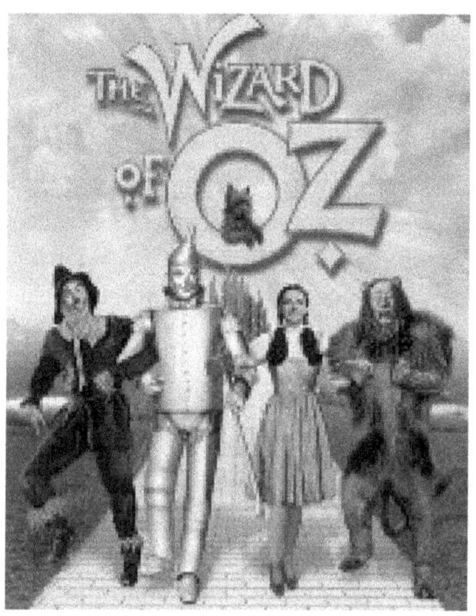

Por que o filme "O Mágico de Oz" ("The Wizard of Oz", 1939) teve um impacto tão duradouro na cultura e comportamento (da música, passando pela moda até chegar no movimento GLBT) após diversas gerações de crianças e adultos? A imagem de Dorothy com seus amigos em uma estrada de tijolos amarelos tornou-se uma complexa associação de simbolismos. Muito do impacto desse filme estaria nas raízes no Ocultismo no livro escrito por Frank Baum "The Wonderful Wizard of Oz" há mais de cem anos. Baum era um reconhecido membro da Sociedade Teosófica de Madame Blavatski e um profundo conhecedor das escolas herméticas e esotéricas.

Ao longo dos anos o filme *O Mágico de Oz* de 1939 transcendeu sua condição de produto cinematográfico para se firmar como um poderoso arquétipo cultural de pelo menos três gerações de crianças e adultos. Lançado simultaneamente com o filme "E o Vento Levou" ("Gone With Wind"), foram consideradas na época duas grandes produções hollywoodianas: a primeira voltada para crianças e a segunda para adultos. Mas a imagem de Dorothy e seus amigos (o Homem de Lata, o Espantalho e o Leão) caminhando em uma estrada de tijolos amarelos tornou-se muito mais complexa em associações e simbolismos do que o romantismo de "E o Vento Levou".

Há algo de oculto e misterioso em um livro infantil escrito há mais de 100 anos, que resultou na adaptação cinematográfica definitiva em 1939 e que criou um impacto ao longo das décadas em todos os setores da cultura, moda e comportamento. Linhas de diálogo do filme como "Estou derretendo! Estou derretendo!", "Nunca mais voltaremos para Kansas" aparecem em variados filmes e gêneros como "O Campo dos Sonhos", "Avatar", "Matrix" e "Depois de Horas" de Scorsese onde um personagem gritava outra linha de diálogo ("Renda-se Dorothy") toda vez que tinha um orgasmo.

Elton John com o disco e o hit "Goodbye Yellow Brick Road" de 1971, os sapatos mágicos de cristal de Dorothy em uma óbvia referência para a moda Disco dos anos 1970 e o fato de Judy Garland ter se tornado um ícone gay em um filme repleto de simbolismos para o movimento GLBT. O enigmático filme de ficção científica Zardoz de John Boorman cujo título é uma contração dos termos "Wizard" e "Oz". Isso sem falar na mãe de todos os boatos e teorias conspiratórias sobre o filme: a suposta sincronia entre o disco do Pink Floyd "The Dark Side of the Moon" de 1973 e o timing da edição do filme "O Mágico de Oz".

O caso do filme *O Mágico de Oz* parece ser mais um exemplo de umfenômeno sincromístico na cultura (o poder de um produto cultural criar arquétipos ou "formas-pensamento" que repercutem no imaginário da cultura), ainda mais sabendo que o autor do livro de 1900 "The Wonderful Wizard of Oz", Frank Baum, era um membro da Sociedade Teosófica – organização empenhada em pesquisas sobre ocultismo e o estudo comparativo de religiões baseada principalmente nos ensinamentos de Helena Blavatski. Com o seu livro, consciente ou não, Frank Baum criou uma profunda alegoria dos ensinamentos teosóficos por trás de um inocente conto de fadas para crianças.

Vamos refrescar um pouco a memória sobre o plot do filme. *O Mágico de Oz* acompanha a trajetória de uma menina de doze anos, Dorothy Gale, que vive com a sua família em uma fazenda no Kansas, mas sonha com um lugar melhor "Somewhere Over the Rainbow". Após ter sido golpeda na cabeça e perder os sentidos no momento em que um tornado levanta sua casa para o céu, ela e seu cão Toto acordam na terra mágica de Oz. Lá a Bruxa Boa do Norte aconselha Dorothy a seguir a estrada de tijolos amarelos para encontrar a Cidade de Esmeralda onde habita o Mágico de Oz que lhe ajudará a retornar a Kansas. No caminho encontra o Espantalho, o Homem de Lata e o Leão que se reúnem na esperança de conseguirem o que acha que lhes falta – respectivamente um cérebro, um coração e coragem. Tudo isso enfrentando a Bruxa Má do Oeste que quer os sapatos de cristal mágicos de Dorothy dados pela Bruxa Boa.

Como um bom teosófico, Frank Baum certamente baseou o argumento dessa busca dos personagens em uma frase Madame Blavatski: "não há perigo que a intrépida coragem não consiga conquistar, não há prova que a pureza imaculada não consiga passar, não há dificuldade que um forte intelecto não consiga superar". Intelecto, pureza de sentimentos e coragem, três elementos que comporiam a nossa "centelha" interior que nos conecta à Plenitude. E a busca dessa descoberta interior inicia em uma jornada espiritual representada pela estrada de tijolos amarelos.

A Espiral: o início do caminho espiritual

É interessante notar que a estrada começa com uma espiral em expansão, da mesma forma como o tornado conduziu Dorothy a um mundo mágico. No simbolismo oculto a espiral representa a auto-evolução, a alma ascendente, da matéria ao mundo espiritual. Além disso, a espiral partilha de uma complexa simbologia do eixo e da verticalidade. Enquanto forma ela enquadra-se perfeitamente no tema da identidade. Por ser uma forma logarítmica, isto é, por crescer de modo terminal sem modificar a forma total constitui-se no ícone da temporalidade, da permanência, do ser através das mudanças.

Os protagonistas vão encontrar muitos perigos e mudanças na estrada, mas devem descobrir aquilo que lhes é eterno e imutável: coração, inteligência e coragem.

Além disso, a alegoria da "estrada de tijolos amarelos" é uma evidente associação com o termo do Budismo (importante componente dos ensinamentos teosóficos) "Caminho Dourado" como a jornada da alma para a iluminação.

Assim como no filme *Matrix* onde Neo se decepciona com o aspecto do Oráculo (uma simples dona de casa fazendo biscoitos no fogão) que vai determinar se ele é de fato o Escolhido, da mesma forma em "O Mágico de Oz" o Mágico é desmascarado por Dorothy que descobre ser tudo uma farsa cercada de artifícios e efeitos especiais. Mas, apesar disso, desempenham papeis centrais na jornada espiritual do protagonista.

Em "Matrix" fica evidente que o Oráculo não possuía o dom da profecia, mas trabalha com uma espécie de psicologia reversa: ao dizer para Neo que ele não era o Escolhido sabia que ele faria de tudo para lutar contra esse destino, tornando-se o Salvador que todos esperavam. Com isso o Oráculo inseria o acaso e o livre-arbírio na previsibilidade dos códigos da Matrix.

Em *O Mágico de Oz* todos vão em busca do Mágico (Deus?) para conseguir alguma coisa: voltar para casa, coragem, coração e inteligência. É nessa jornada que descobrirão que tudo isso já está dentro deles. No combate contra a Bruxa Malvada do Oeste demonstrarão todas essas qualidades. Então, quem precisa do Mágico?

A sequência em que Dorothy abre a cortina e encontra quem realmente é o Mágico de Oz (um homem cruel, rude e inseguro que, como um Demiurgo, manipula um sistema que projeta a imagem de um Deus ameaçador em meio a trovões e jatos de fogo) é repleta de significados teosóficos e, principalmente, gnósticos.

Oz corresponde ao Deus das religiões convencionais para manter as massas na escuridão espiritual. Um charlatão que criou dispositivos para assustar as pessoas e fazê-las adorá-lo. Oz certamente seria incapaz de ajudar os protagonistas na sua missão. Na literatura das escolas de mistérios esse é o ponto de vista em relação ao deus pessoal dos cristãos e judeus. E depois de tudo isso, o cérebro, o coração e a coragem foram encontrados em cada um dos protagonistas: as escolas de mistérios ensinam que se deve confiar em si mesmo para se obter a salvação.

E essa voz intuitiva interior de Dorothy é justamente o cãozinho Toto que, ao longo do filme, sempre está certo em seus latidos de advertência a Dorothy. É ele que, com seus latidos, denuncia alguém atrás da cortina controlando os efeitos especiais do charlatão Oz.

E é Toto que, ao final, late e pula fora do cesto do balão em que Dorothy viajaria com o mágico Oz para retornar a Kansas. É a transformação final e a gnose de Dorothy para a descoberta dos seus poderes internos. O passeio de balão seria a viagem de volta representativa das religiões tradicionais, enquanto fora dele Dorothy encontra a magia e a revelação final da Bruxa Boa do Norte: ela teve que derrotar as bruxas malvadas do Oriente (Leste) e Ocidente (Oeste) – o eixo horizontal do mundo material e das religiões. Ela soube ouvir o eixo vertical (as bruxas boas do Norte e do Sul), a dimensão espiritual.

E Dorothy consegue a gnose final ao afirmar com convicção para Tia Ema: "Não há lugar melhor do que em nosso lar", ou seja, tudo que precisamos já está dentro de nós mesmos. Foi necessária toda uma jornada em busca da ilusão do Mágico/Deus/Demiurgo Oz para criar o desencanto e a transformação final dentro de si mesma.

Princípio da Correspondência

Também fica evidente em *O Mágico de Oz* o Princípio da Correspondência da Filosofia Hermética, presentes na Antiguidade tanto na Astronomia como na Alquimia: "O que está em cima é como está em baixo, e o que está em baixo é como está em cima". Embora as sequências de Kansas e do reino de Oz sejam visualmente opostas (preto e branco versus colorido), são mundo espelhados e invertidos com os mesmos atores fazendo personagens diferentes, mas que, de certa forma, têm uma correspondência espiritual.

O trio de trabalhadores da fazenda de Dorothy formará, mais tarde, o trio de companheiros de jornada da protagonista; e a megera Sra. Gulch será a Bruxa Malvada do Oeste. Gulch na vida real quer retirar Toto (o simbolismo da intuição que levará à iluminação espiritual) dos braços de Doroth para matá-lo, enquanto no mundo de Oz a bruxa quer roubar os sapatos mágicos de Cristal.

Oz é o Plano Astral da humanidade onde estão expressos de forma arquetípica os conflitos e batalhas no mundo físico. Os conflitos e buscas do Homem de Lata, do Leão e do Espantalho correspondem aos mesmos dilemas e personalidades mostradas nas primeiras cenas do trio de trabalhadores nos afazeres do dia-a-dia da fazenda.

9
A história secreta da Moda
e dos manequins

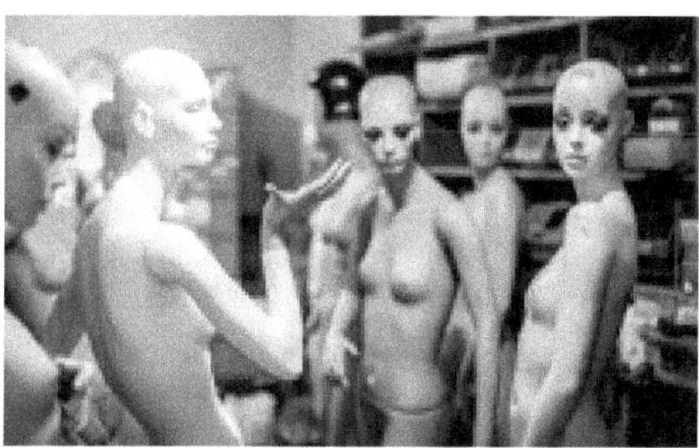

Os modernos manequins nas vitrines dos shoppings são herdeiros de uma longa tradição do fascínio humano por bonecos, fantoches, autômatos e demais simulacros humanos. Esse fascínio teria suas origens mágicas e herméticas na Teurgia e Alquimia. Se isso for verdadeiro, a história dos manequins revelaria uma nova narrativa sobre a Moda que vai além dos tradicionais discursos antropológico e semiótico/linguístico. Uma narrativa que descreveria a história de como o corpo humano foi ao, poucos transformado, em um "golem" (o "não formado"): um corpo inanimado à espera de um Espírito (o "Estilo") que lhe traga a vida.

"A moda é alquimia. Ritual e magia. Fé e religião. Sacrifício e devoção. A moda tem grande similaridade com a religião e pode ser vista como a religião atual (...) É um sistema místico de poder visual. (...) O sistema de moda é um sistema metafísico muito bem guardado por seitas e escolas herméticas. É governado por uma pequena elite de místicos e intérpretes profissionais – um grupo líder formado por cardeais e padres, seguindo as orientações e regras de um ideal mais elevado.

(...) Através de uma longa história e tradição, os sacerdotes se reúnem para uma cerimônia, convocando o próprio espírito da mística força da Estética para materializá-lo. Nesse momento místico de materialização do elevado ideal é produzido um ícone para adoração - a fotografia de moda. Uma guarda inteira de sacerdotes, geralmente da mesma rede de seita, é recolhida em um estúdio, os bastidores escondidos do templo da moda. Lá eles invocam o espírito da Beleza para se materializar em um modelo virgem.

Tratada pelo mais sagrado óleo e poções de lugares exóticos e com ingredientes secretos transforma-se em algo divino, para além da condenada carne humana. Na frente das lentes ela é transformada em uma representação fantasmagórica e na modelo mais bonita de uma raça humana imperfeita. Sem pelos indesejáveis, sem cheiro, sem pele irregular, sem características indesejáveis. São os elementos necessários para adorarmos um ícone."

O texto acima é constituído de trechos do prefácio de um catálogo de roupas 2004/2005 de Otto Von Busch, estilista, teórico Phd e designer sueco. São frases provocativas e de forte poder retórico. Podemos afirmar que o texto é uma típica estratégia ideológica do campo da moda em se legitimar como uma força criativa especial, porque fundamentado em algo tão antigo quanto a história da humanidade. Afinal, segundo ele, as raízes da Moda estariam na religião, magia e hermetismo.

A despeito da sua imagem anarquicamente criativa formada por estilistas excêntricos e modelos "heroin heroes", sabemos que o campo da moda é altamente industrializado, disciplinado e comandado por rígidas regras de pesquisa de mercado e análises de tendências.

Basicamente dois discursos legitimam perante a sociedade a instituição da Moda e do Estilismo: (a) uma necessidade mítica e religiosa que acompanharia o homem desde a pré-história como, por exemplo, vestir-se com peles de animais para mimeticamente adquirir sua força ou maquiagens e piercings onde o humano procuraria imitar os deuses ou (b) um discurso fundamentado na Semiótica e Linguística que vê no homem uma suposta necessidade de negar o corpo nu (o grau zero da linguagem) para sobre ele construir um texto cultural cuja linguagem operaria em oposições como contenção/liberação, exposição/ocultamento do corpo para fins significação - sedução, erotismo, poder, hierarquia etc.

O texto de Otto Von Busch a princípio associa-se ao discurso (a), mas o que o torna interessante não é o que ele tenta explicitamente dizer - estilistas como altos padres de escolas de conhecimentos herméticos. Pelo contrário, seus atos falhos são o que o torna mais significativo: a constante referência ao humano como "a condenada carne humana" ou "raça humana imperfeita" e o corpo com "pelos, cheiro e características indesejáveis" transcendido por uma representação fantasmagórica, a foto de moda, para ser idolatrada como ícone religioso.

O corpo humano como massa amorfa, passiva, disforme, imperfeita, condenado à queda, necessitando de um modelo, sentido ou "espírito" que o transcenda ou que o faça superar a si mesmo. Embora de origem racionalista, o discurso (b) parece partilhar desse princípio que vê o corpo como "massa plástica moldada pela linguagem".

O corpo a que Otto Von Busch se refere nada mais é do que o manequim (vivo ou artificial), analogia a esse corpo humano imperfeito que necessita da roupa ou do "estilo" - quintessência da "mística força da Estética". Por isso, este ato falho de Busch reflete uma secreta história da Moda e do manequim, a hipótese de que o estilismo contemporâneo seria a secularização de antigos arquétipos relacionados a crenças e práticas ocultistas e herméticas como a Teurgia, Alquimia e Cabala.

A vida secreta dos manequins

Animar o inanimado. Os modernos manequins nas vitrines dos shoppings são herdeiros de uma longa tradição do fascínio humano por bonecos, fantoches, autômatos e demais simulacros humanos. Victoria Nelson em seu trabalho "The Secret Life of Puppets" defende que a origem desse fascínio está na Teurgia e nos filósofos e sacerdotes Helenísticos. Platão falava em um ser chamado Demiurgo, criador do mundo visível, personagem largamente usado na antiguidade para explicar a origem da alma humana a partir de uma forma Divina e Original: Anthropos. Do Mundo das Formas Anthropos desceu ao mundo material, originando o homem.

Apesar de ser uma forma inferior, o ser humano teria dentro de si fagulhas divinas da sua origem (Anthropos). Portanto, objetivo da sua existência seria galgar os degraus que o façam retornar às suas origens divinas.

A Teurgia (theoi, "deuses" + ergon, "obra") surge no mundo helenístico como a primeira forma de alcançar isso através da manipulação da matéria onde, assim como o Demiurgo, podemos dar vida e alma a uma forma material e inferior. Se temos dentro de nós uma parte desse Anthropos, podemos retornar a ele exercendo as mesmas habilidades reservada aos deuses: *imitatio dei por generatio animae*, imitar Deus criando vida.

Para a autora, é na Alquimia que temos esse encontro decisivo entre gnosis e epistemis, entre a ciência experimental e a prática religiosa através de sucessivas operações que reproduzem as etapas da criação do cosmos físico pelo Demiurgo até a redenção da matéria representado pela criação da "Pedra Filosofal" ou da "criança/homunculus" ("pequeno homem", também chamado como "mannikin").

Com o racionalismo ocidental de cunho aristotélico, esse ecletismo esotérico que envolvia o mannikin foi relegado como idolatria e paganismo. Todo o significado mágico na crença de um mundo transcendente foi subjetivado ao confinar o mannikin ao universo dos brinquedos, bonecos e fantoches. Rapidamente, foram convertidos ao supérfluo da "última moda".

Embora a História documente que reis e rainhas se presenteassem com coleções de bonecas vestidas com tendências de moda (Henrique IV de França despachou bonecas elegantemente vestidos à sua noiva, Marie Medici de Florença, para atualizá-la sobre as tendências francesas e Maria Antonieta manteve sua mãe e irmãs na Áustria informadas sobre a última moda em Versalhes também com bonecas elaboradamente vestidas que ela regularmente enviava) é com a Revolução Industrial que teremos os progenitores do manequim moderno.

A principal característica da modernidade dos manequins é o realismo: em primeiro lugar deixam de serem miniaturas para assumirem a escala do corpo humano real. Essa é uma característica do racionalismo: se a miniatura significa apreender o todo em um único olhar (concepção mágica ou mística da realidade onde a experiência do conjunto precede as partes), a escala natural já possui fortes traços racionais (para conhecer o conjunto temos que operar por partes).

E segundo, a substituição da madeira por outros materiais que imitem realisticamente a pele humana: cera, porcelana, olhos de vidro etc.

O manequim como um "golem"

Nesse ponto nos aproximamos do "ato falho" do texto de Otto Von Busch. O aspecto realista (em escala e textura) reforça o aspecto estático e inanimado dos manequins. Eles aproximam-se do imaginário da chamada "cabala extática": o "golem", o "não formado", aquele com características humanoides, porém "liso", informe, uma tabula rasa à espera de um "espírito" que lhe dê vida e forma.

O fascínio do estilismo estaria nesse dar vida a algo imperfeito, sem vida e decadente. A Teurgia secularizada no livro "Frankenstein" de Mary Shelley no século XIX agora aplicada em manequins realistas.

Mas na pós-modernidade observamos uma reviravolta com os manequins vivos dos modelos desfilando pelas passarelas ou os seres vivos emulando manequins em vitrines de shoppings (as "estátuas vivas"). Se na Teurgia o inanimado é animado, agora vemos uma curiosa inversão: o animado deve se aproximar da forma inanimada para ficar mais evidente o aspecto "golem" de uma matéria que deve ser "ressuscitada" por um código hermético: o Estilismo.

Talvez o exemplo mais irônico dessa secreta aliança entre manequins e modelos vivos tenha ocorrido em 1998, em Nova York, no desfile chamado "Fashion Fusion" quando a Greneker (empresa design de manequins) lançou a sua nova coleção de bonecos feita pelo escultor britânico Robert Petterson.

Estilistas como Yves Saint Lauren, Krizia, Bill Blass e Halston participaram vestindo os manequins com suas peças. Ao invés de Kate Moss ou Naomi Campbell, o público acompanhou manequins sem vida arrastados por dispositivos mecânicos em uma passarela.

TERCEIRA PARTE:
A GNOSE EM FILMES

Como escapar da Matrix:
dez definições de "gnose" através do cinema

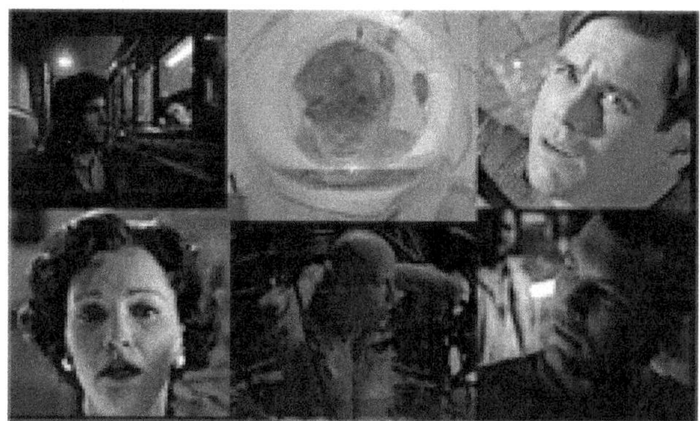

Desde os clássicos filmes gnósticos "Show de Truman" e "Matrix" a espécie humana é representada como prisioneira em uma gigantesca ilusão cósmica – tecnológica, psíquica ou midiática. Como escapar dela? Para o Gnosticismo, através da "gnosis" ("conhecimento"). Mas que tipo de conhecimento é esse? Uma epifania místico-religiosa? Algum tipo de comunhão secreta com o Divino? Iluminação espiritual? O Cinegnose reuniu dez definições de estudiosos sobre o conceito de "gnose" e como os filmes gnósticos figuram essa espécie de rota espiritual de fuga: quem éramos, o que nos tornamos, onde estávamos, para onde fomos lançados, para onde estamos indo, do que estamos libertos, o que é o nascimento e o que é renascimento.

Encontramos nos filmes a articulação dos diversos temas gnósticos como o Mito de Sophia, o Mal, a Queda, estados alterados de consciência (paranoia, suspensão e melancolia), o homem prisioneiro numa ilusão, o Demiurgo, o sono, Esquecimento, a memória, Alquimia entre outros.

Porém, um tema foi, por assim dizer, esquecido ou colocado entre parêntesis: a *gnosis*. Claro que nas análises sobre os filmes gnósticos o tema foi abordado de forma sub reptícia – o mal estar, estranhamento e alienação do protagonista diante da inautenticidade (a ilusão) do mundo, os estados alterados de consciência (que dão os três protagonistas-chave: o Viajante, o Detetive e o Estrangeiro) e finalmente a quebra da ilusão que mantinha o personagem no sono do esquecimento e prisioneiro.

Mas ainda assim, essas são apenas as condições que propiciam a *gnosis*. Mas o que é a gnose? Algum conhecimento arcano secreto? Uma epifania místico-religiosa? Algum tipo de comunhão secreta com o Divino? Iluminação espiritual?

Tomado literalmente, que dizer "conhecimento". Como veremos, há várias definições proferidas por diversos pesquisadores e adeptos do Gnosticismo. Apesar das diferenças, há um ponto comum: gnose não se confunde com o simples conhecimento acadêmico, erudição ou cultura intelectual – "conhecimento revelado" ou "conhecimento divino".

Grosso modo, no Gnosticismo há três abordagens sobre a gnosis: (a) para os gnósticos antigos, a gnose não era apenas a iluminação, mas existia no âmbito da Cosmologia, do mito e da antropologia – viria acompanhada de uma compreensão expressa nos Resumos de Teódoto de Bizâncio "quem éramos, o que nos tornamos, onde estávamos, para onde fomos lançados, para onde estamos indo, do que estamos libertos, o que é o nascimento e o que é renascimento".

(b) Para o gnosticismo setiano (anterior ao cristianismo) a mente de Deus teria sofrido um colapso e perdido a sabedoria (também conhecida como "Aeon Sophia"). Devido a essa crise, Sophia decaiu no vazio caótico, nas emoções especulativas e eventualmente no mundo material, dando à luz o "Demiurgo" (Yaldabaoth) que se livra de Sophia e cria um cosmos imperfeito, imitação do Divino. E cria o homem, prisioneiro na sua criação.

Por isso o homem seria "um deus em ruínas". Para os setianos, o aperfeiçoamento das próprias mentes (a gnosis) restauraria a solidez da própria mente de Deus – Deus precisaria de nós tanto quanto precisamos dele para curar um cosmos fraturado.

(c) Gnose como "autoconhecimento". Mas um autoconhecimento que não se confunde com o ideário atual da "autoajuda" – enquanto esta reforça o ego para o sucesso, na gnose é revelado ao homem um caminho interior que não pode ser compreendido e nem seguido pelos poderes do ego. O encontro da centelha espiritual interior que nos reconecta com a Divindade, fazendo-nos compreender que somos exilados de um plano além desse cosmos físico.

Se na autoajuda procuramos o caminho da adaptação (imanência), na gnose experimentamos a transcendência.

Apresentamos abaixo dez definições de especialistas e alguns filmes gnósticos que ajudam a ilustrá-las.

1. Elaine Pagels – Os Evangelhos Gnósticos, 2006.

Gnosis não é conhecimento, principalmente racional. A língua grega distingue entre o conhecimento científico ou reflexivo ("Ele sabe matemática") e aquele através da observação ou experiência ("Ele me conhece"). Poderíamos traduzir como "insight". A gnose envolve um processo intuitivo de conhecer a si mesmo. No entanto, conhecer a si mesmo, no nível mais profundo é conhecer a Deus; este é o segredo da Gnose.

Filmes: *Revólver* (2005) – a jornada interior do protagonista que descobre que o seu maior inimigo é o próprio ego; *A Passagem* (2005) – um misto de jornada interior pelo psiquismo e a travessia de um purgatório entre a vida e a morte. *Clube da Luta* (1999) – para o protagonista, a luta é a melhor forma de conhecer a si mesmo. Silenciando o corpo (mesmo através da porrada) abrimos a mente para insights.

2. Gilles Quispel – Gnostic Studies, 1974

Atravessar o inferno da matéria e o purgatório da moral para chegar ao paraíso espiritual.

Filmes: *Dead Man* (1995) – na companhia de um xamã, Johnny Deep faz jornada espiritual no oeste americano, conhecendo o inferno dos homens, atravessando o purgatório indígena até uma canoa leva-lo através de um rio espiritual; *El Topo* (1973) – outro western espiritual, agora do diretor Alejandro Jodorowsky. Tal como uma toupeira, o protagonista escava um túnel no meio de simbolismo e alegorias religiosas e esotéricas e em meio a violência dos homens.

Para chegar à superfície e encontrar a luz do Sol e espiritual; *AfterDeath* (2015) – um grupo de jovens chega a uma espécie de antessala entre o Céu e o Inferno.

3. Bart Ehrman, In: Voices of Gnosticism, 2010

No caso do gnosticismo, gnosis é a própria base da salvação. Através da revelação da Gnose a pessoa é despertada da ignorância, do sono, ou embriaguez. São várias metáforas que são usadas para o estado do ser humano antes de receber a gnosis. Uma vez que a gnosis é revelada a essa pessoa é aceita por ela mesma. É, em última análise, a base para a integração no mundo do divino a partir do qual essa pessoa se originou. Uma das características essenciais da gnosis em termos de conteúdo é que o conhecimento que salva é o conhecimento de que o mundo em que vivemos não é o mundo eterno e nossos seres mais íntimos são divinos e consubstanciados com um ser divino que está além do mundo e que, finalmente, não foi responsável por sua criação.

Filmes: *Cidade das Sombras* (*Dark City*, 1998) – Um homem acorda sem memórias e preso num mundo cenográfico criado por demiurgos alienígenas; *O Homem Que Incomoda* (2006) em uma estranha cidade onde cada pessoa parece estar estranhamente satisfeita com a sua vida, um visitante chega (ele não sabe como parou ali) e passa a levantar questões sobre tudo e todos; *Show de Truman*, 1999 – a descoberta de que o mundo no qual o protagonista vive não é "eterno", mas um reality show no qual é prisioneiro. E que o seu "carisma" e "brilho" nada têm a ver com aquele mundo ilusório.

4. Stephan Hoeller – Gnosticism: A New Light on the Ancient Tradition of Inner Knowing, 2002.

Saber salvífico, chega intuitivamente, mas facilitado por vários estímulos, incluindo o ensino dos mistérios trazidos aos seres humanos por mensageiros da divindade de fora do cosmos.

Filmes: *O Décimo Terceiro Andar* (1999) – programadores de games de simulações descobrem que personagens virtuais tornam-se sencientes, apontando para a possibilidade do nosso cosmo ser também uma simulação no interior de outra simulação; *Matrix* (1999) – Neo aprofunda-se na sabedoria de Morpheus e nos códigos fonte da Matrix para descobrir o deserto do real fora do seu próprio mundo.

5. Richard Smoley – Forbidden Faith: The Secret History of Gnosticism, 2006.

O despertar cognitivo da gnose é geralmente um processo gradual, em vez de uma única visão, transformadora. Nesta libertação do verdadeiro "eu" do mundo o comportamento moral não é relevante; mas pode facilitar - torna mais fácil de amar os outros seres humanos, porque liberta-o do egoísmo e das agendas ocultas.

Filmes: *Vidas em Jogo* (*The Game*, 1997) – Um rico banqueiro é submetido involuntariamente a um role-playing game que acaba libertando-o do seu egoísmo; *Virei um Gato* (*Nine Lives*, 2016) – o leitor pode ficar surpreso com a citação desse filme, familiar e pueril, um clássico de Sessão da Tarde. Porém, por trás de camadas de clichê de comédia popular há uma jornada de transformação íntima e "salto de fé" – um homem rico e famoso que conhecerá o valor moral do sacrifício e compaixão.

6. Carl Jung – Psicologia e Religião.

Gnosis, como tipo especial de conhecimento, não deve ser confundido com o Gnosticismo.

Filmes: Narrativas niilistas e ateias como em *The Man From The Earth* (2007, ceticismo e desconstrução da religião e da ciência sem qualquer lição metafísica ou teológica), *O Novíssimo Testamento* (2015, Deus morreu porque se tornou inútil) e *Teorema Zero* (2013, Deus escreve através de linhas tortas o caminho da sua própria negação) de Terry Gilliam, provam que a gnose não é nem uma religião e, muito menos, propriedade do Gnosticismo. Filmes agnósticos que figuram protagonistas incapazes de prover quaisquer fundamentos para a existência de Deus, sentido ou propósito para a existência. Paradoxalmente, propicia gnose e transformação.

7. Andrew Philip Smith – A Dictionary of Gnosticism, 2009.

Conhecimento direto do divino, no qual se oferece a salvação. Para os antigos gnósticos, gnosis existia no âmbito da cosmologia, mito, antropologia e práxis utilizadas dentro de seus grupos. A gnose não era apenas a iluminação, mas foi acompanhada por um entender, tal como expresso no Trecho de Teódoto, de "quem éramos, o que nos tornamos, onde estávamos, para onde fomos lançados, para onde estamos indo, do que estamos libertos, o que é o nascimento e o que é renascimento".

Filmes: Todas narrativas AstroGnósticas (aproximar a jornada humana na Terra com a jornada de aliens errantes; ou descobrimos que os seres humanos na verdade descendem de enxertos de DNA alienígena nos primatas ou simbolicamente a condição humana é comparada a de extraterrestres ameaçados ou corrompidos pela sociedade humana) se encaixam nessa definição de gnose: *O Homem Que Caiu na Terra* (1976), *Earthling* (2010) ou mesmo *E.T. O Extraterrestre* (1982).

Além dos filmes que abordam a questão da reencarnação do ponto de vista gnóstico: a prisão do esquecimento a cada "renascimento – *Quero Ser John Malkovich* (1999), *The Scopia Effect* (2014), *Enter The Void* (2009).

8. Nicola Denzey Lewis – Introduction to Gnosticism: Ancient Voices, Christians Worlds, 2013.

Palavra grega para conhecimento; um conhecimento específico das próprias origens divinas no qual o caminho para a salvação vem por meio do autoconhecimento.

Filmes: Mais filmes sobre autoconhecimento – na jornada xamânica induzida por estados alterados de consciência em *Blueberry: Desejo de Vingança* (2004); e o autoconhecimento e transformações íntimas por processos alquímicos como em *Beleza Americana* (1999), na série *Breaking Bad* (2008-2013) e *Fonte da Vida* (2006) de Darren Aronofsky.

9. Stuart Holroyd – The Elements of Gnosticism, 1994.

Desconhecimento e ignorância mantêm o homem sob o encalço dos Arcontes; somente o conhecimento (gnose) pode libertá-lo: o conhecimento do Deus transcendente e da divindade interior, e também o conhecimento da maneira de combater ou enganar os Arcontes e permitir a alma alcançar a reunião que anseia. Este conhecimento salvífico não pode ser descoberto no mundo, o reino das trevas. Ela deve vir do reino da luz, concedida quer por revelação (ou iluminação) ou trazida por um mensageiro, um salvador transcendente.

Filmes: Os Arcontes são seres hostis e malévolos criado pelo Demiurgo para manter a ilusão do mundo seduzindo o homem através da religião consoladora, o hedonismo e a racionalidade. Filmes como *Agentes do Destino* (2011, onde Arcontes são agentes de um jogo cósmico no qual o homem é um fantoche) *Demônio de*

Neon (2016, o hedonismo como arma dos arcontes para seduzir a humanidade) ou *Lost River* - 2014, no qual um gerente de banco (endividamento) e capangas violentos são agentes de um sistema corrupto que mantém protagonistas presos a uma cidade decadente.

10. Birger Pearson – Ancient Gnosticism: Traditions and Literature, 2007.

O objetivo do gnóstico é ser salvo da prisão cósmica existente e para ser restaurado o reino da luz a partir do qual o ser humano verdadeiro se originou. Gnosis fornece os meios para alcançar este objetivo e assegurar a passagem da alma, após a morte, de volta a Deus. Uma vez que o processo de libertação for concluído, que é quando todos os eleitos são resgatados, o mundo material ou será aniquilado ou ficará sujeito à escuridão eterna. A escatologia gnóstica é, basicamente, uma reinterpretação da escatologia bíblica e judaica padrão.

Filmes: Após a morte deveríamos voltar a "Deus", ou escapar dessa prisão cósmica e retornarmos à nossa antiga morada – o Pleroma. *O Terceiro Olho* (*The I Inside*, 2004) mostra essa gnose pós-morte como forma de escapar da reencarnação que nos condena ao esquecimento, mantendo o loop cósmico. Uma prisão cosmológica na qual nem a morte é capaz de nos libertar como aborda o filme *The Discovery* (2017).

BIBLIOGRAFIA

BAUMAN, Zigmunt. *Modernidade Líquida*. Rio de Janeiro: Jorge Zahar Editor, 2001.

CONNER, Miguel (org.), *Voices of Gnosticism*, Bardic Press, 2010.

DAVIS, Erik. *Tecnognose: Mito, Magia e Misticismo na Era da Informação*, Editorial Notícias, 2002.

EMICK, Jennifer, "Hollywood Goes Gnostic?" In: <http://altreligion.about.com/library/weekly/aa072302a.htm> (acessado em 03/12/2007).

FELINTO, Erick, "A Tecnoreligião e o sujeito pneumático no imaginário da cibercultura", In: Revista Alceu v.6 - n.12 - p. 115 a 125 - jan./jun. 2006.

FERRO, Marc. *Cinema e História*, São Paulo: Paz e Terra, 1992.

FRANCK, Adolphe, *The Kabbalah: The Religious Philosophy of the Hebrews*, Forgotten Books, 2008.

GROYS, Boris. "Deuses Escravizados – a guinada metafísica de Hollywood", In: Mais! Folha de São Paulo, 03/06/2001.

HOELLER, Stephan, *Gnosticism: A New Light on the Ancient Tradition of Inner Knowing*, Wheaton (IL): Quest Books, 2002.

______, Stephan A., Gnosticismo: tradição oculta. Rio de Janeiro: Nova Era, 2005.

HOLROYD, Stuart Holroyd, *The Elements of Gnosticism*, Element, 1994.

JACKSON, Pamela e LETHEN, Jonathan, *The Exegesis of Philip K. Dick*, London: Gollancz, 2011.

JUNG, Carl G., *Um Mito Moderno Sobre Coisas Vistas no Céu*, Petrópolis: Vozes, 2013.

______. *Psicologia e Religião*, Petrópolis: Vozes, 2012.

KNOWLES, Christopher. *The Secret History of Rock'n Roll*, Berkeley: Viva Editions, 2010.

LANIER, Jaron. "Agents of Alienation," Journal of Consciousness Studies, volume 2, no. 1, 1995.

LEWIS, Nicola Denzey, *Introduction to Gnosticism: Ancient Voices*, Christians Worlds, Oxford University Press, 2013.

LIÃO, Irineu de, *Contra as Heresias*, Segunda Edição, São Paulo: Paulus, 1995.

MARCONDES FILHO, Ciro. *Televisão: a vida pelo vídeo*. São Paulo: Ática, 1988.

MATTSON, Brian, "Sympathy for the Devil" In: Dr. Brian Mattson The Website, 2014 <http://drbrianmattson.com/journal/2014/3/31/sympathy-for-the-devil>, acessado em 21/09/2020.

MEYER, Marvin. *Mistérios Gnósticos: as novas descobertas. O impacto da biblioteca de Nag Hammadi.* São Paulo: Pensamento, 2005.

MONTANARI, Valdir. *Rock Progressivo*. Campinas: Papirus, 1886.

MURRAY, Rebeca. "Q&A with Writer/Director Richard Kelly" in: About.com Hollywood Movies, 2002.

NELSON, Victoria. *The Secret Life of Puppets*. Havard University Press, 2001.

PAGELS, Elaine. *Os Evangelhos Gnósticos*. R. de Janeiro: Objetiva, 2006.

PEIXOTO, Nelson Brissac. *Cenários em Ruínas*. São Paulo: Brasiliense, 1987.

QUISPEL, Gilles, Gnostic Studies, *Nederlands Historisch-Archaeologisch Instituut te Istanbul*, 1974.

PEARSON, Birger Pearson, *Ancient Gnosticism: Traditions and Literature*, Fortress Press, 2007.

ROBINSON, James M. *A Biblioteca de Nag Hammadi*. São Paulo: Madras, 2007.

SFEZ, Lucien, *A Saúde Perfeita: crítica de uma nova utopia*, Loyola, 1996.

SMITH, Gavin. "Inside Out: Gavin Smith Goes One-on-One with David Fincher". Film Comment 35 (5), Sep/Oct 1999, Film Society of Lincoln Center, New York, 1999.

SMITH, Andrew Philip, *A Dictionary of Gnosticism*, Quest Books, 2009.

SMOELEY, Richard, *Forbidden Faith: The Secret History of Gnosticism*, San Francisco: Harper Collins, 2006.

TRÊS INICIADOS, *O Caibalion*. São Paulo, Editora Pensamento: 2006.

WIMAN, Christian, My Bright Abyss, NY: Farrar, Straus and Giroux, 2014.

WISEMAN, Howard; HALL, Michael; DECKERT, Dirk-André, "Quantum Phenomena Modeled by Interactions between Many Classical Worlds" In: Physical Review, 2014.

WILSON, Eric. *Secret Cinema: Gnostic vision on film*, Nova York: Continuum, 2006.

______, "The Dark Art", disponível em <http://www.uga.edu/garev/spring07/wilson.pdf> acessado em 19/01/2008.

WILDER, T. E. "El Gnosticismo en el Cine"disponível em <http://www.contra-mundum.org/castellano/wilder/Gnosticismo.pdf> (acessado em 12/01/2008).

SOBRE O AUTOR

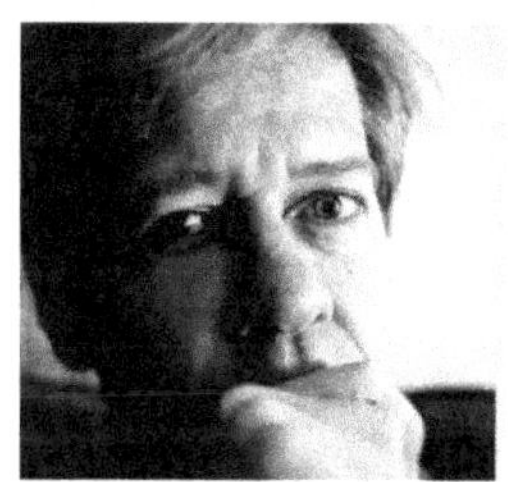

Jornalista, Professor Universitário nas áreas de Teoria da Comunicação e Comunicação Visual, Mestre em Comunicação Contemporânea (Análise em Imagem e Som) e Editor do blog "Cinema Secreto: Cinegnose"

Livros deste Autor

1. *Cinegnose: A Recorrência De Elementos Gnósticos Na Recente Produção Cinematográfica Norte-americana - 1995 A 2005*, São Paulo: Livrus, 2015.

2. *O Caos Semiótico: Ensaios Críticos De Estudos Da Comunicação*, São Paulo: Livrus, 2015.

3. *Bombas Semióticas na Guerra Híbrida Brasileira (2013-2016): Por que aquilo deu nisso?*, São Paulo: Publicações Cinegnose, 2020.